书山有路勤为径，优质资源伴你行
注册世纪波学院会员，享精品图书增值服务

MAP IT

THE HANDS-ON GUIDE
TO
STRATEGIC TRAINING DESIGN

行动导图
战略培训设计指导手册

[美] 凯西·摩尔（Cathy Moore） 著

江苏云学堂网络科技有限公司 译

电子工业出版社
Publishing House of Electronics Industry
北京·BEIJING

她积极倡导通过尊重和深刻挑战他人来提高企业业绩。她的研究和建议被广泛应用于商业、金融、政府等诸多领域，并获得一致好评。

本书介绍的"行动导图模型"是源于一线实践的实证性方法论模型，且被应用于不同类型业务模式的学习发展和绩效提升，因此本书不仅将教会你做学习设计，更重要的是，帮助你的内外部客户识别问题产生的根本原因，帮助你将培训需求转化为有意义的项目，最终实现绩效的提升。

本书作为云学堂倡导的数字化学习"过程可监控-效果可量化"理念以来的第一本实战工具书，从专业深度、语言风格、内容实用多方面都给人耳目一新的感觉。希望本书能帮助众多企业培训和学习从业者找到学习效果达成的最佳路径，解答正在面临的困惑，突破当下的困境。后续我们也将持续关注该领域，并通过引进、原创、共创等方式为大家提供最优的方法论、工具和案例。

本书凝聚了翻译团队、审校团队、编辑团队的辛勤劳动，同时得到了组织与人才发展研究院的专业指导，在此一并表示感谢，希望广大读者能为我们提出宝贵意见。

江苏云学堂网络科技有限公司 CEO　祖腾

推荐序一

　　培训开发为各类组织的发展成长提供必要养分，也是组织战略落地不可或缺的重要手段。如何将培训项目与战略发展有机地结合起来？如何将培训项目开展得丰富多彩而又圆满地实现其价值？在培训过程中如何调动学员的积极性与参与度？各类组织教育培训人员都会不可回避地遇到这些问题，优秀的教育培训工作者必须认真思考并在实践中勤于探索和总结。可喜的是，《行动导图：战略培训设计指导手册》为我们提供了系统实用的指南。我怀着渴望的心情阅读了本书，发现本书结构合理、逻辑性强、操作性佳、插图丰富，不失为各类机构培训师、培训设计师、培训项目管理者必备的使用手册。

　　虽然本书没有直接表示，隐藏在本书背后的思想与本人提出的知识整体论相符合。知识整体论指出，知识可以分为三个层面即理性、感性与活性，有效的学习与教学不仅需要关注这三个层面而不是偏颇某个方面，更要将这三者有机地结合起来。

　　理性知识是我们对于事物规律性和科学性的认识。本书很好地继承了西方理性主义文化下诞生的近代教育学和现有开发培训文献，形成了一个开展组织培训的系统性知识体系。例如，本书遵循了培训项目的通常逻辑，即从诊断培训需求开始，再开展培训项目的设计，然后实施培训，终于培训项目的评估。教育工作者和培训师应该遵循培训的规律，合理应用成人教育学原理，借鉴那些被实践所证明的有效培训手段和方法。总之，培训师的任务不仅限于传递相关的理性知识，还需要丰富和充实自身的知识体系，吸纳最先进的培训理论与模型，并灵活地应用到各种教学与培训实践中。

　　感性知识是我们对于事物现实性与可行性的认识。本书一个重要亮点是，它为读者所展示的内容并不停留在简单地应用现有的成人教育理论与培训模式里，而是探索培训项目如何与企业、政府机构和各类非营利组织的实践相结合。例如，本书花了大量的篇幅介绍如何通过"培训"来改进个体员工、团队与组织的绩效。这样立足现实的做法，既增加了本书的实用性，又要求培训设计师敏锐地洞察所服务组织的需求和现实状况。培训设计师，尤其是组织领导者，应该具备一种概念化的能力，即善于反思自己的观察、体验、洞悉、感悟等感性知识，从而形成有效的心智模式，进而上升到相匹配的概念和模式。这是一个从感性知识上升到理性知识的过程，本书列举了许多实例并给出了大量的操作流程及插图。本书一再强调培训是一项实践活动，相信读者会从本书独有的插图中获益良多。成人教育原理告诉我们，成人学员拥有丰富的实践经验和工作感悟，优秀的培训设计师应该考虑到这个十分重要的因素，巧妙地将学员的感性知识结合到所设计的培训内容中。

活性知识是我们对于事物重要性和价值性的认识，通常体现在价值观、愿景与理想、组织文化和员工积极性与工作动力等方面。尽管本书没有明确说明培训设计师本身的价值导向与组织文化的作用，但培训行动导图的价值导向还是清晰的，即为客户服务，通过培训项目为组织创造价值。例如，本书多次强调多方参与的重要性。培训设计师应该邀请所服务的客户、主题内容专家等参与培训设计。这本质上就是一个凝练教学目标、形成共识、调动并提升利益相关方积极性的过程。当然，优秀的培训设计师一定会意识到学员的情感因素即活性知识对培训效果的影响。如何应用并激活学员的活性知识以调动学习积极性，达到更好的培训效果？这不仅是培训师在教学中所面临的重要课题，也应该在培训设计过程中把相关因素考虑进去。虽然本书在此方面的阐述着墨不多，但是本书作为一本实用性和操作性的手册，为各类组织的培训师和管理者提供了切实可行的行动指南。有鉴于此，我向大家推荐《行动导图：战略培训设计指导手册》！

清华大学经济管理学院讲席教授　杨百寅

推荐序二

当今社会，学习无处不在。然而，学校的学习与企业的学习不尽不同。

在学校，学习是学生的主要任务。我们期待学生通过学习掌握一定的知识、具备一定的能力、形成一定的态度等，这些都可能发生在学习过程中，因此，学生的学习过程和学习结果同样重要，都是我们追求的目的。在企业，员工学习是手段，不是目的，企业希望员工通过学习能够具有恰当的行为或行动，帮助企业达成、改进或提高绩效。

然而，企业学习项目设计人员可能从学校学习中承接了一种惯性，或者带有一定的执念，认为，不同层次的员工通过培训获得足够的信息，就能够改变行为进而达成企业的绩效。尽管有无数的失败经验证明这种认识和做法是不对的，甚至是徒劳无益的，但是，无绩效的培训似乎仍然无法杜绝。

本书再次重申，无论是甲方还是乙方，都需要首先从企业追求的结果（绩效）出发，通过分析导致绩效问题的根本原因，从而发现真实存在并定义明确的绩效问题，然后在此基础上整体设计有针对性的绩效改进方案，并最终解决绩效问题。难能可贵的是，本书提倡，即使"员工缺乏相应的知识、技能或态度"是绩效问题的一部分原因，员工的学习也应尽可能发生在其工作现场，嵌入其工作流程和实践，边学习、边行动、边解决问题，学术上称之为"基于问题的学习"。这就把关注点放到了员工在工作现场要做什么因而必须获得什么信息，而不是让员工在某个特定时刻在某脱离其工作的特定地点吸收一些需求方或学习项目设计人员认为重要的信息。这种学习方式直接将"学习"和"行为改变"合二为一，没有"学习转化"这个"有一定难度和需要花费成本"的过程，也因此极大可能会带来期望的结果（绩效）。

为了帮助学习项目负责人能够按照这种思维方式开展工作，本书提供了可视化的工作流程，并配有非常鲜活、经过设计的恰当的案例，阐明了学习项目设计人员如何与业务专家以及需求方合作解决真正的问题，对绩效结果负责而不是简单完成需求方提出的学习项目，从而帮助学习项目设计人员自然地过渡为企业发展的绩效咨询师，让他们的工作更有效和更有意义。

令人玩味的是，当前，具身认知心理学提出"学生的身体动作和活动方式"会参与形成对事物的认知，这种发展的认知心理学观点提倡，大多数的学校学习也不能脱离开生活或其应用的情境，需要学生参与活动、亲历体验，以获得更有效的学习。因此，基于问题的学习等各种任务驱动的学习模式逐渐在学校教育中盛行。同时，对于企业学习而言，除了立竿见影解决短期绩效问题的学习，还需要从企业未来长期绩效发展战略出发而进行的储备性的、前瞻性的理论学习或行动探索。

这样说来，学校学习与企业学习，会不会在某个时间和某个地点狭路相逢、殊途同归呢？

是为序。

北京师范大学教育学部教育技术学院教授　刘美凤

中文版序

中国的全面快速发展对各行各业的员工都提出了相当高的要求——快速培养自身技能，不断拓宽自身眼界，以应对层出不穷的新挑战。乘此大势，笔者精心编写本书，希望以高效、切题的培训为各行各业员工的发展提供支持。

本书描述的行动导图模型已经被世界各地的各类组织广泛使用。它有助于学习和发展部门快速了解组织的绩效差距，并设计有针对性的解决方案，以缩小差距。

针对绩效问题的最佳解决方案往往与利益相关者的设想相左。作为培训设计师，你要做的是，让所有人看到更简单、更快速的解决方案能够发挥作用。这些解决方案可以是简化的流程、实际用到的工作辅助、更易于使用的软件，即任何可以提高绩效的非培训方式。

如果似乎真的需要培训发挥作用，你则需要开发出效果显著、重点突出的实践活动，让人们在实践中学习，无论实践是实际工作还是现实性的培训活动。

这些活动将学员置于富有挑战性的虚构情境中，他们需要独立地进行判断，并从决定产生的后果中吸取经验教训，这对于培养管理能力、沟通能力或批判性思维特别有用。这样的话，学员不会浪费时间坐在一起聆听漫长的课程或研讨会，而是通过重点突出、富有挑战性的活动尽快改变自己在工作中的行为。

行动导图还可以帮助学习和发展部门从更具战略性的角度思考业务问题，从而成为公司的合作伙伴。与简单地接受培训需求不同，行动导图派设计师引导客户通过一次简短的分析会议阐明问题，并确认培训是否真的是解决方案的一部分。他们还帮助培训需求方找出和衡量业务需求，以确保资源得到合理的使用。

我希望这一版本的《行动导图：战略培训设计指导手册》能为你提供一种强大而有效的方式来设计培训，从而让员工和组织都得到提升。

凯西·摩尔

常宽泛。本书本质上讨论的是绩效改善，而"培训"只是改善绩效的手段。

→ 谁是你的学员

我在此对你的学员类型做两种假设。

- 第一种：在企业、政府或非政府组织工作的成年人，而非在校学生。
- 第二种：目前需要学习如何在工作中做某事的人，而非探索将来可能研究某一主题的人，也非为考试做准备的人。

人们期望我们这些培训设计师可以设计出"某天学员将需要"的培训。他们认为，总有一天，学员需要与自己的团队进行一次艰难的对话，或者领导一次不受欢迎的变革；也总有一天，学员会在工作中用到培训内容，因而培训设计师的当务之急是告知学员培训内容的所有细节，并让学员牢记。但是，我并不会设计这种类型的培训。

相反，我会把类似"他们应该知道"这样不具体的培训需求转变为**解决真实存在且定义明确的绩效问题的培训项目**。我将针对特定情况下的特定群体制定解决方案，并在他们最需要的时候提供解决方案。此外，我制定的解决方案可能根本不包括传统培训。

通过这一改变，我们培训设计师将不再是可有可无的人。相反，我们将向客户展示如何通过我们设计的全新培训提高绩效并帮助组织实现重要的目标。

> 这条轨道将我们从孤立的、自主的准自主学习体系转变为完全参与企业活动并与企业保持一致的学习体系……我们从偶尔提供大量的扩展性的学习内容转变为根据需要精准提供少量的重点突出的学习内容……
>
> 对于企业学习团队而言，除非不再开展任何学习，否则真的没有第二条轨道可选，这一点非常重要。
>
> ——摘自奈杰尔·潘恩（Nigel Paine）所著的《学习挑战：应对技术、创新和学习与发展的变革》（*The Learning Challenge: Dealing with technology, innovation and change in learning and development*）（2014 版）

行动导图适用于各种类型的在职学习

2008 年，我开发了行动导图模型。起初，我仅将这一模型应用于自主在线学习。但是，目前它已经是一个成熟的模型，你可以考虑将其应用于各种类型的在职学习，包括：

- 工作辅助和其他参考资料；
- 面对面授课；
- 在线研讨会；
- 自主活动（并非在培训事件中开展）；
- 讨论组；
- 可移动绩效支持；
- 延展性任务；
- 职业辅导；
- 视频、共享文档、电子邮件，还有其他未在此处列出的类似类型；
- 上述类型的任意组合。

行动导图概述

首先，这里的"行动"一词关注的是人们需要做什么，而不是他们需要知道什么。"导图"是指一种可视化方式，显示解决方案的所有元素如何相互依赖。行动导图模型看似思维导图，实则更有条理。

你将从制定项目目标开始，以此为基础绘制行动导图。最终，行动导图将显示实现最初制定的目标需要经过怎样的过程。通过整个过程，你实现的目标是解决绩效问题，而不仅是提供培训。

以下给出的是上述内容的超高度概述。

行动导图

1 我们期望看到业务绩效发生怎样的改变？
我们将如何衡量发生的改变？

2 人们需要在工作中做什么才能实现目标？
他们又为什么不去做？培训会改变这种现象吗？

当流程图显示培训是解决方案的
一部分时……

3 我们如何帮助人们练习做他们需要做的事情？

4 人们完成实践活动所需的最少量信息是什么？
提供最少量信息的最佳方式是什么？

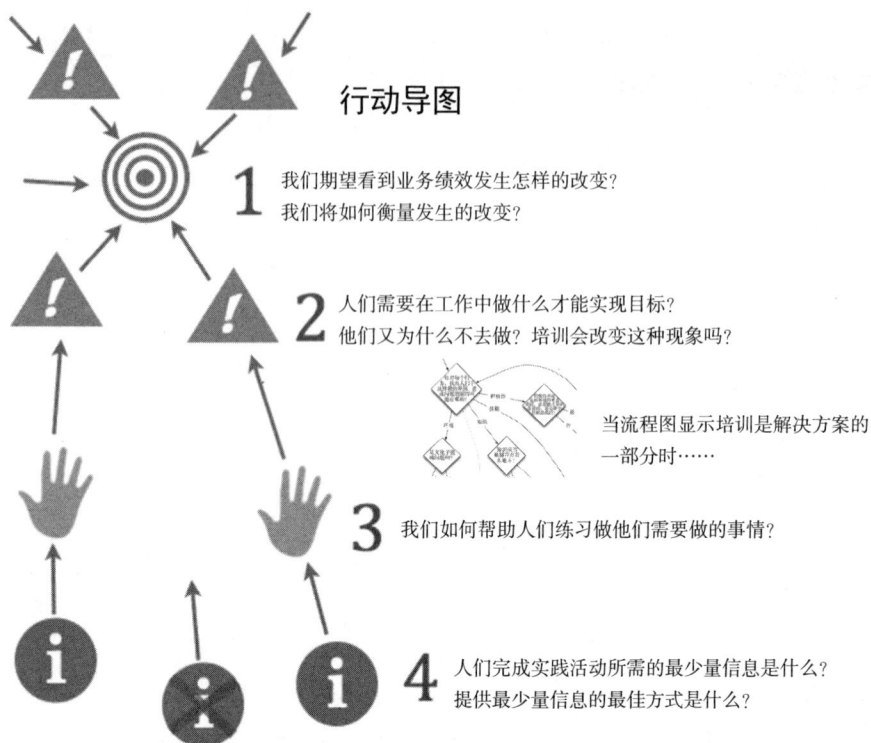

最少量信息不包括类似"很高兴知道"这样的信息

5 设计一系列实践活动，让人们根据需要从中
提取信息。

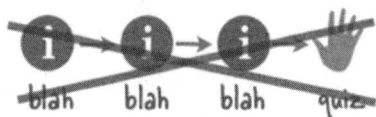

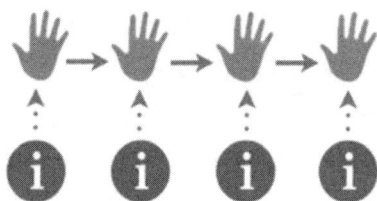

blah blah blah quiz

→ 1. 写下你的项目目标

通过让每个人都致力于实现业务绩效目标，你将向他们表明，你的职责是**解决问题**，而不仅是提供培训。你会用一种对组织有意义的方式来衡量你的成功。

→ 2. 提问："他们需要做什么？他们为什么不去做？"

通过重点分析人们在工作中需要做什么，并提问"他们为什么不去做"，你会找到许多方法来解决问题。你发现借助工作辅助就足以解决问题，或者发现你把注意力放在了错误的人或者问题上。

　　你不会浪费时间去设计那些不能解决问题的培训。即便培训真的是解决方案的一部分，也必将是具有高度相关性和针对性的培训。

→ 3. 头脑风暴实践活动

　　如果培训的确是解决方案的一部分，那么你要设计实践活动，而不是编写信息演示文稿。你要帮助人们从他们的决定中吸取教训，并在解决现实问题的过程中发现并填补自己的知识空白。他们将练习做工作中需要做的事情，而不仅是一遍遍地消化被动获取的信息，拾人牙慧。

　　实践活动与知识检查有很大不同。由于人们往往期待培训设计师编写知识检查，因此为扭转这一局面，我将在本书中用大幅篇章来研究实践活动。

→ 4. 仅包含必备信息

　　让实践活动决定人们需要了解的信息，这样，学员就不必学习过多不必要的知识。

→ 5. 设计系列实践活动，而不是编写大量信息演示文稿

　　舍弃不必要的信息演示文稿，你将设计出更有效、更令人难忘的沉浸式实践活动。这些活动具有独立性，可以在最佳时间、以最优形式开展，而且不一定非得是常规培训。

> **简要概括行动导图**
>
> 旨在改善业务绩效。
>
> 关注人们需要做什么。
>
> 要解决问题，不要提供无效的培训。
>
> 设计提供经验而不是提供信息的培训。
>
> 培训并不一定非要以事件的形式（在特定的时间和地点）开展。

→ 行动导图模型实际上要深奥得多

我们将在后面看到，完整的模型包含更多的步骤，从制定目标到评价解决方案的有效性。登录 www.map-it-book.com，你可继续探索整个过程的互动式流程。

→ 行动导图并非形式自由的思维导图

一些培训师会将行动导图作为一种组织培训内容的可视化方式来教授。他们会跳过分析步骤，并假设单靠内容就可以解决问题。通常，这样做的结果是，培训没有重点，也没有必要。

行动导图看似思维导图，却有其内在的关联性。行动导图中的所有内容都必须通过直接支持绩效目标来证明其存在的必要性。行动导图会删除不必要的信息，而不是组织信息。

最终，行动导图不仅保存了你对培训内容的想法，还保存了你对于问题为何出现以及哪些非培训解决方案可以提供帮助的简要记录。

→ 行动导图模型的益处

具有颠覆性，当然是好的方面

行动导图有助于改变组织对于培训以及培训师工作的看法。以下是可以改变的一些常见看法。

- "我们需要 X 方面的培训。"→"我们出现了绩效问题。你能提供帮助吗？"
- "培训当然是最佳解决方案。"→"让我们先找到问题所在。哦，是因为这个工具不好用。那么，我们是否可以通过改进工具而不是给所有人提供培训课来解决问题呢？"
- "教授学员所有培训内容，然后用考试检验学习成果。"→"帮助他们从现实性实践活动中吸取经验，并将所学应用到工作中。"
- "确保培训覆盖客户最中意的信息。"→"哦，他们没必要了解那些信息。"
- "培训要在特定的时间和地点开展。"→"如何将培训内容嵌入工作流程呢？"

第1章

我们的职业面临的文化挑战

○ 测试：你是否受到了普遍心态的影响

本章将帮助你认识限制我们这一职业的普遍心态。你认为自己有必要阅读本章吗？不妨先来做个小测试。

下面你将看到10种陈述，请你不假思索地对每种陈述做出反应，同时记录下你的自然反应。请根据如下评分标准给每种陈述打分：

0 表示不同意；

1 表示部分同意；

2 表示完全同意。

_____（1）我的工作是助力知识传播。

_____（2）培训设计师开展每个项目之前应当设定学习目标。

_____（3）有时，人们需要的只是一种工作辅助，而不是一门课程。

_____（4）如果培训机构能够辅助员工实现知识共享，那么大多数绩效问题都会得到解决。

_____（5）对于一个培训设计师来说，最重要的技能是清晰、简明地解释事物。

_____（6）培训过程中，不能让学员跳过自认为已知的材料，因为他们往往会高估自己的知识储备。

_____（7）主题内容专家往往认为人们需要掌握的信息比实际需要的更多。

_____（8）在线课程的每一部分都应当有知识测验。

_____（9）由于学习过程的一致性，不管是商业领域还是教育领域的教学设计基本上都具有同一性。

_____（10）教学设计的"分析"步骤是对受众进行分析，从而使教学内容对受众更有帮助。

→ 你的打分结果

去掉第 3 句和第 7 句的分数，将剩余句子的分数加起来，得出一个总分。以下是每个总分表示的意义：

0~1 分：你不受普遍心态的影响，可以跳过本章！当然，你可能也想略读一下，以便了解大多数人的思维。

2 分：你有受普遍心态影响的表征。建议你阅读本章内容。这并不会耗费你很长时间，并且有助于你引领客户和主题内容专家朝着正确的方向前进。

2 分以上：请你务必细读本章内容。若跳过本章，你将很难理解何谓"行动导图"。

○ 转变心态迫在眉睫

在前言，我们谈到蒂娜和她的客户哈罗德。哈罗德想让蒂娜把关于针头安全知识的 97 张幻灯片转换成一门线上课程。如果蒂娜跟大多数培训设计师一样，她会如何回答呢？

她会说："当然，我可以把幻灯片转换成一门课程。"

如同世界各地成千上万的设计师和客户一样，蒂娜和哈罗德只有一个目标——转移知识。他们认为，无知是问题所在，而信息则是解决办法。

作为培训行业人员，我们对知识转移非常着迷。我们整日生活在知识的云端，浮于现实世界之上，以至于看不到云端之下的人们所拥有的智慧，也看不到他们尝试解决困难时所付出的努力。我们只是一厢情愿地假设他们需要我们所拥有的信息，因而我们需要把这些信息灌输给他们，却没有注意到这些信息犹如泡沫，时效有限，而他们的困难依然没有得到解决。

蒂娜正是受到了普遍心态的限制，才会按照哈罗德的意愿，把幻灯片上的信息灌输给 8200 名员工，但这些员工应该得到更好的，而不是简单的知识转移。

◯ 我们现有的心态从何而来

要想成为一名培训设计师，学习教学设计估计是大多数人的必经之路。你可能已经正式学习过，也可能阅读过有关书籍，并且一定在工作实践中掌握了其中的"套路"。那么，你学到的是哪些套路呢？

你学到的可能是下面的套路，这些套路实则是一些稍做改动的引述，摘自某些所谓的描述教学设计的网站。

- 衡量教学设计最重要的指标是知识评估。
- 分析是指收集关于受众和任务的信息，使教学内容更加有用。
- 内容应分为事实、概念、过程、程序和原则五个大类。
- 我们应先将重点放在知识获取和知识深化上，最后才是知识创造。
- 你应该先把信息化整为零再教授给学员，以防出现囫囵吞枣的情况；定期对信息的掌握情况进行评估。
- 学员完成每个学习目标后，应立即对其进行评估。

我可以轻而易举地在 15 分钟内找到以上引述，因为这样的话到处都是。类似的语句之所以无处不在，是因为人们认为**我们的工作就应该是提供信息，并设计关于信息的考试**。

还有谁的工作可以概括为"提供信息并设计关于信息的考试"呢？答案是：老师。

◯ "培训就是教学"，是这样吗

学校里，老师的目标是转移知识，他们通过讲授的方式将知识储存在学生的大脑中，然后通过考试的方式让学生将知识从大脑中提取出来。正如迈克尔·艾伦（Michael Allen）在《在线学习指南》（*Guide to Elearning*）中总结的那样，转移知识的方法是"先讲授，再考试"。这一总结得到了全世界大学的认可，因此，一定是正确的。

那些请求我们开展培训的人可能也有同样的课堂经历，以至于成年后认为培训和教学是一样的，因为他们很难想出培训还能是别的什么。因此，他们希望我们传递信息，然后通过考试的方式确保传递的信息的正确性。

我们称上述模式为学校模式。在商业领域使用这种模式存在多种误区，但本书仅着眼于四大误区。

→ 误区一：用测试检验培训结果（正解：用工作检验培训结果）

典型校园课堂的教学目标是，"将信息灌输给学生，然后通过考试检验其对信息的了解程度"。这一目标在学校"行得通"，因为教育系统的总体目标是取得好成绩。学生考分高，皆大欢喜。学生考分低，众人失望。甚至各类国家排名也是根据得分高低评定的。尽管老师也可能希望学生成为全面发展的、具有批判性思维的个体，但衡量标准才是重要的，而考试就是衡量的标准。

正因为我们大多数人都在"先讲授，再考试"的教育体系里沉浸多年，受到了潜移默化的影响，所以使用类似的方式开展培训似乎就成了自然而然的事情。但在培训行业，考试有了一个新名字——"知识测验"。

人们假设知识测验的结果可以显示学员是否已经为工作做好了准备。但是，知识测验中考到的问题会真的出现在现实生活中吗？请思考以下几种题目。

- 你走到办公桌前，发现桌上乱堆着一些彩色积木，每一块上都描述了某一过程的某一步骤，请你将这些积木按顺序排列好。这其实是在线学习中常见的排序题，但你在实际工作中真的会遇到类似排序的情况吗？
- 一位同事找到你，问你：下列哪项不是跨境金融交易的例子？这其实是一道选择题，但你在实际工作中，真的只是做这些选择题吗？
- 你走进休息室，听到有人说："任何人都可能是职场暴力的受害者。这句话是对还是错？"这其实是一道判断对错题，但在实际工作中发生的事情真的是非对即错吗？

考试在学校是"顺理成章"的，因为传统的学校教育的目标就是让学生通过考试。但我们很少在工作中面临知识测验中的题目。我们面临的情况要复杂得多。

→ 误区二：培训仅关乎学到新知识（正解：培训更关乎你做出的决定）

"如果学员知道这些信息，他们的工作就会做得更好。"这是一个普遍观点，但令人头疼。

人们认为灌输知识就像注入一种强大的药物。把知识塞进大脑，学员就会神奇地改变他们的工作方式。正如哈罗德和蒂娜认为的那样，医院工作人员只需要知道针头很危险，并被告知正确的处理方法，他们自然会改变自己的工作方式。

但是，如果人们真的只需要"知之"，那么每个在评估中得分高的人都应该是工作中的佼佼者。但现实的情况是，高分低能的人比比皆是。工作需要的不仅是知识，还需要熟练地将这些知识应用到复杂情境中。我们必须利用知识**在工作中做出正确的决定**。

假设你是一名客服专员，每天的工作是接听客户电话。某一天，公司派你去参加一个以客户服务为主题的一般性研讨会，培训结果是，你"知道"应该用同理心来回应每个沮丧的客户。接着，一个怒气冲冲的来电者指责你的公司是一家山寨公司，你却与他沆瀣一气，毫不称职。这时，你发现自己根本不可能有这份同理心。

你根本不知道跟这个来电者说什么。你的确知道要"运用同理心"，并且在一个没有精心设定过的场景里进行过短暂的角色扮演，但除此之外，没有做过任何实战练习。更何况在角色扮演的过程中，你和搭档说不定还会半途而废，干脆一起去喝了咖啡。研讨会的最终测评会问你一些关于同理心有何等重要的问题，但是没有一个问题与你的实际工作情况有关。

角色扮演和测评是教育领域的常用方法，最终目的是学到新知识，而知识世界是一个模糊而无形的智力抽象世界，浮于现实之上，角色扮演的场景多半不会发生在现实世界。其实，真实的工作场景是，你置身于一间坐满了客服专员的房间，一群人在不停地接打电话，嘈杂声一片，而你必须一边使用一个又卡又慢的数据库，一边接听客户来电，为客户答疑解惑，还要富有同理心！更要命的是，你的工作绩效还要根据摆脱每个来电者的速度来评定。

除非培训所学的知识能教你如何处理棘手情况，否则，再多的"知识转移"也无济于事。

此外，大多数职场培训传授的知识类型与学校教授的知识类型并不相同。在学校里，我们几乎要记住一切知识的所有细节，从成吉思汗的出生地到如何计算球体的体积。学校要求的记忆量催生了一个庞大的学习辅助市场，从小抄到药物，应有尽有。

相比之下，"运用同理心"是很多职场培训所传授知识的典型特征。你见过多少传递如下信息的课程呢？

- 待客户态度要友善；
- 待他人态度要友善；
- 当别人对你说话时，要懂得倾听；
- 当事情有所变故时，不要惊慌失措；
- 不要触犯法律；
- 要注意安全。

我见过大量培训，其中很多都是对一般知识的再加工。例如，我们大家都知道："销售人员应该帮助客户了解到使用所售产品对他们的益处。"在培训中，这种一般知识就变成了"客户结盟五步法模型"。学员通常只需要记住几个概念和几句套话就可以了。

但是，即便我们的学员真的需要记住很多信息，我们还是应该将重点放在其如何应用所学知识，而非其能否在考试中默写出来。例如，如果我们培训的工程师能够答对考题，这当然是好现象，但我们真正想要的培训结果是他们能够设计出一个在高海拔地区运行良好的小部件。

不管我们设计的是何种类型的培训，我们的目标都不应该是让学员在培训后取得高分，而是让学员改变自己的工作方式。然而，由于学校模式的影响，人们过于注重信息的记忆。因而，针对"善待彼此"这样一个无须用脑的原则，人们争论的居然是，究竟是借助配有画外音的图片，还是用"点击显示"的方式，才能让学员更容易地记住这一原则。

如果真要论个究竟，我建议将争论的点放在："我们如何帮助人们改变他们的行为？"

→ 误区三："课程"即解决办法（正解："课程"往往不是解决办法）

学校模式会让客户更坚定地认为，他们可以通过一次性的讲习班或课程来解决自身面临的问题。他们会说："我们需要的仅仅是一次网络研讨会。要简短，不要超过一小时。"

正如前文提到的，我们真正的目标不是灌输知识，而是改变行为。一般的、时长一小时的网络研讨会不太可能改变人们的行为。但是，如果设计一种活动丰富的网络研讨会来帮助人们实践新的工作方式呢？是不管用，还是会有些许帮助呢？

可能会有帮助吧。

首先，我们需要采取不同以往的步骤来确定培训是否真的能解决问题。通常，培训不能真正解决问题。这是因为，客户往往对问题定义不清，或者没有对问题进行仔细研究，提供的培训内容对于现实存在的问题往往不具有针对性。以上都属于主观原因。实际上，问题的出现也许还存在一些客观原因，如低效的程序、不利于用户使用的软件、不合理的工作期限等。这些问题都不可能通过网络研讨会得以解决。然而，在行动导图模型的框架下，你将使用流程图来查找造成问题的真正原因，从而避免不必要的培训。

但是，即使培训可以提供适当的解决方案，也没有任何一种培训课程是一剂良药。随着时间的推移，人们会形成某种习惯，也就需要时间来创造新的习惯。巩固新的习惯尤其需要循序渐进，需要间隔练习，可能根本不需要培训"事件"。也就是说，你能否通过每周发起一次行为挑战并提供一些有益的工作辅助的方式来鼓励人们改变行为习惯呢？难道每个人都有必要参加网络研讨会或培训课程吗？

→ 误区四：视学员为一张白纸（正解：我们的学员并非一张白纸）

在学校里，老师认为我们的脑袋就像空空的麻袋一样需要被知识填满。某种程度上，他们是对的。因为当我们 9 岁时，可能真的说不出加蓬的首都是哪座城市，也不知道怎样计算一个圆的面积。

但我们的学员不是孩子。他们是有着丰富生活经验的成年人，已经学会了很多知识，其中很可能包括我们要"教给"他们的知识。

例如，如果我们要教销售人员一种咨询式的销售方法，我们面对的不是一群脑袋需要被知识填满的孩子，而是一群从事销售的、形形色色的成年人，且他们中的一些人已有多年的销售经验，他们可能已经对咨询式的销售方法有了相当多的了解，那么我们要做的应该是改变他们的销售方式。我们还应认识到，他们需要改变的程度也存在个体差异。

然而，我们的客户只知道学校模式，因此希望我们对所有学员一视同仁。客户认为，我们应该把咨询式销售方法的细节呈现得淋漓尽致，如同呈现一位从未被人见过的奇异外星人，最后，让每个人都完成同样的测试。还记得哈罗德吗？他决定开设课程是基于这样一种假设：其幻灯片的受众中没有一个人知道如何处理针头，但实际情况是，其受众都是医院的员工，身处随处可见针管和手术刀的环境中。此外，他还基于另一种假设：在医院工作的每个人都需要知道处理针头的所有知识，包括接待员、文书人员，以及锅炉工。

在一个又一个项目中，人们总认为培训师应该"向学员公开所有的信息"，即使这些信息与实际工作脱节。由于每个人都有平等的知悉权，因此我们需要让学员观看所有信息，而不是让他们证明已知哪些信息。如果我们还未将某一技巧的每个细节灌输给他们，就任其尝试这一技巧，那么"他们必将走向失败"，甚至可能伤到自尊！这就是我们的失职。

培训就是"知识转移"这一认知造成了我们对于信息的这种不合理的依赖，归根结底是因为学校模式的影响。我们将信息视为自己拥有的一切，因而应将信息毫无保留地展示给学员。信息在我们眼中是如此珍贵，以至于不能放任学员自行选择他们需要知道的信息，更何况学员是——白纸，对吧？

○ "但是，你曲解了教学设计。"

我意识到，令人满意的教学设计不仅是"展示信息并进行测试"。然而，根据我在教育和商业领域 30 多年的培训经验，"展示—测试"法是我所看到的主要的，常常是唯一的教学设计方法。这就是我写本书的原因。

○ 总结

作为"导师"，我们整日生活在知识的云端，浮于现实世界之上。信息是我们身处云上世界的全部，以至于我们对其产生了一种病态的痴迷，并赋予其神奇的力量。因而，我们不能质疑"一门课程就能解决问题"这样的臆断，甚至不能仔细审视需要解决的问题。我们追随"知识转移"的潮流，把成年人当作没有经验的孩子，也就设计出"输入信息，提取测试"这样的培训。

→ 如果你只做一件事

不要把你的工作看成"知识转移"。你的工作远不止于此。

为了让你了解"知识转移"的替代方案，请允许我继续为你讲述哈罗德的项目。

第 2 章

如果我们不教学，那我们该做什么

○ 关注绩效，而非信息

如果我们抛弃学校模式，我们的目标将不再是"告诉他们需要知道的信息，并通过测试确保他们已经掌握信息"。

相反，我们必须立足现实，问一些可能引起恐慌的问题。例如，"我们要试着做什么？""哪些现象表明我们存在绩效问题？""是什么导致了绩效问题？是真的缺乏某方面的知识，还是其他什么原因？""培训是解决方案吗？""如果培训是解决方案的一部分，应当用其解决什么问题？"

2008 年，我开发行动导图模型的原因是我觉得需要一种结构化的方式来对抗学校模式。接下来，让我们比较一下行动导图与传统方式之间的差异。

○ 同一故事的两个不同版本

让我们回顾一下蒂娜和哈罗德的故事。哈罗德就职于一家大医院，他需要找人设计有关针头安全知识的培训课程。蒂娜是一名培训设计师，她很乐意根据哈罗德的意愿，将其提供的幻灯片直接转换为培训课程。但是，蒂娜的方式并不是满足哈罗德诉求的唯一方式。我们会将蒂娜的方式和另一种方式做比较，展现同一故事的两个不同版本。

第一个版本：培训设计师蒂娜认为她的工作就是设计一门课程，传达客户提供的信息，因而她会采取传统的方式。

第二个版本：客户不变，设计师换成了安娜。安娜认为她的工作是**解决客户的问题，因而她会使用行动导图模型。**

→ 第一步

两个故事中，我都将解决方案限制为在线学习，以便你可以更容易地比较这两种方式。尽管在这两个版本中，培训都是解决方案的一部分，但是在你的项目中，你可能会发现培训未必是必选项。

我之所以在此使用一个包含培训的例子，是因为你们中的大多数都是从培训课程设计学起的；而我之所以将作为解决方案一部分的培训限制为在线学习，是因为我想让你们看到，即使微小的改变也会对最终的结果产生巨大的影响。

同本书中列举的很多例子一样，这一例子同样很简单，这是因为我想让你更清晰地看到故事发展的整个过程。但是，不要被简单的故事欺骗了，因为行动导图模型具有很强的拓展性，可以帮助你解决更复杂的问题，完成更大型的项目。

→ 任务：为医院设计针头安全知识课程

客户哈罗德想为医院的工作人员提供一次关于针头安全知识的在线课程。每个被要求上这门课的人都是有一定医疗机构工作经验的成年人，或者至少见过医生办公室内部情况的成年人。

→ 蒂娜认为："我的工作是设计课程。"

蒂娜按照学校模式开展工作，她认为自己的工作是设计课程。以下是她的工作流程。

→ 与客户会面，接收课程内容

哈罗德说："我们需要一门关于针头安全知识的课程。"接着，他向蒂娜提供了一组幻灯片。幻灯片常用于医院的面授培训，但面授培训正被逐步淘汰。"学员需要知道的一切都在这组幻灯片里。请把它转换成在线课程。"哈罗德说。

蒂娜说："当然，我可以做到。"然后她就开始工作了。

首先，她重新观看了幻灯片，并问了哈罗德几个问题。例如，"我不确定是否理解了这张幻灯片上讲述的内容。学员最需要从中学到什么？"

编写脚本

当掌握所有信息后，蒂娜开始为课程编写脚本。脚本条分缕析，细致到每张幻灯片上的旁白都说了些什么，幻灯片上会出现什么，以及用户如何进入下一张幻灯片。

幻灯片原有 97 页，但其中一些包含的信息量过大，因而蒂娜将其做了拆分。最终，她的脚本洋洋洒洒地描述了共计 130 页的幻灯片。

哈罗德花了不少时间才就脚本给出反馈意见，但她已经准备好制作了。

整合流程

欢迎屏幕+课程目标。蒂娜首先在屏幕上欢迎学员参加这门课程，然后列出了一系列课程目标。以下是目标之一：能够认识到针头使用不当产生的风险。

引入课程。蒂娜给出了一组可怕的统计数据，直观地说明了受污染的针头可传播的疾病，以此告诉人们针头安全的重要性。并强调，如果重视这一问题，每年可有 200 万人免于感染！

正式授课。首先，蒂娜介绍了如何正确使用和丢弃针头。她创建了多个屏幕，分别列出了"应做"和"不应做"的相关内容，并设置了旁白阅读要点。

为了增强课程的互动性，她还在一些屏幕上放了图片，人们可点击图片获得更多信息。

由于她把经费花在了旁白上，没有多余的经费拍摄某人使用针头的定制照片，因此她添加了一些图库照片作为代替，但这些照片上没有一个人穿医护服。

知识测验。展示了一部分课程内容后，蒂娜出了几道题目，目的是确保学员理解了所授内容。以下是其中的一个题目：

判断对错题：为了降低被针扎风险，你应该一手握住针管，另一手握住针头盖，拔下针头。

这等于问学员："你们还记得刚刚看过的内容吗？"

授课+知识测验，重复再三。蒂娜继续在授课和知识测验之间交替进行，其间加入"点击显示"环节提高学员的参与度。她花了很长时间创建了一个关于皮下注射针的链接，点击后可显示使用皮下注射针时哪些"应做"、哪些"不应做"。

课程评估。最后，蒂娜出了一套测试题，这些题目与知识测试的题目相同。下面是一个具有代表性的题目：

以下哪一种不是灭菌方法？

A. 烘干

B. 浸泡在化学品中

C. 煮沸

D. 高压灭菌

获得批准

蒂娜让哈罗德检查整个流程，并根据他的要求做了一些更改。

课程实施

蒂娜把课程上传到医院的学习管理系统上，哈罗德负责向所有员工布置学习任务。不管是门卫还是抽血医师，每个人都学一样的课程。

课程评价

大多数人都汇报说，他们从蒂娜的课程中"学到了一点"或"学到了很多"，每个人都通过了课程评估环节。因此，培训取得成功！

无人知晓人们的工作方式是否发生了改变，因为这一点无人考量。蒂娜的工作到此为止。

蒂娜对工作的看法

蒂娜所做的决定受她对工作的看法所驱使。她是这样描述自己的工作和任务的：

- "客户认为我是课程制作人。"
- "客户决定我的课程应当涵盖的信息。"
- "我制作的在线课程使用了旁白、图片、动画和点击等手段增强参与度。"
- "信息是我主要的设计内容。"
- "我不让任何人跳过他们声称已知的信息，因为他们会误认为自己已知这些信息。"
- "只要人们知道这些信息，我的工作就完成了。"

当你阅读下面关于另一位设计师安娜的故事时，请思考：安娜对蒂娜的观点做何感想？

→ 安娜认为："我的工作是解决问题。"

让我们看看如何用另一种方式来处理同一个项目。这次的设计师是安娜，她认为自己的工作是"解决客户的问题"。

与客户会面，制定目标

哈罗德说："我们需要一门关于针头安全知识的课程。"接着，他向蒂娜提供了一组幻灯片。幻灯片常用于医院的面授培训，但面授培训正被逐步取消。"学员需要知道的一切都在这组幻灯片里。请把它转换成在线课程。"哈罗德说。

安娜说："感谢你提供的幻灯片。所以说，你要逐步取消现场授课吗？"

哈罗德说："是的，安排大家的时间太难了，而且现场授课的效果也不怎么好。""你是说培训之后依然出现安全问题，对吗？"蒂娜问。

"是的，出错报告几乎没有减少，"哈罗德说，"我认为人们不去上这门课，是因为他们对总要去上这样那样的培训课，已经厌倦了。"

安娜说："显然你还是希望出错率可以降低的。那么，你有具体的目标吗？"

哈罗德说："为了赶超保持最佳纪录的医院，我们需要将错误率降低 8%。最好一年内可以达到这一目标，届时医院要发布一份整体安全报告。"

安娜说："这听起来是一个宏大的目标。那么，让我们将目标具体到项目中。"她走到写字板前，写道："所有员工学会正确使用针头，针头使用出错率将在一年内降低 8%。"

"没错，"哈罗德神采奕奕地说，"这正是我们希望通过课程实现的目标。"

找出人们应该做什么

"如果能占用你几分钟的时间，"安娜说，"我想跟你再了解一下人们应该做什么，但目前做的又是什么。"

"列出他们应该做什么很容易，"哈罗德说，"那些都写在我们的'标准操作程序'里，但就是没人看。"

蒂娜问道："你能把关于针头的标准操作程序发给我吗？""当然，"哈罗德说，"但是阅读这些操作程序会让你昏昏入睡。"

蒂娜又问："还有没有其他资料用来告诉人们应该做什么，如工作辅助或者标志之类的？"

"当然有，且无处不在，"哈罗德说，"例如，每个房间的墙上都贴有一个标志，告诉你如果不小心被受到污染的针头扎伤该怎么做。"

（安娜其实应该到医院走一趟，跟着工作人员四处看看，拍摄一些工作辅助和工作环境的照片，并和他们聊一聊。不过，我在这里限制了她能做的工作，这样，更便于你把她所做的工作和蒂娜所做的工作做比较。所以……）

安娜问："你能给我发一些这类标志的照片或副本吗？还有任何与使用针头有关的常见工作辅助的副本吗？"

"我想可以，"哈罗德说，"但没有人会注意这些标志，因为它们淹没在医院的整体环境里。人们对它们可以说是习以为常、视而不见。"

安娜说："我们或许可以改变这种状况。请给我一点时间阅读你提供的幻灯片和其他材料，然后我会再向你提一些问题，并给你一个如何开展项目的初步想法。"

接下来的几天里，哈罗德给安娜发送了相关的标准操作程序和几种标志的照片。这些标志讲的都是人们该如何使用针头。安娜观看了幻灯片，注意到上面讲的主要是标准操作程序的内容。她还花了一些时间从网上了解了使用针头时的常见错误，以及其他医院如何尝试解决这类问题。

找出人们不做应做之事的原因

安娜安排了一次和哈罗德的会议，并请他带两三位"未来学员"（参看下文解释）参会。哈罗德带了一位有多年工作经验的护士和一位刚开始工作的助手。

安娜问道："我现在已经很清楚人们应该做什么了。接下来，能告诉我他们都做错了什么吗？例如，最常见的错误是什么？"

在接下来的 20 分钟里，哈罗德和他的员工向安娜描述了最常见的错误、最致命的错误，以及一些不太常见但仍然会造成一些问题的错误。安娜一一做了记录。

安娜把注意力集中在最常见的错误上——将针头盖重新盖到使用过的针头上，然后问道："人们为什么会这样做？"

护士说："因为一些人不知道这样做是错的。例如，一些来自其他国家的护士在以前工作的医院看到大家都这样做，也就学着做，但这样做在我们国家则是错误的。但是，更多的人这样做是因为针头回收箱并非触手可及。回收箱本该放在病人的床边，针头使用完毕后可随手丢弃，但却放在床边以外的任何地方。"

听到这些，哈罗德感到很惊讶，因为他的工作并不直接接触病患，他以为针头回收箱都放在了正确的地方。

对于其他高频错误，安娜同样问了类似于"人们为什么会这样做"的问题，并且做了更多的记录。

找到最佳解决方案

经过安娜的提问，哈罗德开始转变视角，重新审视他的项目。他决定做一些改变，以解决最常见的问题，也就是，针头回收箱的位置不正确的问题。

"我们应该把它贴在病床边的墙上，"他说，"我保证这一点可以做到。单凭这一点改变，就可以减少重盖针头造成的操作失误。"

> 在现实生活中，哈罗德和他的同事可能会发现更多的非培训解决方案，但是我在此会将故事简化，以便清楚地说明整个过程。

集思广益地讨论活动

哈罗德也意识到，仅仅告诉每个人应该怎么做可能真的行不通。尽管员工都受过培训，工作场所也贴满了各种标志，但他们仍会犯错。此外，他们需要记忆的规则太多，似乎已经不堪重负。最后，护士还指出了一个原因：很多人过于相信自己的能力。

"我们可以尝试一些新的方法，"安娜说，"例如，让工作人员应对一些现实性的挑战，从可能出现的错误中吸取教训，而不是直接告诉他们应该做什么。由于挑战的现实性，他们做出的决定必须与实际工作中做出的决定相同，并且他们可以看到决定引发的后果。举个例子，在一个活动中，我接受的挑战是——被受污染的针头刺伤，但我并没有正确清洁伤口，我看到的后果就是——我患上了丙型肝炎。"

"他们会看到犯错产生的后果，"哈罗德若有所思地说，"这将比单纯的说教更能调动他们学习的积极性。"

"就是这个意思，"安娜说，"而且，应对每一次挑战时，他们还会看到真实工作场所张贴的标志，从中获取帮助。我会让这些标志出现在'回复'里。这样就可以提醒他们，这些标志不仅存在，还可以帮到他们。通过这些活动，人们将形成规范的操作——看标志寻求帮助，进而做出正确的决定，这正是你想在工作中看到的行为。"

哈罗德暂时同意考虑一下这样做的可行性。当他和同事去喝咖啡并自查工作时，安娜很快就完成了建模工作。

为客户设计模型

安娜故意让她的模型看起来像素描，这样大家就会关注活动要求人们做什么，而不是关注字体或颜色。下面是她的模型：

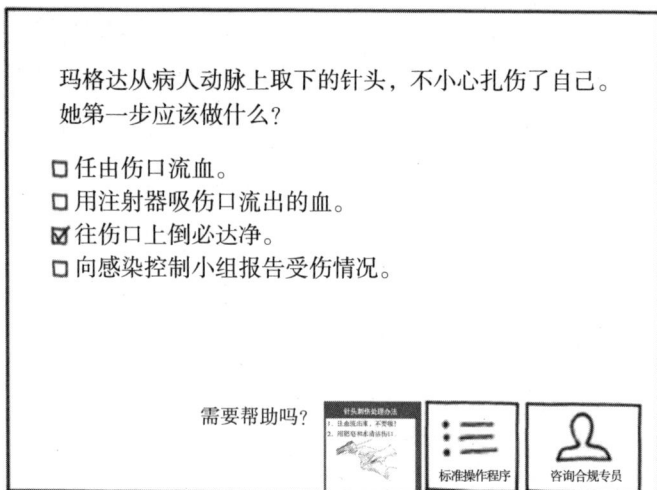

玛格达从病人动脉上取下的针头，不小心扎伤了自己。
她第一步应该做什么？

☐ 任由伤口流血。
☐ 用注射器吸伤口流出的血。
☑ 往伤口上倒必达净。
☐ 向感染控制小组报告受伤情况。

需要帮助吗？　　标准操作程序　　咨询合规专员

安娜把模型拿给哈罗德和他的同事看，并解释说，她在活动前不会向学员讲述针头安全知识，而是让学员勾出认为正确的选项。如果他们需要帮助，可以点击屏幕底部图片，选择需要的信息。

可选信息包括：现实工作场所中贴在每个房间墙上的工作辅助，玛格达随时可以查看；标准操作程序，适用于喜欢深究细节的人；一个"咨询合规专员"的对话链接，可以与真实或虚构的合规专员对话。

在安娜的模型中，一个过于自信的学员并未看工作辅助，直接选择了往伤口上倒必达净。下面是这个人得到的回复：

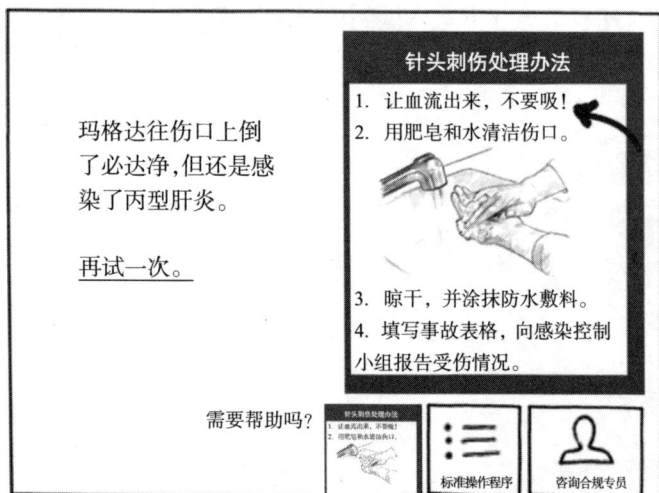

玛格达往伤口上倒了必达净，但还是感染了丙型肝炎。

再试一次。

针头刺伤处理办法

1. 让血流出来，不要吸！
2. 用肥皂和水清洁伤口。

3. 晾干，并涂抹防水敷料。
4. 填写事故表格，向感染控制小组报告受伤情况。

需要帮助吗？　　标准操作程序　　咨询合规专员

安娜解释道："对于人们做出的每一种选择，我们都会向其展示随后发生的一切，并展示工作辅助的哪一部分可帮助其做出选择。无论他们的选择是否正确，都能提醒他们工作辅助存在于工作场所中，并确保他们看到了正确的操作程序。"

由于哈罗德预算有限（事实上是相当有限），安娜需要删除"咨询合规专员"的选项，但并不影响他对这一模型的喜爱。哈罗德说："我们需要搞几个这样的活动来弥补先前的重大错误。这样会比我原来计划的课程贵吗？"

安娜说："可以实现费用不变。我们会在设计上花更多时间，但制作成本会变低。如果尝试将现场授课使用的 97 张幻灯片变成传统的在线课程，我们不仅要制作大量的幻灯片，还要用铃声和口哨这类花哨但不实用的附属项目让幻灯片上的信息显得稍微有趣一点。但现在我们只需使用在线学习工具的多项选择功能设计更多类似这样的活动就可以了。此外，我们不必设计信息页，因为可以直接链接工作辅助的副本。"

哈罗德考虑了一会儿，说："尽管我的老板想让你们将所有信息输送给每个人，但是，如果像你展示的那样，每次的回复都包含了该有的信息，那么每个人还是可以得到所有信息。只是输送方式不再是在线授课，而是活动。我喜欢这种方式。"

> 这依然是个超级简化的例子。如果你说，"也许在线学习不是最好的方式"，我完全同意。在后面的章节中，我们将讨论如何决定哪种类型的解决方案是最好的。我坚持在这个故事中使用在线学习，是因为你可以直接比较蒂娜和安娜使用的方式。

为学员设计模型

哈罗德把模型拿给老板看，老板同意了。随后，安娜再次询问了哈罗德一些细节，用以编写三个现实性活动。安娜使用文字处理软件编写了活动草案，并发送给哈罗德以确保其正确性和现实性。由于已看过之前的模型，因此想象出这些活动对他来说并不难。

安娜很快把这三个活动开发成可点击的页面。就像她开发的第一个模型那样，这些页面看起来非常简洁，因为她希望人们关注的是挑战本身以及活动如何进行，而不是颜色或字体。

理想的情况下，她会观察一些学员如何尝试这些活动，并征求他们的反馈意见。但考虑到预算有限，哈罗德会负责在休息时间对一些员工进行测试，并将反馈意见传给安娜。经过一些调整，安娜和哈罗德认为他们走对了路。

设计大纲

安娜的建议是，人们只要有时间就可以参加这些活动，但哈罗德想要的依然是正式的在线课程，方便其布置学习任务。因此，安娜总结了一个精华版大纲，阐明了各个岗位对应的活动以及活动呈现的顺序。按照先易后难的原则，开始的活动会比较简单，之后的活动会越来越具有挑战性。她只是简要地描述了大纲中的每个活动，并没有编写脚本。

大纲显示，课程中不会出现任何纯信息展示。相反，每个活动会包括可选信息的链接，并且回复里也会显示工作辅助的适用部分。

大纲还描述了在分析过程中找到的非培训解决方案，以及谁将实施这些解决方案。例如，大纲中指出哈罗德负责将针头回收箱放在正确的位置。

哈罗德对大纲做了一些修改并批准了最终版本。

完成活动编写

在哈罗德的帮助下，安娜分批编写大纲中确定的活动。她一边等待哈罗德对一批活动提出反馈意见，一边将反馈过的活动编入在线学习工具，以此确保编入的活动能够按照她和哈罗德的要求进行。很快，他们就完成了一系列具有挑战性的决策活动。其中，一些只适用于特定工作岗位的人，而另一些则适用于所有人。

现在，是时候整合这些活动并设计哈罗德想要的课程了。安娜再次打开在线学习工具，将准备的所有资料进行整合。

整合流程

欢迎屏幕。安娜将这门课程描述为游戏类挑战，她在欢迎屏幕上写道："你能在一些棘手的情况下避免感染自己或他人吗？挑战一下吧。"

课程中没有旁白，因为医院的工作人员都具备阅读信息的能力。用于旁白的预算都用在了设计有挑战性的活动上。

选择工作岗位。安娜列出了几个岗位类别，并要求学员点击自己所属的类别。点击后，学员只会看到自己岗位在工作中真正面临的挑战。也就是说，抽血医师不需要浪费时间去决定如何在手术中递手术刀。

活动。安娜告诉学员自己不会追踪他们的选择，并鼓励学员多做尝试，以便发现不同选择产生的不同后果。**她不会向学员展示任何纯文字的信息或列出各种"做"和"不做"**，而是让他们参与一系列活动，而这些活动都是为了引诱他们犯一些常见的错误。

每个活动都包含可选链接，点击后会出现工作辅助和其他现实中的参考资料。此外，回复中还会标注工作辅助的哪一部分适用于该活动。

参与活动的过程中，无论第一次选择是否正确，学员都可返回重选，再做决定。

汇报。学员参与过一系列活动之后，安娜会做一次简短的汇报，帮助他们了解活动延伸出的道理。例如，她指出，工作人员遇到两种情境时很难遵循正确的操作程序，这是因为他们一开始就没有形成规范的操作。而这一例子恰恰告诉了学员一个道理，就是，如果没有遵循一套操作程序，终将无法完成下一套操作程序。

（安娜更愿意以现场讨论的形式做汇报，这样，学员可以自己找出活动可延伸出的道理。但我们还是将形式限制为在线学习，以便你更容易将她的方法与蒂娜的方法进行比较。）

评估。由于哈罗德的老板希望安娜的课程包含评估环节，因此她会告知学员自己会追踪他们的选择，并且修改了活动设置。她给出的还是同样的活动，活动还是可以链接到真实工作场所中存在的工作辅助，但如果他们选择错误，就不再有重试的机会。

为了评估，她还设定了一个很难达到的分数。如果学员未达到设定的分数，他们将参加更多的活动，包括曾经出错的活动，然后，他们会再得到一个分数，直至达到标准分数为止。

安娜希望学员在课程结束后继续练习，所以，她想再设计一些课余活动，每隔几周发给学员一次。哈罗德说会考虑这一建议，但首先他想让安娜交付传统课程，以便兑现跟老板的承诺。

实施

安娜把这些活动放在了医院的学习管理系统上，随后，哈罗德设计了一次简单的内部营销活动，鼓励人们尝试挑战。他的营销活动不仅针对学员，也针对管理者。

应哈罗德的要求，维修工将装有危险废物回收箱的支架固定在每张病床旁边的墙上，这样就可以减少重盖针头盖的情况。（同样，在现实生活中，会有更多类似的非培训解决方案。）

初始评价

很快，安娜和哈罗德就通过评估环节得出了第一阶段的结果：有些人第一次就选错了，但每个人都通过了补救活动，最终完成了课程。

安娜采访了一些学员，目的是找出哪方面材料有助于改变他们的行为，而哪方面没有帮助。根据采访，她对活动做了一些改动。

经过几个月的课程，哈罗德报告说针头出错事件的数量减少了。看起来医院有望实现错误率降低8%的目标，但还不敢打包票。

间隔练习

哈罗德的老板对初始结果很满意，因此，在安娜的建议下，他找到了额外的资金用于开展强化活动。这些活动与课程中的活动类似，但以链接形式通过电子邮件发送，每两周发送一次。

强化活动得到的结果是，通过继续练习做各种决定并看到产生的结果，人们形成的新的工作行为得到强化。

一些工作人员建议将现实中的案例也转换为活动。因此，当另一家医院爆发感染时，哈罗德让安娜将这一事件转换为一个练习，引发了大量讨论，这也使得针头安全越来越受到关注。

持续评价

医院持续关注错误率的下降情况。受这一变化的鼓舞，安全员决定更加详细地排查各方面的数据。当他们找出一项具体的错误，并希望错误率降低时，哈罗德就会请求安娜再做一些额外的活动，着重减少新找出的错误。

这样，错误率一降再降，医院的整体安全报告也就理想得多。

故事被极度简化

为了简化故事，我仅选择了一个基本问题，并进行了大量的压缩。例如，我让故事中的安娜和哈罗德仅找出一个非培训解决方案，其实往往可以找到更多；可能还有很多其他原因造成人们对针头的正确处理程序视而不见，但为了简化故事，我都跳过了；我让安娜把大部分时间花在培训设计上，是因为你们中的大多数人都是从培训设计学起的；我让哈罗德同时扮演客户和主题内容专家，是为了方便你只追踪他和安娜两个人物的发展轨迹；我让哈罗德对安娜的一些想法（包括取消"课程"和使用间隔练习）提出反对意见，是为了让你可以更直接地比较蒂娜和安娜的解决方案。

我想让你看到，即使一个小小的改变——设计活动而不是转移信息，也能产生实质性的影响。

即使存在以上限制，安娜的解决方案还是比蒂娜设计的传统方案有效得多。我认为前者还可以更有效，但前提是项目之初与客户进行更深入的讨论。

○ 蒂娜和安娜的不同

两个版本的故事都将解决方案的培训部分限制为在线学习，但蒂娜和安娜的使用方式截然不同。

→ 看法的不同

先前，我让你考虑：就蒂娜对工作的看法，安娜会做何反应。以下是二人对自己的工作和任务的描述。

蒂娜：客户认为我是课程制作人。

安娜：客户一开始可能会认为我是一名课程制作人，但很快他们就把我当作提高绩效的合作伙伴。

蒂娜：我唯一需要设计的是课程。

安娜：当我帮助客户找出问题各个方面的最佳解决方案时，我可能会设计工作辅助，找出帮助人们共享信息的方法，或者建议改进工具或程序。

蒂娜：就一门课程而言，信息是我主要的设计内容。

安娜：就一门课程而言，实践活动是我主要的设计内容。

蒂娜：我用读或听的方式将信息传递给学员。

安娜：我为人们准备信息，让他们在需要的时候提取，以解决现实问题。

蒂娜：我提出的问题是为了让人们复习获取的信息，增强记忆。

安娜：我提出的问题是为了让人们根据实际情况提取信息，做出决定。

蒂娜：客户决定我应该提供的信息。

安娜：活动决定我应该提供的信息，而活动由人们的实际工作决定。

蒂娜：我制作的在线课程使用了旁白、图片、动画和点击链接等手段增强参与度。

安娜：我制作的在线课程旨在让学员解决影响工作或生活的现实性难题，以现实性提升参与度。

蒂娜：我不会跳过任何信息，哪怕学员已经知晓某些信息。

安娜：我以活动的方式向学员发起挑战，通过活动他们可以自查知识漏洞或证明其正确知识的储备量。

蒂娜：我评估课程的方式是，询问学员是否喜欢课程并给出知识测试。

安娜：我评估项目的方式是，最初确定的绩效指标是否有所改善。

蒂娜：如果学员理解了这些信息，我就做好了本职工作。

安娜：如果绩效指标有所改善，我当然很高兴，但我的工作未必已经结束。

蒂娜：课程一旦交付，我的工作就结束了。

安娜：客户和我将继续给出间隔练习，以此强化学员形成的新行为。我们还将更仔细地检查绩效指标，以微调解决方案。

→ 使用流程的不同

蒂娜的流程遵照 ADDIE 模型。尽管她没有按照模型的本意将其用于教育领域，但她对模型的解读具有普遍性。

分析：客户说他们需要培训；所以，他们需要培训。

一次性设计：编写脚本或设计文档，阐明如何展示和测试客户提供的内容。文档逐字描述了培训过程的所有环节，客户了解内容后就立刻批准实施，很难再做出改动。

开发：把脚本变成培训材料。

实施：以事件的形式开展培训，即培训在特定的时间和地点进行。

评估：询问学员是否喜欢培训。

安娜则按照如下流程进行：

评估：确定以何种方式衡量项目的成功。

分析：绩效问题有哪些？人们需要做出何种改变来解决问题，但又为什么不做？培训对解决问题有帮助吗？如果有，需要什么类型的培训？还可以尝试其他哪些解决方案？

精华型设计：针对解决方案的培训部分集思广益，并对得出的一些具有代表性的想法建模并测试，根据测试结果做出必要的改变。建立的模型一旦确定，编写精华版大纲，阐明活动（仍然是概念形式）将如何相互关联，如何融入学员的工作流程，以及如何使用非培训解决方案。

分批开发：将几个活动包含的全部内容写在一个简单的文本文档中，

并从主题内容专家处获得反馈意见。开发这些活动并寻求反馈意见。如有必要，改进已开发的活动。接着编写和开发另一小批活动。这一阶段，也许要重新修改大纲，也许要修改原有的模型或者丢弃早前的一些想法。

实施：当你设计活动时，其他人则实施分析过程中得出的非培训解决方案。培训部分完成后，你可以将其先发给一部分学员，检验效果如何。你可能会根据效果对活动做一些改变，然后发给更多的学员。关于培训的形式，可能是需要在特定的时间和地点进行的活动，也可能是一些按需随选的活动，也可能是给出一些关于"如何做"的信息，也可能以上三种形式都有。由于你还要设计间隔活动以达到强化新的行为的目的，因此你设计的活动里至少有几个可能需要过几周或更久的时间才会被实施。

评估和重新调整：参照最初制定的目标，查看进展，评估初期成果。采访一些学员，找出哪些活动有效，哪些活动无效，并在项目过程中持续调整。

→ 命运的不同

蒂娜交付了客户认为他需要的——在线课程。她的课程并不会改变人们的工作行为，但是，既然没有人要求改变，也就无所谓了。她的课程就像一种商品，既然是商品，那么世界上还有很多人可以给出更低的价格。结果，下一次哈罗德需要培训课程时，他会找更便宜的供应商。

安娜交付了客户实际需要的——绩效的提升。她提供的是定制服务，而不是商品。她帮助哈罗德解决了一个实际问题，使他在老板面前看起来很得力，并且在这一过程中，她了解了医院的运转情况。结果，下一次哈罗德怀疑他的员工出现绩效问题时，他就会打电话给安娜。

◯ "我的客户会反对……"以及其他问题

你尝试做一些改变时，可能会遭到客户、主题内容专家和其他教学设计师的反对。如果发生这种情况，请查看附录 B，其中列出了关于行动导图的常见问题以及应对之法。

○ 总结

许多设计师都将自己视为课程制作人。他们认为，自己的工作就是使用客户提供的信息，设计客户想要的课程。这常常导致无效的信息转储。

行动导图要求你不要将自己局限在课程制作人的角色上，而是将自己的工作视为解决客户的问题。当客户来找你，提出培训请求时，你会把话题转到绩效问题上。你将帮助客户分析问题并找到最佳解决方案。如果培训是解决方案的一部分，那么你将设计目标明确的实践活动。你设计的活动可快速用于实验并快速确认其有效性，因此，任何时候都可以对其优化。随着你对组织问题了解的加深，你会变得更像绩效顾问而不是接单员。

→ 如果你只做一件事

那就是，从你与客户的第一次接触开始，就摆出一副你的工作就是帮助他们**解决问题**的架势。

你接下来需要做什么

○ 高度概述

本书侧重于分析和活动设计这两个复杂步骤，在行动导图框架下，这两个步骤的操作方式与传统的操作方式有所不同。一旦设计完成一个具有代表性的活动，你就可将其作为其他活动的模型，设计其他活动也就更容易、更顺手。

我们将把大部分时间花在接下来出现的工作流程的前半部分。若你还想探究互动版本，请登录 www.map-it-book.com 了解详情。

→ 与利益相关者开会并分析问题

首先，你要与客户、主题内容专家或其他利益相关者开会，以定义和分析问题。会议可能持续一两小时。你将：

- 制定项目目标。（第 4 章）
- 回答："为了达到目标，人们应该做什么？"（第 5 章）
- 回答："他们为什么不这样做，以及如何改变这种状况？"（第 6 章）

你将针对问题的不同方面找出不同的解决方案，这通常包括改进程序或工具。

"我们需要培训"

如何将行动导图模型应用到实际项目中
更好表现—更多参与

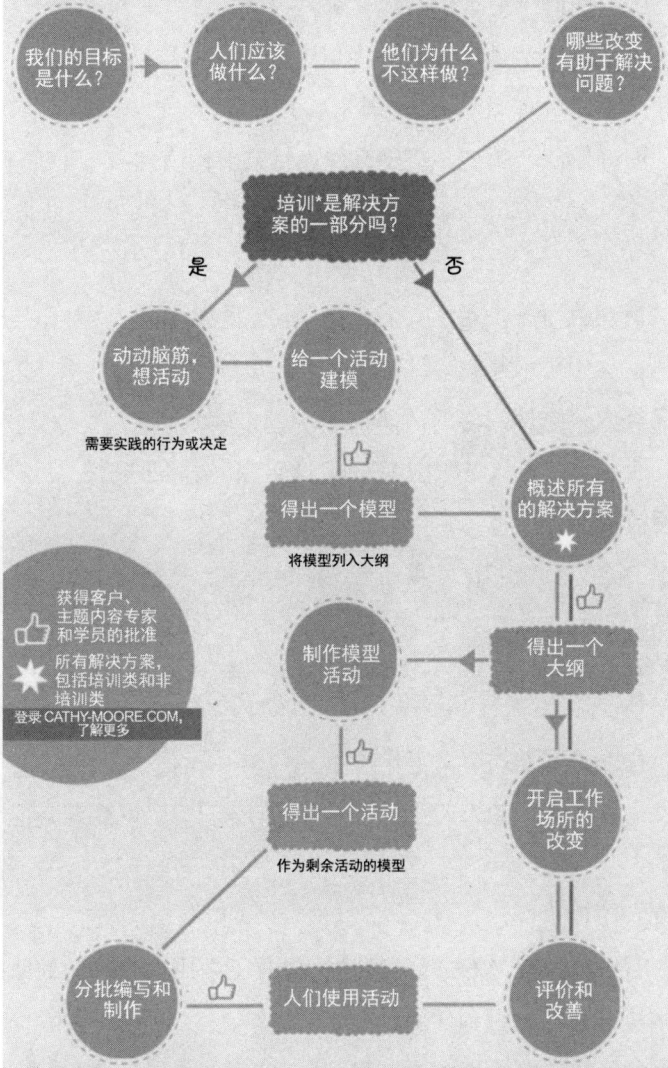

我们的目标
是什么？ → 人们应该
做什么？ → 他们为什么
不这样做？ → 哪些改变
有助于解决
问题？

培训*是解决方
案的一部分吗？

是 否

动动脑筋，
想活动 — 给一个活动
建模

需要实践的行为或决定

得出一个模型 — 概述所有
的解决方案
★

将模型列入大纲

获得客户、
主题内容专家
和学员的批准

★ 所有解决方案，
包括培训类和非
培训类

登录 CATHY-MOORE.COM，
了解更多

制作模型
活动 ← 得出一个
大纲

得出一个活动 开启工作
场所的
改变

作为剩余活动的模型

分批编写和
制作 — 人们使用活动 — 评价和
改善

*培训=以任何形式开展的实践活动
现场活动—在线学习活动—按需活动—间隔活动—融入工作流程的活动
不仅是一门课程，也不仅是一次培训事件。

→ **集思广益地讨论活动并为活动建模**

以下所有内容仅适用于解决方案的培训方面，且前提是培训确实是解决方案的一部分。我这里说的"培训"指的是"某种实践活动"，不一定是课程或培训事件。你可能也会认为不需要任何课程或培训事件。

你将集思广益地讨论精华版的培训解决方案：

- 集思广益地讨论活动，得出一些想法。（第 7 章）
- 确定每个活动的理想形式。（第 8 章）

接下来，你将设计和测试一个具有代表性的活动模型：

- 选择一个活动为其建模，并就模型采访主题内容专家，获取意见。（第 9 章）
- 为你的活动编写一个题干和多个选项。（第 10 章）
- 为你的活动编写回复。（第 11 章）
- 将信息类内容添加到你的活动中。（第 12 章）
- 创建一个模型，并从主题内容专家、客户和学员那里获得反馈。（第 13 章）

一旦模型被批准，你将：

- 概述、制定、实施和评估项目。（第 14 章）

○ **工作角色**

本书中，我以如下方式定义工作角色。

客户是发出项目请求的人，可能是你组织的一员，也可能是其他组织的成员。他们的职责是：

- 帮助确定项目目标；
- （可能）帮助找出必须采取的行动，以及不采用这些行动的原因；
- 批准解决方案的大纲和任何模型；
- 确定谁负责实施非培训解决方案；
- 帮助确保新的行为得到管理者的支持；
- 帮助在内部推销项目。

主题内容专家是仍在做某项工作，并对受众必须采取的行动和做出的决定有深入了解的人。形容这类人的另一个术语可能是"大师级表演者"。他们也可能是你的客户，甚至你自己。

你最好安排一个以上的主题内容专家。与常规的内容检查相比，在行动导图框架下，通常需要主题内容专家提供更多信息。拥有多个主题内容专家意味着你可以了解这项工作的多个方面，并从他们的讨论或分歧中收获好的见解。他们的职责是：

- 帮助确定项目目标；
- 帮助确定人们应该做什么，以及找出他们不做的原因；
- 帮助你了解执行行动所需的决策，以及决策发生的背景；
- 帮助识别必要的信息，以及是否应记住这些信息；
- 就模型给出反馈；
- 检查所有内容的准确性。

未来学员是指培训的目标受众中的一员。理想情况下，你会和他们当中的多数交谈。他们的职责是：

- 帮助找出人们没有按照要求的水平完成任务的原因；
- 就活动模型、工作辅助工具和其他解决方案给出反馈。

当前学员是指能很好地完成要求的任务并且学会了如何做的人。他们的职责是：

- 帮助你找出应该提供的信息，以及确定是否应该记住这些信息，检验主题内容专家识别的信息的必要性；
- 在你认为有帮助的前提下，就活动和工作辅助给出反馈。

工作辅助所有者是设计任何工作辅助的人，或者自认为对你将要包含在解决方案中的任何工作辅助有所有权的人。除非你想改动工作辅助，否则他们起的作用可能很小。他们的职责是：

- 提供当前版本的工作辅助；
- 如有必要，帮助改进工作辅助，并用改进的版本替换旧的版本。

培训设计师是设计解决方案的人，就是本书中的"你"。你还可以扮演主题内容专家、开发人员或其他角色。你的职责是：

- 帮助确定项目目标；
- 帮助确定人们在工作中应该做什么才能达到目标；
- 帮助找出人们不做应做之事的原因；
- 确定培训解决方案和非培训解决方案；
- 当需要培训时，设计活动和支持信息；
- 设计模型并获取反馈；
- 设计工作辅助工具或与负责设计的人合作；
- 获得对于解决方案的结构、最终活动和其他材料的批准；
- 如有必要，与客户合作实施非培训解决方案；
- 监督材料的制作；
- 监督项目的发布，并与客户合作，获得管理者和学员的认可；
- 通过间隔实践活动实现某一行为的持续强化；
- 帮助评估项目的有效性；
- 根据需要修改项目，以提高其有效性。

开发人员是设计最终润色过材料的人，这些材料包括幻灯片、视频、讲义或在线学习课程。他们的职责是：

- 设计最终的图形、幻灯片和其他材料；
- 可能设计工作辅助工具；
- 如果在线学习课程是解决方案的一部分，则制作在线学习课程；
- 确保一切符合内部品牌标准。

本书并未花太多时间解释开发人员的工作，因为其他许多作者已经细致地解释过这一内容。而且，坦白地说，我不认为开发应该是你工作的一部分。分析绩效问题以及设计相应的解决方案这样的工作量对一个人来说已经足够了。不能期望同一个人去设计图形、拍摄自定义照片、处理音频、制作网页……

第 3 章

引导客户朝着正确的方向前进

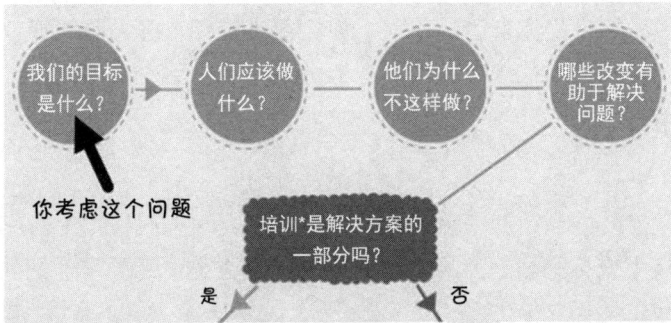

任务内容	任务由谁完成	完成任务需要的时长
从第一次接触客户开始,你就要明确自己是问题解决者,而不是课程制作人	你	10 分钟
第一次的对话要简短,抓住问题要点即可,会后要安排一次时间更长的会议	你	10 分钟
简要地研究客户及其问题	你	1~2 小时
会前给大家发一份简单的议程,让他们将关注的点放在问题上,而不是"课程"上	你	10 分钟

成果：

将"课程"从你的词汇表中一次性删除，将关注的点放在解决绩效问题上。

○ 将行动导图模型应用到实际项目中

本书余下的章节将介绍行动导图模型包含的各个步骤。我强烈建议你把读到的内容应用到实际项目中——不是边读边想，而是边读边做。

如果你手头没有正要完成的项目，那么可以考虑重新设计一个近期已完成的项目，看看使用行动导图会让其有何不同。实际上，重新设计他人的项目可能更容易一些，因为如果是你自己的项目，你将很难推翻自己之前的观点。

○ 你要做的工作

（1）从第一次接触客户开始，掌握主动权，引导他们。

- 不要接受或拒绝客户声称自己需要的解决方案，而要将他们的注意力转移到想解决的问题上。
- 简要厘清绩效问题。
- 安排一次时长两小时的启动会议。
- 为会议设定预期达到的目标。

（2）简要地研究客户。

（3）反推客户提供的内容，也就是说，你透过这些内容发现了什么问题。

（4）简要地研究问题，这样，当客户在启动会议上绞尽脑汁时，你可以提出建议。

○ 你的工作是改善绩效，而不是制作课程

尽管许多客户都会对你说，"我们需要一门关于 X 的课程"，但请你不要将提供一门关于 X 的课程视为自己的工作。即使你的工作头衔是"课程制作人"，只要你正在阅读本书，**你就不会顺从地将制作一门关于 X 的课程视为自己的工作**。

先思考下面的情况。

由于厨房的水龙头漏水了（但你并不知道漏水的是水龙头），你去了一趟商店，买了一台洗衣机回来。但是，你真正需要买的并不是洗衣机，而是一个新的水龙头。

同样地，你的客户可能认为他们要买的是课程。但他们真正想买的是什么呢？其实是绩效的改善。你让他们买到了绩效的改善，他们就高兴了；客户高兴了，投诉才会减少。

但是，如果你没有发现漏水的水龙头是症结所在，那么一台新的洗衣机将不能解决你的问题。同样地，如果客户没有发现绩效问题是症结所在，那么一门课程也不能解决他们的问题。

更糟糕的是，如果你的课程不能解决问题，浪费的不仅是你自己的时间，还会成倍地浪费他人的时间。也就是说，如果要求成千上万人上这门不必要的课程，就是浪费了成千上万人的时间，并且他们会比以前更不喜欢这些"课程"。

通常情况下，提出课程要求的客户并没有找到问题的症结所在，即便找到了，也不能将其描述清楚。他们只是希望课程能够起到一定的作用。所以，他们来找你，说想买一门课程，但实际上是想寻求解决方案。

真正的解决方案可能比人们想象得更加简洁、有效。它可能是一份 PDF、一个辅助屏幕，或对某一过程的调整。如果你花费时间和精力创建一门课程，却不起任何作用，那么只是浪费大家的时间，这显然于情于理都不合适。

你将是最后一道防线，也是唯一的英雄，将成千上万无辜的人从毫无意义的信息垃圾场里拖出来。你一定要成为他们的英雄！

病人：医生，请给我开一些抗生素。

医生：好的，给你。

这是一位良医吗？当然不是。

客户：学习与发展部，请为我设计一门课程。

学习与发展部：好的，给你。

这是合格的学习与发展部吗？当然不是。

○ 1. 从第一次接触客户开始，掌握主动权，引导他们

我们中的大多数学到的都是，立刻接受客户提出的课程请求。（注：不一定是课程，也可能是两小时的讲习班，也可能是网络研讨会，也可能是其他任何形式。）

正是因为这样，我在此建议你主导与客户的对话可能会让你觉得怪怪的，无从着手。没有关系，下面的内容会告诉你如何做。

→ 将"课程"一词从你的词汇表中删除

第一次接触客户时，不要提到"课程"一词。不要认同你的工作是设计课程，不要建议课程可能需要具备某些特征，也不要提及你在设计这类课程上有多优秀。**任何包含"课程"一词的话都不要说。**

除了"课程"，客户还会提到其他具体的解决方案，如"两小时的讲习班""网络研讨会"等，你都需要按照上面的方法处理。

对你来说，不管课程是不是解决方案，现在就确定下来，还为时过早。此时，你的目标应当是抓住绩效问题的要点，并安排下一次会议，以便进一步了解绩效问题。

如果课程不是最佳解决方案，你当然希望客户知道。但有关于此的讨论应往后放一放。第一次的讨论要简短，只要让客户同意参加下一次更长时间的会议即可。

因此，客户无论何时提到"课程"一词，都要将他们的注意力转移到绩效问题上。这听起来是不是不可能？那么，就让我们看看安娜是怎么做的。

→ 厘清绩效问题，且不要谈论课程

还记得第 2 章里提到的安娜吗？我将给出更多有关她如何与客户交谈的例子。请你注意，她是如何不去肯定（并非直接否定）一门课程会有帮助的，同时又是如何不去打击客户对这门课程的信心的。她的做法可总结为，立即把话题转到客户的问题上，然后让客户同意参加下一次会议，从而更深入地讨论问题。

例 1

客户：我的团队需要一门关于多元化的课程。课程内容要强调尊重他人的不同意见，如政治分歧。

安娜：我很乐意帮忙。那么，你对工作场所的政治言论有意见，还是对所有言论都有强烈的意见？

客户：主要是政治言论。你肯定知道这种讨论会演变得多激烈，人人都需要站队。这已经开始影响团队合作了。也许他们需要的是关于专业性的课程？

安娜：我们当然有很多选择。但首先，我需要更好地了解你想要实现什么样的目标。你……有空吗？我们可以再见一次。

如果一位客户比例 1 中的客户更坚信课程是解决方案呢？让我们看下一个例子。

例 2

客户：我需要一门在线课程，告诉人们如何帮助孩子找到合适的寄养家庭。我这里有 87 张幻灯片，讲的是社工需要知道的事情。如果转换成课程，需要花费你多长时间？课程只需要文字内容，不需要视频和其他类似的材料。

安娜：很高兴同你对话。所以，我们现在讨论的是如何选择最好的寄养家庭？我敢打赌这相当复杂。你发现的主要问题是什么呢？

客户：其中一个问题是，当涉及文化匹配度时，人们没有遵守相应的原则。例如，一个孩子是西班牙裔并不意味着对他来说最好的寄养家庭是讲西班牙语的家庭。人们的本意是好的，但最终把一个说英语的西班牙裔孩子送到了一个说西班牙语的家庭反倒是好心办了坏事。这里，人们就没有遵守语言环境优先匹配的原则。这些幻灯片里都提到了。你能做转换的工作吗？

安娜：我们当然可以考虑将幻灯片转换成课程。首先，请把幻灯片发给我，以便我更多地了解你发现的问题。之后，我想和你再谈一谈，以确保我理解了你需要人们做的事情。你……有空吗？

例 2 中，安娜接收了幻灯片，但这并不是因为她打算将其转换为在线课程。

她说自己想看幻灯片是因为"这样可以更多地了解你发现的问题"，而不是因为"这样我可以给你一个转换的估价"或其他类似的原因。她关注的依然是客户的问题，而不是幻灯片的内容。

下面是为你开出的一剂良药，方便你组织自己的对话。

一剂良药

客户：我需要一门关于 X 的课程。

你：我很高兴和你谈 X。（意思是，我是一个乐于助人的人，我想帮助你，但我现在只想先讨论 X，并不想提"课程"的事儿。）X 会在工作场所引发很多问题。（表明：即使你还不知道客户遇到了什么困难，你依然同情他们。）你发现的主要问题是什么呢？（立刻将客户的注意力引到问题的讨论上。）

客户：人们一直在做 Y 和 Z，但它们都是错的。这就是我们需要课程的原因。这里是我们要求的课程内容。

你：谢谢。这些内容将帮助我了解你发现的问题。（感激地接受内容，并承认其有用性，但是，不要承诺你会将其转换为课程。相反，你要让客户明白，内容是用来帮助你**理解**问题的。）那么，目前的主要问题是人们一直在做 Y 和 Z，对吧？那他们又为什么这样做呢？（立刻将客户的注意力重新引到问题上。）

客户：他们中的一些人不知道更好的做法，而其他人即使知道也不在乎原来的做法是错的。所以他们需要一门可以激励他们改变的课程。我认为它应该具备特征 A。

你：我们当然可以考虑特征 A。（意思是，我听到了你的想法，我不会反对它，但我也不会保证去实施它。我还在这里用到了"我们"，因为接下来我跟你的关系将是合作关系，而不是"发出—接收命令"的关系。）首先，我需要确保自己理解了你发现的问题。（重新回到问题和"你"上。）你……有空吗？我们可以再见一次。（尽快让客户同意下一次的会议。）

客户：我希望可以尽快开始课程。所有人都需要在几月几号前上完。

你：我们应该能在那之前找到解决方案。（注意：是解决方案，不是课程。）你能告诉我为何那天是截止日期吗？那天有审核之类的吗？（无情地将客户带回到问题上。截止日期可当作确定项目目标的一种考量。）

客户：国家 X 评估委员会在年底检查我们的 X 要素。人们需要在几月几号之前完成课程，这样才有足够的时间在委员会到来之前改善 X 要素。

你：知道这一点真的很有用。（客户刚刚确定了一个可衡量的目标，这将有助于你在会议前重点研究某些问题。）我期待在……的会议上了解更多。

通过这次简短的对话，你抓住了问题的要点，安排了下一次的会议，以便更深入地探讨问题，还得到了一个额外的奖励：你有时间查询 X 要素，找出它究竟衡量哪些方面，以及其他机构如何对其做出改善。以上这一切都会帮助你形成一些想法。如果遇到客户在启动会议上大脑空白、无话可说的情形，你就可以将自己的想法说出来。自始至终，你都没有明确地表示接受还是反对"课程"或其他具体的解决方案。

你这样步步为营是为了让**客户自己看到**他们最初设想的课程到底是不是最佳且唯一的解决方案。到了分析阶段，他们多半会决定使用更多方式，说不定也会完全放弃开设课程的想法，甚至会改变课程的受众和话题。但是，如果你立刻承诺开设课程，或者立刻提出反对意见，让他们心生戒备，他们改变心意的可能性就会小得多。

你还需要更多回复客户的说辞吗？请看下面的例子。

→ 客户说："我需要一门关于 X 的课程。"

你可以回复：

- 我很高兴和你谈 X。X 对许多组织而言都是一个大问题。具体到你的组织，究竟发生了什么呢？
- 我很高兴和你谈 X。X 真的会造成很多问题。你都发现了哪些问题呢？
- 我很高兴接听你的来电。X 能造成很多问题。对你而言，它都造成了哪些问题呢？

→ **客户说："课程应当具备特征 A。"**

你可以回复：

- 我们当然可以考虑特征 A。那么，你的意思是说 X 是主要问题，对吗？
- 我们一定会把特征 A 列入要考虑的事项之中。但首先，我需要确定自己理解了你想要达到的目标。你……有空吗？我们可以再见一次。
- 特征 A 当然有用。但首先，我需要更好地了解你的问题。你……有空吗？

→ **客户说："我们需要在几月几号之前准备好课程。"**

你可以回复：

- 根据已选择的选项，届时我们能够得出一个解决方案。你能告诉我那天会发生什么事吗？
- 到时候我们应该会有成果的。为什么那天很重要？是有测试或审核吗？

总体来说，你的目标是表达以下信息，当然措辞会有所不同。

首先，我关心你的问题。其次，我听到并尊重你的想法，我保证会在适当的时候一起讨论它。再次，我知道你给我的内容对你来说很重要。也许内容由你亲自整合，你也对此很自豪，并且认为它会减轻我的工作量。我也相信它会很有用，因为它能帮助我理解你是如何看待这个问题的，而问题恰恰是我们首先需要讨论的。最后，我想听你再说一说这个问题的有关信息。

第一次对话时，谈论这个"问题"的时间要足够充分，直到你能找到合适的搜索关键词。那么，你怎么知道你是否谈论充分了呢？请看下面的例子。

不 充 分	充 分
我们需要领导力培训。	我们收购了一家公司，但其管理层不够积极主动。我们需要他们更具领导力，更快做出决策，更勇于承担风险。
我们需要一门伦理学课程。	我们的销售代表最近在泽科斯坦工作，在那里，送礼常常被误解为行贿。销售代表既不想违背公司意愿，又不想给公司找麻烦，所以他们自己留下了礼物，并没有送给客户。
我们需要一门关于医生对待病人的态度的课程。	我们养老院的客户抱怨护士既不听他们倾诉，也不会表现得很关心他们。护士只做最基本的工作。

还应当避免使用的词语

除了避免使用"课程"一词，还要避免使用任何词语来强化一种观点，即某种培训将是你工作的必然结果，或者你的工作是将信息存入人们的大脑。请避免使用如下词语：

- 以"网络研讨会""讲习班""为期一天的讲习会"为代表的描述一种培训产品或一次培训事件的词语，因为将其中的一种视为解决方案的一部分还为时尚早。
- 以"完成""出席""安排"为代表的能够引发培训事件或培训课程联想的词语。
- 以"内容""话题""评价""屏幕""幻灯片""互动""学习管理系统"为代表的与课程有关的词语。
- 以"知道""理解""感激"为代表的涉及改变人们大脑认知的词语。现在的重点是人们应该做什么，而不是知道什么。

请避免使用下列包含上述词语的例句：

- "你想包含哪些内容？"
- "他们应该知道什么？"
- "关于那个话题，我做过几次课程设计。"
- "你想在什么时间举办讲习班？"
- "你希望课程持续多长时间？"
- "故事情节会是有用的工具。"
- "需要翻译内容吗？"
- "你有什么已经开发出来的材料吗？"

→ 安排一次两小时的会议，且不要提到课程

一旦抓住了问题的要点，你就可以向客户提及会议事宜了。会议通常以两小时为宜，但如果你只能从客户那里争取一小时，那也无妨。你要确保客户以及至少一名主题内容专家出席会议。

能与客户面对面交谈自然最好，但你可能会对在线会议的效果感到惊讶。如果同客户召开的是在线会议，你就要在屏幕上共享写字板，以便写下目标草案，并列出各种行为。

确保出席会议的人都是合适人选。这是因为有可能出现这样的情况：目前与你交谈的人并不是真正的客户，他们可能只是被派来监督"课程"的制作，并且对问题一无所知。因此，出席会议的人必须是：

- 那些知道问题所在，深受其害并希望其消失的人。
- 主题内容专家。至少需要一名，两名则更有用，因为你可以从他们的讨论或分歧中学到东西。

你可能还会问客户："除了你，还有谁需要批复这个项目？"你得到的答案可能是老板或其他管理层人员。如果可以的话，也让这些人出席会议，这样你就能让他们接受你的目标。你肯定不想花很多时间去分析老板不想解决的问题；你肯定也不想方案进行到设计环节时被意外地否决。

当你安排会议日期的时候，一定要给自己留足够的时间去浏览一遍客户提供的内容，然后再花一小时在网上研究客户及其问题。

找出编写现有内容的人。如果客户想让你把内容"变成一门课程"，那么随口问一下内容是谁写的。是客户，还是主题内容专家？如果他们其中任何一个人参与了内容的创作，你就要注意，他们可能会有一种主权意识，会拒绝更改或放弃内容。

→ 为会议设定预期达到的目标，且不要提到课程

尽可能让会议听起来吸引客户。

下面这个例子可能会给你一些灵感：你在工作中遇到了麻烦，试着和配偶讨论这件事，但是他现在正忙于自己的事情，无暇分身。这时你的朋友多米尼克打来电话，你向他说起了你的问题。"问题听起来很难办啊！"多米尼克说，"我们周四一起吃顿午餐吧，你可以告诉我细节。两小时够吗？"

你要成为客户的"多米尼克"，告诉客户会议将围绕他们及其问题展开，这样，客户就会像你期待周四同多米尼克的午餐一样期待你们的会议了。

对你而言，这次会议的目标就让客户和主题内容专家做如下事宜：

- 确定项目目标。目标需明确如何衡量问题，以及如何确定问题已经得到解决。
- 列出人们在工作中需做的事项。
- 讨论人们需做而未做的原因。

既然以上都是对**你**而言的会议目标，你可能会心生疑虑，问自己："客户会拒绝我提出的要求吗？我该怎么说才能让他们高兴地参与进来呢？"答案取决于你的客户对一个想法的坚定程度，这个想法就是，你（培训设计师）的工作应当是将内容转换为课程、网络研讨会以及其他类似的形式。

如果你的客户不确定自己需要何种类型的解决方案，并且看起来愿意接受别的想法，你就可以这样描述会议："我们将尝试用多种方法衡量你发现的问题，并找出你希望人们改变的行为。这次会议将帮助我们找到改变人们行为的最佳方式，并预估我们可以取得多大的成功。"一定要让客户觉得是你们在合作解决问题。

如果客户确信他们要的就是一门课程，也认为你的工作就是为他们提供一门课程，那么你可以说会议将"有助于确保我了解你的需求"。会议的具体内容将包括"确保我了解你的项目目标，了解你希望人们采取的不同做法，以及了解如何衡量项目的成功"。只要你把自己置于一个稍微从属的地位，客户就不会产生抵触情绪。当客户在会议过程中开始对自己的想法有所动摇时，你就可以掌握主动权，但是，既然目前他们的想法依然坚定，你大可先采取上面的说辞。

当然，如果你的客户已经熟悉了行动导图模型，那么你只需重申他们已知的内容："确定项目目标，列出工作中需做的事项，着手调查需做而未做的原因。"

请你建议客户和主题内容专家准备好：

- 对目前如何衡量这个问题做出描述。
- 列出人们在工作中需做的具体事项。
- 着手调查人们需做而未做的原因。

基于以上三点，你可以做一份简短的议程，通过邮件发送给客户和主题内容专家。

最后，不要指望客户会将会议的议程告诉主题内容专家。你要尽快获取主题内容专家的联系方式，并亲自将信息发送给他们。否则，你将冒着客户曲解会议议程的风险，因为客户可能会告诉主题内容专家，会议的目的是"决定课程内容"。

→ **"等等。你是说我从头到尾都不要提到课程，你确定？那是有违职业道德的！"**

你可能会说："如果客户明确表示想要一门课程，我就应当为他们提供一门课程。至少应该提醒他们，我推荐的东西可能跟他们想象的有些不同。"

你比我更了解你的客户，你也更清楚你的老板和机构的期望。因此，如何彻底地避开"课程"由你决定。

无论如何，我都强烈建议你，在接受或质疑客户提出的关于课程（或讲习班，或网络研讨会，或其他任何形式）的想法前，了解他们的问题。你必须了解这个问题才能提出可能的解决方案。

你也不要直接"推荐不同的东西"，而应该提出一连串的想法，让客户自己去发现这些想法言之有理。理想情况下，**客户会自己改变心意**。而你根本不需要告诉他们做什么。

如果你还是不喜欢有意地避开"课程"，而是更喜欢开诚布公，你不妨先设想一下下面的对话：

开诚布公的方式（不推荐）

客户：我需要一门关于 X 的课程。

你：我很乐意帮忙。X 是非常复杂的问题，所以，我必须提醒你，除了课程，我们可能还会找到更多的解决方案。例如，使用一些工作辅助，改变工作过程，等等。我们也可能排除课程这一方案，而是通过间隔活动以及午餐时间讨论组的方式来解决问题。你能接受吗？

客户：呃……你的同事现有有空跟我谈谈吗？

　　你的回答让人听起来毫无头绪，更糟的是，你提出了解决方案，却没有针对应该解决的问题。你此时提到的具体解决方案越多，随着你对问题的了解，以后就越有可能自相矛盾。

　　如果你还是想一开始就提醒客户，他们预想的课程方案并不一定是最佳解决方案，你可以尝试微妙暗示的方式。这样就不用直接提到具体的解决方案，但又可以暗示方案不止课程一种。

> **微妙暗示的方式**
>
> **客户：** 我需要一门关于 X 的课程。
>
> **你：** 我很乐意帮忙……（你可以询问问题，抓住问题要点，安排一次会议，并试着结束这次对话，但是……）
>
> **客户：** 我很喜欢你之前设计的关于 Y 的课程，我希望本次课程可以参考 Y。
>
> **你：** 我很高兴你喜欢 Y 课程。这次我们还可以做一些更有效的事情，也许会采用更好的方式。我们在……开完会之后，会更清楚什么是最有效的。

　　总之，微妙暗示的方式就是，先说一些类似"更好的方式""快速、有效的解决方案""我们已经看到采用多种方式取得了成功"这样的语句，然后明确表示，随后的会议才是决定采用何种解决方案的时刻，现在下结论为时尚早。

　　如果微妙暗示的方式对你来说太过微妙，你还可以采取轻微冒险的方式。

> **轻微冒险的方式**
>
> **客户：** 我需要一门关于 X 的课程
>
> **你：** 我很乐意帮忙……（你可以询问问题，抓住问题要点，然后说。）在这种情况下，我们希望更多地了解你发现的问题，然后帮助你确定最佳解决方案。你说不定会觉得一门课程不是最好的或唯一的解决方案。

　　这里，你明确了一点：客户还没有做出最终的决定，他们还可能推翻先前的决定。这样做之所以有些冒险，是因为它可能引发客户做出如下回复：

客户：整个培训并不复杂。他们只需要知道 X 即可，所以一门课程足矣。

或者，更糟糕的是：

客户：我最了解受众，他们需要一门课程。

在这两种情况下，客户都提出了反对意见，并且加倍强调了"课程"的必要性，这是你最不希望发生的事情。

你的目标是**让客户自己看到**他们预想的课程方案并不是最佳或唯一的解决方案。这很容易在下一次的会议中实现，但前提是，你现在**不要**把客户往"课程"那边一推再推。

最后，轻微冒险的方式之所以冒险，还因为客户有可能是对的。他们可能认真分析过问题，并且分析得出的结果的确表明，课程（或网络研讨会，或他们决定的任何其他方案）的确是最佳解决方案。我把这种可能性放在最后是因为，坦白说一次性的培训事件很少是最佳或唯一的解决方案。无论如何，此时最好的做法是，不要直接接受或拒绝任何特定的解决方案。

→ 为什么你的客户一开始就要求课程呢

如果所有客户都说"我的部门存在绩效问题，你能帮我解决吗"，你的工作就会简单得多。

为什么他们不这样说呢？

我将此归咎于宣称"知识转移"可以解决任何问题的学校模式，以及大机构里普遍存在的一种文化——"这不是我的责任，我不能冒险"。

我还将此归咎于学习和发展部门的领导以及设计师本人。

如果你的部门把自己视为课程生产工厂，那么人们希望你去设计课程也就毫不奇怪。如果你独立自主，以个性化的课程彰显定制化的服务，那么人们当然会找你设计"课程"（与传统意义的课程不同）。

我们可以像本书中描述的那样，通过改变展示自我的方式，让客户不再找我们设计课程，而是帮助他们解决问题。本书附录 B "关于行动导图的常见问题" 对于如何做到这点做了更多阐释，你可以从中找到重新定位自身以及部门的更多步骤。

○ 2. 简要地研究客户

既然你已经安排好了启动会议，那么是时候做一些调查了。

针对你要研究的客户，请你寻找以下问题的答案：

- 他们的主要职责是什么？
- 他们的老板是谁？老板对他们的工作有何要求？
- 他们还需要取悦或打动谁？
- 他们在这个职位上或部门里工作多久了？（他们就这个问题的来龙去脉掌握了多少第一手资料？）
- 如果他们是新人，他们以前在哪里工作？以前的工作将如何影响他们对问题的看法？

如果客户不是你公司的一员，除了上面的内容，你还要查询他们就职的公司。

查询时请考虑这些问题：

- 这家公司是做什么的？他们的商品出售给哪些人？
- 业绩对公司的领导有多重要？如果公司必须盈利才能生存，业绩肯定是重要的，且设定一个可衡量的目标也相对容易。但是，非营利机构由政府或慷慨的捐赠者提供资金支持，并不关心业绩问题。此时，你就要做好难以确定目标的准备。
- 公司可能面临什么样的监管或法律压力？
- 公司最近有没有上过新闻？是否陷入法律纠纷，从而激发了他们对某门课程的兴趣？他们是否赢得了什么值得你祝贺的大奖？

○ 3. 反推客户提供的内容

如果客户给了你课程内容，就通读一遍。找出以下问题的答案：

- 设计这些内容的目的是为了解决什么问题？与客户描述的问题一样吗？
- 内容是否涉及如何衡量问题？例如，如果内容中提及"正是因为病人的抱怨太多，所以护士才应该改善自身对病人的态度"，你就可以得出衡量医护人员对病人的态度这一问题的一种方法是病人抱怨的次数，二者呈负相关关系。
- 内容突出了哪些特定的错误或问题区域？这些可能暗示了需要优先改变的行为。
- 内容遗漏了哪些灰色区域？幻灯片和类似的材料倾向于遵照简单呈现的规则，仅告诉受众"应做这个"以及"不该做那个"。你可以自问："真的就这么简单吗？对人们为什么做不应做的说清楚了吗？对人们应做的又说清楚了吗？"
- 内容中的哪些点看起来很费工或很费钱？例如，如果里面含有一段制作成本昂贵的视频，请你做好客户希望视频包含在课程中的准备，毕竟他们投入了大量的时间和金钱。
- 内容由谁编写？如果你在最初的对话中没有得到答案，请检查文件属性，查找作者的姓名。

○ 4. 简要地研究问题

商业世界中的问题没有独特性。也许某个地方的某个组织已经遇到过你需要解决的问题，也许他们已经分享了解决方案以及衡量问题的方法。

请你花一点时间在互联网上搜索客户的问题。例如，如果客户说他们的项目经理很难保证远程团队在最后期限前完成项目，你则可以搜索"远程项目员工管理"。

你的研究目标应当是对问题有基本的了解，并在必要时提出一些衡量问题和解决问题的方法。你可以先在谷歌的标准版本搜索关键词，然后再切换到"谷歌学者"，以了解研究人员在解决这一问题方面的收获。

你应当将整个研究过程控制在一小时之内，因为在启动会议上，项目的重心可能会发生戏剧性转移。

→ 寻找衡量问题的方法

在即将召开的会议中，你的客户可能会纠结于如何衡量问题。请你现在就做一些调查，这样就可以在会议上给出建议。

既然你已经对问题有了基本的了解，现在你就可以输入"投入产出比"，或"如何衡量"，或其他类似的词语，开始你的搜索。以下是我给出的一些例子：

- "如何衡量领导力的变化"
- "项目管理培训的投入产出比"
- "如何衡量日间护理过程中感染控制的成效"
- "提高员工敬业度会降低员工流动率吗"
- "多元化培训有用吗"（现在就留出时间进行这一启发性的搜索，以防客户再次要求你设计多元化培训。）

你现在还不确定使用什么搜索词吗？也许谷歌可以给你一些好的建议。举个例子，客户说他们想要一门关于医生对待病人态度的课程，他们又将如何衡量这种态度呢？是根据病人幸福指数，还是根据病人参与度呢？你可以现在就开始搜索，看看谷歌有什么建议。

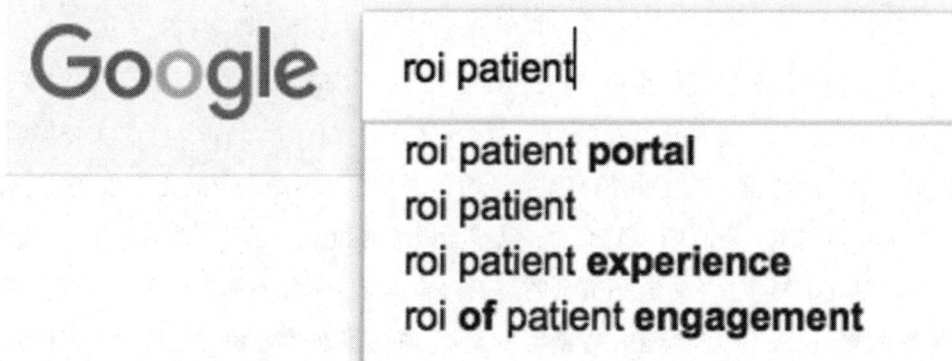

Google   roi patient

roi patient **portal**
roi patient
roi patient **experience**
roi **of** patient **engagement**

谷歌和谷歌标志是谷歌公司的注册商标，未经许可不得使用。

只需 5 秒钟，你就能得到两个有用的搜索词："投入产出比 病人体验"（roi patient experience）和"病人参与度的投入产出比"（roi of patient engagement）。通过这两个词，你就能找出其他组织已经使用的具体措施。

→ 寻找解决问题的方法

一旦你对别人如何衡量这个问题有了大致了解，接下来就是去寻找解决方法。跟之前一样，通常搜索几分钟就可以找出有用的信息。

继续病人体验的例子。如果你多花几分钟，就会发现"病人满意度"（patient satisfaction）获得的有用点击较多。但是，客户如何提升病人满意度呢？（见下图）

谷歌和谷歌标志是谷歌公司的注册商标，未经许可不得使用。

从图中可以看出，网上有一些关于其他医疗机构如何提升病人满意度的文章，并且"谷歌学术"的研究也表明，针对病人满意度，有的人还提出了"关怀护理模式"。这一模式的有效性可能已得到证明，因此你的客户也可能会考虑使用它。

你可以再花一点时间去追踪别人已经尝试过的和已经证明有效的方法。你最终会得到几个模型，有些经研究证明是成功的，有些可能不那么科学；你还会得到大量的想法，可以当作建议提给客户，但前提是你的客户参加会议时不带任何想法。

→ 保存一些信息，待客户绞尽脑汁时给出建议

保存一些有用的链接和注解，但不要写关于此的任何东西发给客户。你和客户还没有参加启动会议，他们此时可能已经有了自己的考量和解决方案。此外，项目在会议期间还可能发生巨大变化。

不管怎样，这些准备还是可以让你在客户绞尽脑汁也想不出什么好主意的情况下，提些建议，也让自己了解一些背景知识，可以在会议上问一些巧妙的问题。

第 4 章

召开启动会议，制定项目目标

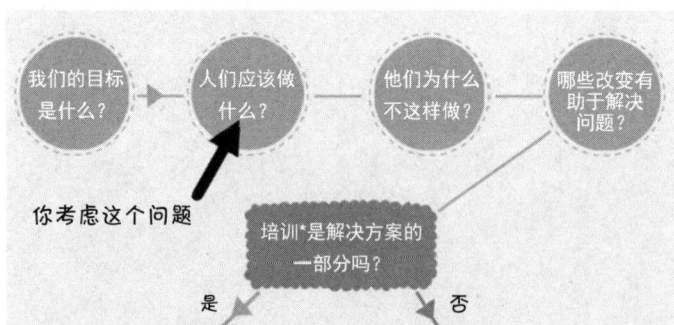

我们的目标是什么？ → 人们应该做什么？ → 他们为什么不这样做？ → 哪些改变有助于解决问题？

你考虑这个问题

培训*是解决方案的一部分吗？

是　　否

任务内容	任务由谁完成	完成任务需要的时长
主持启动会议，邀请客户和至少一位主题内容专家参会	由你主导，客户和主题内容专家参与	会议时长两小时，其间讨论项目目标（本章），并尽可能开始进行分析（第5章）
制定项目目标	你帮助客户和主题内容专家制定	

成果：制定一个目标，描述项目能够给组织带来的好处。推荐格式如下：

<u>某个特定群组的人员</u>做了<u>某些事</u>之后，到<u>某个时间</u>，已经在衡量的<u>某项指标</u>将增加/减少<u>数字</u>%

可能出现的意外情况：项目可能发生重大变化。例如，客户可能会改变项目的受众，或者经过更详尽的内部研究之后，客户可能暂时搁置此项目。

○ 你将要做的工作

（1）选择绘图工具。

（2）将自己的心态调整至最佳状态。

（3）准备一间会议室或一个共享屏幕。

（4）开始会议。

（5）帮助客户和主题内容专家确定相关指标，并确定如何改变指标。

（6）帮助客户确定受众以及受众应做之事。

（7）将目标写在行动导图的中间位置。

稍后，在同一场会议上，你将：

• 列出人们需要做到哪些事情才能实现这一目标。（第 5 章）

• 找出他们不做这些事情的原因。（第 6 章）

○ 1. 准备：选择绘图工具

你将在本次启动会议上开启行动导图的绘制工作。你将制定项目目标，确定需要采取的行动，并对行动进行优先级排序。对于高优先级行动，你需要问这样一个问题："哪些因素让该行动难以执行？"

你绘制的导图可能与下面这一幅图类似，当然，你的导图可能涉及更多的行动。

在这一环节，导图上出现的信息应当越少越好，这样才不会干扰参会者之间的对话。导图只是一种用于记录参会者讲话内容的工具，其本身并非重点。

注：哪些因素让该
行动难以执行？　　　▶ 高优先级行动　　　　　　　　为实现目标，人们在工作中
　　　　　　　　　　　　　　　　　　　　　　需要采取的特别行动

　　　　　　　　　　　　　　　目标　　　　　　　另一项特别行动

　　　　　　　　子行动 1
注：哪些因素让子行
动 2 难以执行？　　　▶ 子行动 2　　　主要行动　　　　　▶ 高优先级行动　　　注：实施该行动面临
　　　　　　　　　　　　　　　　　　　　　　　　　　　　　　　的困难有哪些？
　　次级子行动　　　　子行动 2
　另一项次级子行动

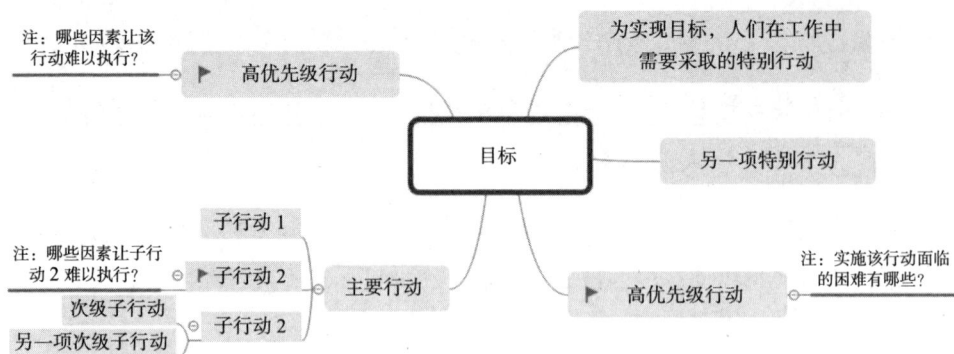

→ 软件、写字板或墙壁，使用哪个

　　绘制思维导图的软件有很多好处。你可以向其中添加个人分析得出的注释，可以嵌入文档，也可以链接到网页——这些都是很棒的功能，但是在启动会议上，你可能用不到这些功能。

　　在启动会议上使用思维导图软件有一个比较大的弊端：只有一个人可以使用软件（通常如此）。如果你是这个人，思维导图将由你来操控，这固然是一种优势，但同时也阻碍了信息的传递，因为所有的想法都必须汇总到你这里，而你会有意无意地筛选信息。

软件

　　如果打算在启动会议上使用思维导图软件，你需要确保自己非常熟悉该软件的操作流程，并最大限度地减少图形的使用。不要将时间浪费在寻找符号或排列符号上。如果你需要在场人员告知你点击哪个符号才可以使用哪项功能，就说明软件已经成了一种障碍。那么下次可以使用一种更易操作的工具。

写字板

　　另一种方法是使用写字板来绘制导图。你可以把目标写在写字板上，但是，请把相关行动写在便利贴上，便于调整位置。以画线的形式将行动与目标或更高级别的行动连接起来，使彼此间的关系清晰明了。你可以鼓励主题内容专家和客户参与，让他们自己动手调整某些行动的位置，这有助于他们获得新的见解。

墙壁

有些人选择使用房间的墙壁和便利贴。这样做的缺点是你无法在墙上画线，也就无法清楚地说明便利贴上所写的行动之间的关系，尤其是将一个主要行动分解为多个子行动时，各个行动之间的关系会更加混乱。

便利贴

如果打算在墙壁上或写字板上使用便利贴，请选择两种不同的颜色。可以在一种颜色的便利贴上记录人们在工作中需要做的事，在另一种颜色的便利贴上记录人们为什么未能做到。

如果使用墙壁和写字板，请记得拍照

如果将行动导图绘制在实体上，如墙壁和写字板上，请记得拍照，记录最终绘制的导图。之后，需要将最终的导图加以整理并复制到思维导图软件中。当深入分析项目并开始以头脑风暴的方式寻找解决方案时，你需要使用软件的各种功能，如链接到文档、添加注释、分配标记或角色，以及轻松移动内容等。

→ **虚拟会议**

如果会议是在网上进行的，那么你需要和其他人员分享自己的屏幕。如果对思维导图软件特别熟悉，那么你可以通过自己的屏幕来分享软件。

如果对软件不是特别熟悉，那么你在操作软件的过程中可能会遇到各种问题，这就会分散你的注意力，并影响对话的质量。在这种情况下，你可以使用数字笔和虚拟写字板，或者使用在线会议工具，让学员能够在一块共享写字板上写写画画。

请选择摩擦力最小的橡皮擦工具，因为你随后还要自己整理在屏幕上绘制的导图。

○ 2. 准备：将自己的心态调整至最佳状态

启动会议的目标是帮助客户和主题内容专家明确地定义他们所面临的问题，并尝试去解决问题。你的工作是提出一些切中要害的问题，如有必要，可以提及问题的答案所暗含的解决方案。就是这些。

如果一直从事传统的培训设计，你可能忍不住想在会议上"展示"一番。例如，你可能想向参会者展示你所设计的精品课程，或者介绍自己的工作流程，或者请求主题内容专家为你提供所需的内容。

但是，我所说的启动会议与你（设计者）无关，也绝对与"课程"无关。**会议的核心是客户及其问题。**

○ 3. 准备一间会议室或一个共享屏幕

在理想情况下，启动会议是以面对面的形式召开的。你需要准备一间会议室，里面有一块大写字板，或者有一面可以贴便利贴的墙。或者，你可以将电脑屏幕投影出来，并在电脑上使用思维导图软件或写字板软件绘制导图。

你需要坐在房间的主位，表明讨论将由你来主导。

如果会议以网络的形式召开，你需要分享你的屏幕，而且最好让参会者出现在视频图像中，以便观察其面部表情。你可以在屏幕上分享思维导图软件（确保自己能够熟练使用），也可以分享网络研讨平台的共享写字板，还可以分享写字板程序（使用数字笔）。

○ 4. 开始会议

→ 表现出你的热情，但不要提及课程

此前，你已向客户和主题内容专家发送了"迷你议程"，表达了你对会议的期望，但是，客户和主题内容专家可能仍然希望只谈论"课程"和课程应当涵盖的内容。所以，在会议过程中你需要迅速但不失礼貌地扭转讨论的方向。

首先，感谢大家的到来，并做一些必要的情况介绍。然后，简明扼要地说明自己期待完成这一"项目"（而非"课程"）。向参会者讲述"问题"中让你感兴趣的一些方面，或者说"很开心能够从事这么有意义的项目"，或者通过其他一些方式来表达对**解决客户问题**的真挚热情。同样地，不要提到"课程"二字（也不要

提到"讲习班"、"网络研讨会"或其他类似字眼）。要将讨论的重点始终放在客户的问题上。

→ 简要介绍过程的前两个步骤

接下来，尽可能简明地表达以下几点。

介绍时的表述（示例）	展示的内容（示例）
（1）这次会议的目的是帮助我理解这个问题	
（2）（可选）你提供给我的内容让我了解到你需要员工去做什么。现在我需要明确自己是否清楚他们哪里做错了，以及他们为什么会那么做	
（3）我们将通过一个简单的视觉化流程来审视这个问题。这是我们经常使用的一种方式，它往往能帮我们找到快速有效的解决方案	可以展示一个简化版的行动导图，但不要详细解释导图
（4）首先，我们将为项目制定一个目标，不仅包含我们希望看到的变化，还包含一种衡量方法，用于衡量我们在多大程度上取得了成功	在写字板中间画一个表示目标的符号
（5）其次，你们将帮我理解这样一个问题——为了实现这一目标，人们在工作中需要做哪些事	以目标为中心画几条向外辐射的线，并在每条线的末端写出需要"执行"的行动
（6）再次，我们将更加密切地关注人们需要做的最重要的事情。我们将试着了解他们为什么没有去做这些事情，或者哪些因素使得做这些事情变得很难	圈出其中一个需要"执行"的行动
（7）最后，我们会得到很多关于问题解决方案的想法，利用它们帮助人们做出改变	以其中一两个需要"执行"的行动为中心，向外画 2~3 条辐射线
（8）我们所做的每件事都有助于目标的实现	将你的手或屏幕上的光标从你画的最后一条线上移动到需要"执行"的行动上，然后再移动到目标上

我们来逐一剖析这些表述。

（1）"这次会议的目的是帮助我理解……"会议的目的之一是帮助你理解客户的问题，但主要目的是以一种最合理的方式对这个问题进行充分细致的分析，这种分析此前可能没有人做过。但你不能直接这样说，而要扮演一个不知情的局外人，请参会者帮助你理解这个问题。

（2）内容很有帮助。如果某位在场人员参与了内容的制作，你可以向其表示赞赏。可以夸赞内容清晰明了或结构合理，但是不要暗示内容会被原封不动地使用。

（3）"简单的视觉化流程"便是行动导图。你可以这样称呼它。此外，如果你想赢得客户的认同，那么可以介绍说"世界各地的许多大型企业或组织都在使用它"。不过，大多数人在看到使用行动导图产生的实际效果之后，会自发地对其产生认同。你的客户同样如此，所以你完全可以继续下一步。

（4）你将为"项目"制定一个目标。此处仍然没有提到"课程"。

（5）"你们将帮我理解人们需要做什么……"当需要让客户和主题内容专家更严谨细致地审视问题的时候，你的定位仍然是"我是一个不了解情况的局外人，请帮助我理解"。

（6）"我们将更加密切地关注最重要的事情……"如果你认为客户或主题内容专家的思维方式是分析型的，你就可以告诉他们，你有一个流程图，它有助于简化这一过程。有些人就喜欢使用流程图（我就是其中之一）。

（7）"最后，我们会得到很多关于问题解决方案的想法……"请再次注意，"课程"这个词至今未从你的口中说出。如果客户似乎已相信解决方案是开设一门课程，你就可以说最佳解决方案"会以多种形式出现，如工作辅助或流程变更"。你需要继续明确这一点，即"我们"是在分析问题，并没有最终确定解决方案是什么。

（8）"我们所做的每件事都有助于目标的实现。"这一点很重要，你需要不断重复这句话。主题内容专家往往会提出一些对目标无关紧要的问题，或者额外增添一些无助于目标实现的内容，所以从现在开始就要明确一点，即如果某些问题或内容与导图不匹配，它们就与项目无关。

→ 专注于前两个步骤

在介绍环节，我们并未完成行动导图的绘制工作。例如，在弄清楚人们应做之事以及应做而未做的原因之后，我们并未给出进一步的解释，只是找出了一些可以执行的行动，然后想出了一些对应的实践活动，仅此而已。如果将所有事情都展开来做，无疑会让我们偏离会议的目标，更糟糕的是，会让客户想要谈论"课程"。

相反，如果只专注于前两个步骤，即目标和行动，就能让客户专注于绩效问题。导图的细化与发展可以稍后完成。

○ 下一步：制定项目目标。但目标是什么呢

接下来，你将带领主题内容专家和客户共同制定一个目标。在他们眼里这件事或许很简单，但其实有很多陷阱，所以我们要暂停会议，以便更仔细地对目标进行研究。

当客户说"我的团队需要一门课程"时，他们心里其实有一个更大的目标。这个目标是必须开展本项目的真正原因。

遗憾的是，很多时候人们会围绕错误的目标来制定培训方案。以下是一些典型的目标，它们都存在很大的盲点。请思考它们的盲点在何处。

- 销售人员了解所有的产品特性。
- 管理者能够更好地处理令人头疼的对话。
- 每个人都学会使用新软件。
- 人们普遍意识到互联网的危险之处。
- 领导者帮助人们适应工作中各种大的变化。

如果你有 4 万美元，有人要求你把这笔钱花在上述目标之一上，你会怎么说？我会说："我能得到什么回报？"

我为什么关心人们是否会使用新软件或是否能更好地处理令人头疼的对话？对我来说，花 4 万美元解决这些问题值得吗？

对于组织来说，项目目标就是回答："这对我有什么好处？"**回答出这个问题

就能从业务的角度证明项目存在的合理性。

在上面的所有目标中，没有任何一个目标能清楚地表明它对组织有什么好处。

为什么目标很重要

只有让每个人都追求同一个绩效目标，才可以让人们感受到你的作用是解决问题，而不仅是提供培训。由于项目本身会涉及一些非常重要的指标，因此这些指标也将成为衡量成功与否的标准。你将使所有人都专注于改善绩效，而不仅是向他们传递信息。

让我们看看将其应用于第一个目标——"销售人员了解所有的产品特性"的效果如何。

> **关于"插件（widget）"一词**
>
> 如果你的母语不是英语，那么你可能不确定 widget 一词指的是什么。它是一个虚构的物品，通常指某一机械或技术产品。创造这个词的人故意让其指代不明，这样人们就不会将注意力集中在某个具体的、现实的物品上，而是集中在作者试图传达的信息上。
>
> 如果你在本书中看到其他一些奇怪的词语，并且我把它们和 widget 结合起来使用，那么那些词语很可能是我自己发明的。

向吝啬鬼推销项目

假如我是一家插件公司的高管，我的办公桌上整整齐齐地摆着 4 万美元。

一位名叫鲍勃的培训师来找我，对我说："把这 4 万美元给我，作为回报，你的销售人员将掌握所有的产品特性。"

"什么意思？难道他们看不懂产品手册吗？"我一边说，一边用双臂把钱环抱起来，想要保护它们似的。

"当然不是。但是，他们在销售产品时并没有发挥出最理想的水平，"鲍勃说，"我们的神秘客户说销售人员只推销了微型插件，而没有推销大型和超大型插件，即使这两种插件是客户最需要的产品。外面的人现在都称我们为廉价插件推销商。"

"那就直接告诉他们多卖些大型和超大型插件不就行了？"我说。

"但是，如果大型和超大型产品并不符合某些客户的需求呢？我们肯定不希望销售人员向客户推销他们用不到的产品，"鲍勃说，"这不仅违背了销售人员的职业操守，也损害了我们的品牌声誉。"

"你想要这些钱，"我说，"这样你就能帮助销售人员了解客户最需要哪种产品了？"

"是这样的。"鲍勃说，"我认为，仅仅了解产品特性是不够的。销售人员必须培养相关技能来识别客户需求，然后再将产品特性与客户的需求相匹配。"

"然后会怎么样？"我说，"我怎样才能收回这 4 万美元的成本？"

"培训之后，大型和超大型插件的销量会增加。"鲍勃说，"由于我们从这两款产品中获得的利润比从微型产品中获得的利润多，我们的盈利也会随之增加。"

"然后呢？"我用一种令人气恼的语气说，双臂仍然搂着钱。

"我们的声誉会得到改善，这有助于提高我们的品牌美誉度。"鲍勃说，"假设我们成为真正倾听客户需求的插件公司，我们的整体销量会增加，进而会赢得更多的市场份额。而其他公司只是在推销产品，无法赢得更多的市场份额。"

"好吧，"我说，不情愿地从那堆钱中拿出 2 万美元，"我先给你一部分钱。先看看，到第四季度，你能不能让大型和超大型插件的销量增长 5%。如果你能做到，到时我们再用剩下的钱进一步扩大你的项目，看看我们能否获得更多的市场份额。"

→ 谈话中发生了什么变化

一开始，鲍勃的目标是这样的：

> 销售人员了解所有的产品特性

到最后变成了这样：

> 销售人员能够向客户推荐最符合其需求的产品之后，到第四季度时，

大型和超大型插件的销量将增长 5%

鲍勃可以此为标准来衡量自己的项目（至少在短期内）是否成功，而且这个目标有利于整个企业的发展。鲍勃的新目标**证明了对项目的花费物有所值**。

鲍勃的新目标还向所有参与项目的人表明，他对项目认真负责，并且将衡量项目成果。这表明，鲍勃这样的"培训师"对组织的成功起着至关重要的作用。

◯ 想象一下其后的培训

一个好的商业目标可以帮你把项目推销给我这样的吝啬鬼，但它也会对你的培训类型产生深远的影响。让我们来比较鲍勃"之前"和"之后"两个不同目标所促成的不同类型的培训。

首先，我们来重写故事，给鲍勃一个更愉快的开始。

→ "销售人员了解所有的产品特性"

我没在办公室，另一个人把所有的钱都给了鲍勃，没有提出任何异议。鲍勃决定把这笔钱花在在线学习上，因为他相信这是能够让"销售人员了解所有产品特性"的最有效的方法。

首先，他制作了一组幻灯片，用来展示各种插件的产品特性。他花了数小时制作了一个可以点击的插件图标，点击后可显示某些关于产品特性的信息。每展示五到六张幻灯片，会出现一个知识测验，来考察学员对知识的掌握情况。

鲍勃找到一位专业解说员来录制自己编写的解说词。然后，他创建了一个可以点击的时间线，显示了哪些幻灯片展示哪种插件，以及每张幻灯片介绍了哪些产品特性令人印象深刻。

解说员发来音频文件后，鲍勃创造了一个十分迷人的虚拟女性形象来担任课程向导，说话时她的嘴唇还会动。

然后，鲍勃购买了一个很好玩的游戏模板，并在游戏中加入了各种问题，如"一款超大型插件有多重"。如果回答正确，就会得到相应的分数。

最后，他设计了评估环节，会提出更多关于产品特性的问题。

到这里，鲍勃手里还剩下一些预算。于是他雇用了一个摄制组，让他们为产品销售主管制作了一个视频。主管在视频中主要讲述产品有多棒，以及掌握产品的全部信息是多么重要。

鲍勃把以上所有内容进行了排序，首先是视频，然后是产品演示文档、时间线、知识测验和游戏，最后是评估。

他将课程发布到学习管理系统上，并推送给所有销售人员。他注意到，第一次尝试时 90% 的人通过了评估，第二次尝试时则全部通过了评估，这令他十分满意。

鲍勃实现了他的目标。评估结果"证明"销售人员了解了所有插件的特性。

他心情很不错，开始着手下一个项目。但是，他没有意识到公司的销量并没有增加，我的 4 万美元打了水漂。

如果我们致力于实现另一个目标，结果又会怎么样呢？

→ "大型和超大型插件的销量增长 5%"

鲍勃在我的办公室里绞尽脑汁，终于想出了一个可盈利的量化目标：

基于销售人员找出适合每位客户的最优插件，大型和超大型插件第四季度的销量增长 5%。

然后，他就给鲁伊莎打电话。鲁伊莎是销售部门联络人，也是最早告知他培训必要性的人。

"我必须搞清楚销售人员错在哪里。"他说，"我们可以面谈吗？"

见面后，鲍勃向鲁伊莎描述了他的新目标。

"这让我觉得压力山大，"鲁伊莎说，"我可不敢承诺培训后销量就会增长。"

"我认为可以把我刚才提出的目标仅当作一个目标，而非一个承诺，"鲍勃说，"并且我认为如果我们采取正确的方式，这一目标自然可以达到。"

鲍勃和鲁伊莎用了几小时将销售人员应做之事、应做而未做之事，以及未做的原因——列举出来。

他们最终判定出下列最影响销量的几个问题，并讨论了解决问题的方法。

问题：销售人员互相竞争时，比拼的是销售产品的数量，而非销售收益。正因为低价产品容易销售，销售人员才会尽力、尽快销售微型插件。

"这个问题解决起来很容易。"鲁伊莎说，"我们可以改良每周报表的通报内容，除了通报每位销售人员销售产品的数量，还要通报销售所得利润。要想提高销售利润，他们就需要销售更多的大型和超大型插件。"

问题：销售人员的工资包含一部分佣金，而佣金只跟销售数量而非产品价格挂钩。

"针对这个问题，我会跟高管层的吝啬鬼谈谈，"鲁伊莎说，"说不定可以让佣金跟产品价格挂钩。"

问题：我们的主要竞争对手威伯插件公司正在积极推销自己的微型插件，他们的产品比我们的产品外观漂亮很多，但性能较差。我们的销售人员之所以想多销售一些微型插件，只是为了证明颜值不高的产品同样能够得到客户的青睐。

"以后给销售人员开会时，我会更加强调市场份额，"鲁伊莎说，"我会告诉他们，与对手展开竞争，应该放眼所有产品而非一种产品。我们将通过增加销售各种类型的产品，蚕食威伯插件公司的市场份额，并努力击败他们。"

问题：销售人员没有向客户提出足够的问题，所以未能确定哪种产品最适合他们。

"这方面他们需要以某种方式进行练习，"鲁伊莎说，"长期以来他们一直专注于插件产品本身，以至于忘记了如何更好地提出问题。"

结果：一个培训思路。经过讨论，两人打算一边通过几个非培训项目帮助销售人员做出改变，一边推出一个培训项目，以提高销售人员"提出正确的问题"的能力。

鲍勃又认真考虑了一下，然后提出了一个建议。

"我们的预算不是很多，"他说，"我们不可能让所有销售人员都飞到同一个地方，参加面对面的讲习班，而且我不认为一次讲习班就能让他们有所改变。但我们可以组织一些在线活动，帮助他们练习怎样提出正确的问题，然后在季度区域会议上开展角色扮演挑战活动。这样，他们既可以在网上进行一些初步练习，又可以进行面对面的定期强化训练。"

鲁伊莎同意了，然后鲍勃让她列出每种插件分别满足客户的哪种需求。

鲍勃利用这一列表创建了一批虚拟的客户档案，其中每个客户都有不同的需求，鲁伊莎负责把握这些需求的准确性和真实性。

鲍勃针对一种销售情境设计了一个极为简练的故事情节。在这一情节中，销售人员首先要选择一些最切实的问题，并根据问题的答案为一个虚拟客户选出最能满足其需求的产品。他针对一些典型决定点设计了一个活动模型，然后邀请鲁伊莎和几名销售人员模拟了情节和活动模型。

在听取并采纳了鲁伊莎和销售人员的建议之后，鲍勃进一步充实了情境信息，并使用另一份客户资料设计了第二个情境练习。在鲁伊莎的帮助下，鲍勃制作了一份篇幅两页的 PDF 文档，列出了一些有助于发现客户需求的问题类型，然后将这份 PDF 文档作为可选链接添加到情境练习中，以便人们在需要时查看，获取帮助。

鲍勃挑选了几名看起来很像典型客户的同事，给他们拍了几张照片，并将照片添加到情境练习中。因为鲍勃没有制作音频或视频的预算，所以他有些担心人们会抱怨这些练习的设计不够华丽，但是在添加照片之后，情境练习就不止文字描述了，也就不那么单调了。

鲁伊莎检查了鲍勃设计的练习，尽可能确保对话的真实性。此外，她还找了几名销售人员进行测试。

"他们确实很投入，"她告诉鲍勃，"如果我们采用计分的形式，那么他们练习时肯定会更加努力，因为这些人都特别争强好胜，而且他们并没有注意到练习大部分是文字描述。他们对故事太投入，以至于根本没注意其他方面。"

鲍勃为情境练习路径设计了相应的计分方式：利用最少的问题选出正确产品的学员将获得最高分。

考虑到更长远的目标——更高的品牌美誉度和更多的市场份额，鲍勃还在情境练习的结尾处添加了未来会出现的一些场景，让学员练习应对这些情况：客户有没有成为回头客、有没有购买更多产品、有没有向朋友推荐公司，或者有没有抱怨产品无法满足需求。

与此同时，鲁伊莎也在改变她谈论市场份额的方式，以及销售业绩的排名方式。此外，她还获得了批准，可以小幅提高大型和超大型产品的销售提成。

最终，鲍勃设计了多个情境练习，其中出现了一些最典型的客户和一些最不典型的客户，然后他将这些情境练习嵌入组织的内部网页中。鲁伊莎首先将网页发送给各个区域经理，让他们亲自体验自己的团队即将接受的训练，然后让他们鼓励各自的团队去尝试。

很快，销售人员开始访问这一网页，利用空闲时间尝试各种情境练习。有些人不同意某些练习的展开方式，于是他们在公司论坛上发表了自己的观点。另一些人在论坛上看到了这些反对意见，于是开始尝试这些练习并加入讨论中。鲁伊莎则在论坛上询问销售人员情境练习应该做何改变，从而使人们更深入地思考如何使产品特性与客户需求匹配起来。

公司在每个季度都会召开为期一天的区域会议，鲍勃借此机会举行了一次现场"培训"。销售人员会收到一份虚构的客户档案，介绍客户打算用插件做什么，他们过去使用插件的经验，他们能够接受的价格，以及其他相关信息。一天当中，销售人员会被多次随机配对，通过提出正确的问题找出最符合同事需求的产品。

进入第四季度时，鲁伊莎打电话给鲍勃。

"你可以告诉那位吝啬鬼，我们实现了目标，"她说，"大型和超大型产品的销量增长了 5%。而且，据我们了解，我们似乎也抢走了威伯插件公司的一些市场份额。"

→ 有何区别

"销售人员了解所有的产品特性"

这个典型的目标催生出的是一场无效的信息转储，而且信息很容易被遗忘。通过这门课，销售人员会获得一些新的知识，至少在短期内如此，但获得的知识不会对销售工作产生实质性影响，因为它并没有解决真正的问题。

"销售人员能够向客户推荐最符合其需求的产品之后，到第四季度时，大型和超大型插件的销量将增长 5%"

这个目标要求人们实实在在地完成一些工作。它促使鲍勃去了解人们为什么需要培训，进而找出真正的问题所在。为什么销售人员没有向客户推荐最符合他们需求的产品？我们怎样才能鼓励他们这么做呢？

解决方案是，除了必须通过培训来解决某项需求（"他们需要学会如何提出正确的问题"），还要通过几个非培训的项目帮销售人员做出改变。

解决方案的培训部分帮助人们在工作中做出某些改变。它提供了在线和面对面两种形式的练习，两次练习之间要保持一定的时间间隔。

○ 5. 帮助客户和主题内容专家确定相关指标，并确定如何改变指标

与目标有关的讨论将由你来主导，你是否已准备就绪？这里有一个模板可供你参考。

> 某个特定群组的人员做了某些事之后，到某个时间，我们已经在衡量的某项指标将增加/减少数字%

参照模板，询问他们目前正在衡量的哪项指标会在问题解决后有所改善。它之所以是"我们已经在衡量的一项指标"，原因有两个：一是，相对更简单；二是，有人已经在衡量该指标恰恰说明它（可能）很重要。

例如，我们的客户想要"关于如何编写 TPS 报告的培训"。以下是一些需要问的问题：

- "你希望通过这一项目实现什么目标？"对方的回答通常会暗指一些可以衡量的指标。例如，"人们需要提高编写 TPS 报告的技能，因为他们的报告总是被处理流程拒收。"
- "这是你们通常会衡量的指标吗？你确定拒收率是一个确定的数字吗？"如果这不是他们目前衡量的指标，就要求对方提供他们确实在衡量的某些指标。例如，所有 TPS 报告中出现错误的数量，或者客户对处理延迟的投诉数量。
- "你心中已经有目标了吗？你希望（某一问题）得到多大程度的改进？"
- "听起来你希望：……"在写字板上写出目标的一部分。例如，"TPS 报告拒收率下降 20%。"

- "你提到你需要在［日期］前看到解决方案。那么，你希望在哪个日期之前看到［拒收率下降 20%］呢？"将日期添加到目标中。例如，"到年底前，TPS 报告拒收率下降 20%。"

→ 向客户保证目标仅限管理层知晓

你所制定的目标实质上是利益相关者之间的一个承诺，即保持项目的稳步推进并在项目结束后衡量其有效性。预算被批准后，可以将目标分享给上级管理者，但不要将其分享给学员，除非所有人都确信目标能对他们起到激励作用。

→ 如有必要，使用自己在会议前所做的研究

为了准备得更充分，会议之前你需要上网了解一些相关信息，做一些研究工作。如果客户不确定使用哪项指标，那么你可以拿出笔记，跟客户聊聊自己的想法。

如果你以提问的方式表达自己的想法，并提及其他组织正在这样做，客户可能更容易接受你的想法。你可以这样说："我在《插件世界》的一篇文章中看到Acme 和 MegaCo 两家公司使用了员工敬业度指标。我们能否使用这一指标？而不要直接对对方说：'我认为你需要衡量员工的敬业度。'"

→ 关注绩效指标，而不是掩饰性指标

即使参考了模板，你所制定的目标仍然可能阻碍你对问题的分析。

下面有三个例子，其中一个需要被淘汰掉。哪一个会被淘汰？为什么？

A. "负责发工资的员工能够正确处理工资单之后，到明年，薪资发放出错率将降低 30%。"

B. "现场工作人员能够规避'制裁行为清单'中的行为之后，到明年，道德违规现象将减少 35%。"

C. "员工修完本次课程之后，到明年，新的安全课程的结业率将达到 90%。"

选项 C 遵循了模板——使用了一个可观测的指标，而且简要描述了什么人需要做什么事。但是它存在两个问题：

第一，什么人关心课程完成率？除了我们（培训设计师），别人都不关心。

第二，也是更重要的一点，**这一目标阻碍了我们对问题的分析，而分析原本可以揭示出我们为什么需要安全培训**。这一目标假设课程就是解决方案，而这正是我们要尽力避免的一种情况。

我称这种目标为"培训目标"。唯一关心它的只有设计这种培训的人，而且它假设问题的解决方案就是提供培训。

下面是一些将客户请求变成"培训目标"的例子。

- "各部门经理需要了解关于病假的新法律"变成了"至少 85%的经理将在下个月之前完成短期的病假培训课程"。
- "我们的程序员能够编写高级 Xjscript 代码"变成了"至少 70%的程序员将在今年年底前完成 Xjscript 认证"。
- "销售人员需要了解所有的产品特性"变成了"所有销售人员在第四季度的产品特性评估中都将获得 90 分以上的分数"。

这些目标假设培训和测试就是解决方案，它们只关心有多少人参加了培训。它们既无法让你阐明和分析问题，也无法让你发现更好的解决方案。

> 当制定一个好的项目目标时，我们并不是在某人的培训决策上直接添加一个衡量指标，而是要挑战自己，要去帮助客户解决根本性业务问题并提高业务绩效。培训可能并不是最好的或唯一的解决方案。务必让你的衡量指标真正体现出企业关心的事项，并且能够帮你找出问题的真正原因。

→ 将目标与人们的价值观联系起来

一个好的目标除了专注于项目本身、有助于对项目进行透彻的评估，还可以起到激发士气的作用。试着将你的目标和组织的使命（如果人们真的关心这一使命）或者其他能够激发士气的事情联系起来。

此处再强调一次，目标是内部的，你激励的是你的利益相关者。在理想情况下，这种激励最终会在解决方案中体现出来。

例如，你所在的组织以帮助客户改善生活为荣，就要选择一个能反映这一点的衡量指标。我曾经和一家金融机构合作过，它的业务是处理客户的应付款项。员工在处理过程中如果出现错误就可能导致支付延迟，而受影响的客户可能正等着这笔钱去购买日用品或支付租金。下面哪个目标更能激发一位忙碌的主题内容专家全力投入这一项目中？

A. 所有员工都学会遵循正确的程序进行操作之后，第四季度之前，TPS 报告能够在 5 天之内处理完。

B. 所有员工都学会遵循正确的程序进行操作之后，第四季度之前，在 99% 的情况下，客户将在承诺日期之前收到款项。

你可能还需要为客户提供个性化的服务。除了了解高管可能关心的问题，也要了解客户关心的问题。例如，绩效问题对他们个人有什么影响？如果问题解决了，就会给他们带来哪些好处？他们看重哪些价值？解决问题有助于实现这些价值吗？

→ 创建自己的衡量指标

如果组织现有的衡量指标中没有任何一个与需要解决的问题有关（尽管可能性不是很大），就尝试创建自己的衡量指标。你可以考虑这样一种方法：在实施项目之前，开展一项调查或衡量某个特定的过程，确定相关指标，然后在解决方案运行一段时间之后再次衡量确定的指标。

→ 来自非营利组织的挑战

如果客户来自非营利组织或政府机构，无论绩效如何都不会影响个人资助或财政拨款，那么你可能面临一些让人头疼的问题。你的客户可能这样说：

- "但我们不需要衡量任何指标。"
- "我们不会用盈利价值去衡量人们的工作。"
- "我们更注重帮助员工，而不是追踪某些数字。"

此时，我的建议是，不要去谈论金钱。有时，甚至连响应时间这样一些非财务指标可能都不适合讨论。

具有讽刺意味的是（至少对我来说如此），客户所在的组织声称要以某种使命为己任，但他们可能并没有去跟踪了解自己的使命是否完成。例如，仅仅计算出组织所服务的贫困人口的数量并不能真正了解这些人的生活是否得到了改善，只有对他们的生活状况进行跟踪才可以了解。

如果客户看上去愿意接受他人提出的用于衡量项目的指标，你现在就可以引导他们确定衡量指标，待项目实施一段时间之后再衡量一次。不过，即使客户想要衡量某个指标，但他们的领导不同意，认为这么做没什么用，以至于客户最终放弃了这个想法。

结果，你可能无法获得一个能够将项目与改善后的绩效相关联的概括性指标。在这种情况下，你需要选择一个更着眼于任务本身且指向性不那么明确的指标，如表格正确填写率提高百分之多少。或者，你不得不放弃最初的想法，接受一些"模棱两可"的指标。例如：

- 资助人感到自己能更多地参与到我们的决策中。
- 与来自其他文化的客户交谈时，咨询师会更有信心。
- 第三区的志愿者积极参与。

这里明确一点，但凡客户能够找出其他能够实际衡量的指标（任何指标），我就会拒绝上述所谓的"指标"。但是，如果客户的确不想衡量任何指标，并且没有任何压力能够促使客户去衡量任何指标，你基本上就可以不用再劳心了。此时，你能做的就是尽量将工作重点放在目标上，这样你还可以通过分析了解某个特定的人群和他们的某些特定行为。

由于缺少可衡量的指标，在项目开始实施之后，你也无法对它进行评估。我觉得在道德上有必要提醒客户这一点，但对许多非营利组织而言，这并不是一个问题。

→ 考虑制定"双层"目标

你可能遇到这样一种情况：你制定了一个很不错的目标，但是你发现它太"大"了，让一些利益相关者感到不舒服。在这种情况下，你可以考虑制定双层目标：一个宏大的、刺激的、冒险的目标，一个较小的、更易衡量的、为前者（大目标）提供支持的目标。

例如，你的主要目标可能是：

> 管理者都使用"培养与发展团队"管理模式之后，两年之内，员工流失率将下降 5%。

客户和主题内容专家对这一目标可能很感兴趣，但又担心无法衡量其有用性。他们会说这一目标的确很好，但事实上有太多的因素会影响员工流动，如整体经济状况，以至于他们无法确信员工流失率的改善究竟是不是这个项目起了作用。

在这种情况下，你可以将这一目标作为概括性目标，然后为其添加更细分的层级，关注与组织自身相关性更高的指标：

> 管理者都使用"培养与发展团队"管理模式之后，两年之内，员工敬业度得分将提高 8%。

你也可以找出一些更具体、更能频繁使用的方法来衡量项目取得的进步。例如，如果员工敬业度得分通过年度调查得出，你就可以设计一份更简短、更能频繁使用的调查来衡量那些与你打算使用的模型直接相关的方面。如果新模型鼓励管理者每周至少给出一次反馈，你就可以在调查中添加这样一个问题，即询问员工他们的管理者多久给出一次反馈。你可以在项目开始之前将调查发送给未来学员，以了解你将面临的一些情况，然后在解决方案实施一段时间之后再做一次调查。

这种"双层"目标便于你说服利益相关者。对于那些精打细算的人，你提供的"硬核"目标正中他们的下怀；对于其他人而言，更有情感吸引力的目标往往会让他们买单。

→ 询问学员

如果客户和主题内容专家难以确定目标，那么你可以建议他们询问未来学员。问问他们，如果他们面临的问题得到解决，他们的工作会有怎样的改善，而这种改善又如何衡量。

→ 确保目标是可以实现的

因为你要利用目标来了解员工需要在哪些事情上做出改变，并帮助他们去改变，所以你制定的目标必须是员工能够实现的。如果目标容易受市场波动或其他外部力量的影响，那么你的方案必将受挫。

例如，这一目标："管理者使用'培养与发展团队'模式之后，两年之内，我们公司将在《插件世界》杂志的'最佳工作环境'榜单中排名第一。"

显然，这一目标过于依赖外部因素了，即《插件世界》的编委会，所以对我们的分析没有帮助。你该如何重新表述它，把它变成一个员工可以凭借自身努力去实现的目标？

这里有一种重述："管理者使用'培养与发展团队'模式之后，两年之内，员工敬业度得分将提高 20%。"

这一目标使用了一种内部衡量方法——员工敬业度调查——并且更容易实现。

→ 针对成品课程的目标

如果你的客户想设计一门通用型成品课程，将其销售给非特定群体的广大受众，该怎么办？"行动导图"并不适用于这类请求，但在某种程度上，它仍然是有用的。

客户可能认为自己想要的是"出售这门课程并获利"之类的目标，但这种目标对你的设计并没有帮助。相反，你需要从客户的角度去考虑目标。你可以让营销团队参与讨论中，因为他们的问题跟你的问题是一样的。

下面是需要提出的问题：

- "由谁决定购买这门课程，最终又由谁学习这门课程？"（决定购买和最终学习的可能是不同的人，如雇主和雇员。）
- "雇主会如何描述他们想要改变的行为或想要提高的技能？他们如何去衡量行为的改变或技能的提高？"
- "个人如何通过课程受益？他们的职业生涯将如何进步？课程能够缓解哪些方面的挫败感？"

找到一个让雇主和雇员都满意的目标。你可能无法衡量他们的学习成果，即使可以衡量，也只是在一定程度上；但是你至少已经调整了项目重点，使项目尽可能满足他们的需求，并且做好了进一步绘制行动导图的准备。

如果需要一个可以用来衡量课程销售业务的指标，你就可以考虑向同一组织的其他部门/人员重复销售同一套课程。如果销售成功，就表明课程对第一批买家有效，并且得到了他们的推荐。这种类型的目标可能是："首批客户掌握了提高电子邮件说服性的技巧并实现了自己的目标后，在[日期]之前，'说服性邮件'课程的重复销量占到该课程总销量的×%。"

○ 6. 帮助客户确定受众以及受众应做之事

让我们重新回到模板。你已经得到了一些可以"衡量的指标"，下面要确定的就是"某个特定群组的人员做了某些事之后"这部分。

> 某个特定群组的人员做了某些事之后，到某个时间，已经在衡量的某项指标将增加/减少数字%

→ 选择特定的受众

假设你的客户是一家插件制造商，正在寻找提高产品质量的方法。下面是客户正在考虑的两个目标。哪个目标更有可能激发出有效方法来解决客户的问题？

A．所有员工都能够保证产品质量之后，到明年，产品退货率将下降9%。

B．质检员能够淘汰掉所有不合格品之后，到明年，产品退货率将下降9%。

在第一个目标中，客户假设所有员工的问题都应该通过同一个项目来解决。然而，出现质量问题的原因有很多。也许是插件设计者计算错误，也许是插件装配工偷工减料，也许是质检员疏忽了某些问题，也许是在运输过程中插件遭到了粗暴对待，这些都可能导致插件损坏。

制定这一目标的人本应该去调查问题，找出问题产生的根源，但是他决定将同一套解决方案套用到所有可能与问题有关的人的身上，并且可能这么说："他们都需要增强质量意识，认识到它的重要性！我们给他们安排一门课程吧。"

我们前面曾提到"一刀切"培训带来的结果：信息转储。如果我们被要求为所有岗位的所有人设计同一套解决方案，那么我们很可能没时间去做一个像样的分析。对那么多可能影响产品质量的工作岗位，我们无法深入了解其中任何一个。这样就很容易屈服于客户的观点，即"产品质量涉及每个人，所以我们必须让课程覆盖到所有人"。

如果决定将培训作为解决方案的一部分，我们将无法解决某些具体工作的问题。我们所能做的只是提供一些概括性的信息，编制一份概要式的"注意事项"，以及对"质量"问题提出一些无异于泛泛而谈的看法。

第二个目标表明，我们至少做了最低限度的调查，并明确了工作懈怠的质检员是造成问题的主要原因。我们将针对质检员制定解决方案，这样一来，我们的分析将更加有用，设计的活动也将是具体且有力度的。

→ 如果客户执意要求一刀切式的解决方案，怎么办

如果客户坚持认为课程是唯一的解决方案，而且课程必须适用于所有人，那么你有两个选择。你认为哪个更好？

（1）引导分析，找出需要对问题负主要责任的工作岗位。说服客户专注于解决这些岗位的问题，并帮助客户去发现有针对性的解决方案，而不仅是一门课程。

（2）接受"每个人"都将是你的受众以及你的分析将浮于表面这些事实，但设计的项目要针对某些特定的工作岗位，并将学员安排到最适合他们的活动中。

我赞成第一个选择。其中的好处有很多：你将找出问题的真正原因，并针对原因设计解决方案。你无须对不需要培训的人进行培训，而且你将让客户看到你不仅能制作课程，更能帮助他们提高绩效。

第二个选择也有一个不错的点子——根据工作岗位进行筛选，让人们只看适用于他们的内容——但这并不能真正解决问题。你的分析将宽泛而肤浅，因为你没有足够的时间去仔细研究产生问题的每个原因，因为"每个人"都可能与问题有关。你还可能加深这样一种误解，即你的工作是按需提供培训，不需要考虑你所提供的培训能否解决问题。

通常，在项目初始阶段制定的目标往往相对模糊，如目标 A（"所有员工都能

够保证产品质量"）。然后，当你和客户对问题进行分析并找出罪魁祸首时，你将集中精力制定一个更具体的目标，如目标 B（"质检员能够淘汰掉所有不合格品"）。

→ 概括性地确定"他们需要做什么"

在分析过程中，你需要具体列出人们在工作中需要做什么。而制定目标时，你需要高度概括人们要做的事情。

在上面的例子中，我们提到质检员需要"淘汰掉所有不合格插件"，这足以激发一系列具体的行动，如"确定每个批次应该抽查多少个插件""比照质量检查表检查插件""如果存在问题 X，请执行 Y 操作"等。

如果你的受众要做一些比较模糊的事情，如提供更有效的绩效评价，该怎么办？在这种情况下，你可以求助于一些模型。

模型代表了一种标准化的方法。行动导图模型是一种关于教学设计的模型。五问法模型则是一种用于分析问题的模型。万物皆有模型，说不定哪种模型就会对你的项目有用。

例如，也许我们可以这样描述绩效评价目标："所有管理者都学会应用关于绩效评价的'可操作建议'模型。"

如果客户或主题内容专家尚未考虑过任何可用模型，你就可以将自己在会前研究中发现的模型提供给他们。

如果任何模型都不管用，就以某个可观察的行动为对象编写一个概括性描述。在描述中要避免使用那些体现思维过程的动词，如"理解""感觉更自信""意识到"等。

○ 7. 将目标写在行动导图的中间位置

如果正在使用思维导图软件，你或许可以将整个目标陈述放在导图的中心节点上。如果使用的是写字板或墙壁，你可以先在中间位置写一个简短的目标。你应当在随后的细节落实邮件中附上正式的目标陈述，以便人手一份目标。

○ 练习：哪个目标最有力度

在前文中我们看到，一个强有力的目标是如何激发出一个好的解决方案的。以此为鉴，对于一个可能包含培训的项目来说，以下哪种陈述可以视为最佳目标？为什么？

A. 八个月之内，归档积压将减少到 0。

B. 到第四季度，求助台接听的电话量将减少 10%，因为采购人员到时将正确使用采购订单软件。

C. 管理者能够真正尊重团队成员的多样性之后，到明年，员工流失率将下降 10% 。

D. 所有员工都意识到电子邮件和社交媒体的风险之后，到明年，隐私泄露事件将减少 20%。

我的看法如下：

A. 这句话没有提到谁应该负责实现这一变化，它给人的感觉是，似乎不需要经过任何人的任何努力文件积压就会自行消失。因此，这一目标需要再补充一些内容。

B. 这一目标明确了哪些人需要采取行动——采购人员，也明确了行动的具体内容——正确使用软件。它还描述了由此产生的可衡量的改进。如果求助电话量持续增加，组织将不得不雇用更多的员工，因此减少接线员必须接听的电话数量是一件好事。这是一个实实在在的目标。它没有使用模板的格式，但并不缺少任何内容。

C. 这一目标的后半部分很不错——降低员工流失率是好事，因为雇用新员工成本很高。但是，"尊重多样性"到底指的是什么呢？你很难描绘出与此相关的具体行为，这意味着以此为基础设计的培训很可能只是关于多样性的泛泛之谈，没有实实在在的实践性内容。

D. 这一目标的后半部分也很好，因为侵犯隐私不是好事，而且代价高昂。可是，我们仍然无法想象人们具体需要做什么。在工作中"意识到"，这种究竟是一种什么样的状态？这同样可能导致效率低下的信息转储。

如果我们使用模板来重写上述几个目标，它们应该是下面这样的：

A. 所有 TPS 报告文员都学会使用报告管理程序之后，八个月之内，归档积压将减少到 0。

B. 采购人员能够正确使用采购订单软件之后，到第四季度，求助服务台的次数将减少 10%。

C. 所有管理者都遵照公司的多元化政策管理员工之后，到明年，员工流失率将下降 10%。

D. 所有员工都遵循"互联网使用责任意识"的相关规定之后，到明年，隐私泄露事件将减少 20%。

○ 示例：整个对话

下面是关于制定目标的整个对话的示例，使用的是本章第 5 步中的 TPS 报告的例子。

首先问对方为什么来找你，然后不断缩小话题范围，直到你发现可以衡量的指标。假设我们的客户想要"关于如何编写 TPS 报告的培训"，你需要提出如下问题：

- "你希望通过这一项目实现什么目标？"对方的回答通常会暗指一些可以衡量的指标，例如，"人们需要提高编写 TPS 报告的技能，因为他们的报告总是被处理流程拒收。"

- "这是你们通常会衡量的指标吗？你确定［此处，可衡量的指标是拒收率］是一个确定的数字吗？"如果这不是他们目前的衡量指标，就要求对方提供他们正在衡量的某些指标。

- "你心中已经有目标了吗？你希望看到多大程度的改进？"

- "听起来你希望……"在写字板上写出目标的一部分，例如，"TPS 报告拒收率下降 20%。"

- "你提到你需要在［日期］前看到解决方案。你希望在哪个日期之前看到［拒收率下降 20%］呢？"将日期添加到目标中，例如，"到年底前，TPS 报告拒收率下降 20%。"

- "你提到过这一项目是为［受众，如报告文员］准备的。他们需要提高报告
  的准确度，是吗？"将这一点添加到目标中："所有员工都能够提高报告准
  确度之后，到年底，TPS 报告的拒收率将下降 20%。"

- "你对这一目标怎么看？这是一个目标，不是保证，你认为它可行吗？"如
  果对方觉得这一目标无法实现，可以问问他们希望将百分比调整到多少。
  对方可能希望避免过度承诺，想添加一些措辞，表达他们希望项目"有助
  于"实现目标，而不是"能够"实现目标。

- "这一目标能给人以激励吗？"如果人们似乎对这一目标提不起太大兴趣，
  就继续提问，看看问题对个人有哪些影响，还要再问一问该问题对组织完
  成任务的能力有何影响。

○ 几个附加问题

还有一些问题可能对本步骤特别有用。

- "请问，你们尝试过哪些措施来解决这个问题？"如果对方提到此前也曾尝
  试培训但没有效果，就应予以特别留意。

- "是否有正在实施的旨在解决这个问题的项目？"最好能让你的目标和对方
  现有项目保持一致。

→ 绘制项目时间表

此时，你可以询问什么时候开始实施该项目。不要用"你希望培训什么时候
开始"这样的句子，因为你会发现培训并不是最佳解决方案。你可以这样问对方：
"你希望什么时候开始实施解决方案？"

○ 常见问题

当尝试让客户提供给你一个目标时，你可能面临这样或那样的问题。以下是
一些常见问题，以及一些相关建议。

→ 客户不清楚问题对业务的影响

提出如下问题：

- "你发现的哪些情况让你意识到了问题的存在？"
- "目前衡量的指标有哪些？"
- "如果你一年之后再次查看团队的某一指标，你如何判断问题是否得到了解决？"
- "组织如何衡量和评估团队成员的绩效？"

→ 客户只是想让人们"意识到"一些事情

提出如下问题：

- "如果汤姆意识到了这件事，而简没有，我们如何通过观察他们的工作来判断他们是否'意识到'了呢？'意识到'与'没有意识到'会对客户产生什么影响？又会对整个团队产生什么影响？又会对组织产生什么影响？"
- "每个人都意识到这件事之后，会发生什么变化？"

→ 利益相关者不希望明示项目能够提高业务绩效

- 提醒他们，这只是一个目标，而不是一种保证。虽然目标应该由员工实现，但也要强调这一项目是更大的业务战略的一部分（或者说它应该是）。如有必要，可将目标表述为"有助于（项目目标）的实现"，或者确定项目有助于实现多大比例的项目目标。

→ 客户已经制定了一个目标，但无法对其进行衡量，如"领导者能够有效管理冲突"

提出如下问题：

- "你如何得知公司中存在冲突管理的问题？"
- "你如何知道解决方案有效果？你能看到哪些改变？"
- "你目前衡量的可供参考的指标有哪些？"（员工评估分数？离开公司的人数？正式的冲突投诉数量？）

- "为了提高冲突管理技能,公司目前还采取了哪些措施？这些措施都衡量哪些指标？"
- 如果有必要，可以考虑在开发材料之前做一个调查，以了解员工对当前的冲突管理的看法。通过调查，你可以得到一些你想要去改变的可衡量指标（凭借材料和相关干预措施），然后你可以做一个后续调查，看看这些可衡量指标是否真的有所改变。

→ 客户说这是一门合规课程，所以目标只满足法律规定

提出如下问题：

- "如果员工达不到合规要求，企业就会面临什么样的损失？"
- "如果拿两家企业进行对比,你如何知道其中一个达到了合规要求而另一个没有达到？"

→ 客户想要一个通用的"欢迎加入我们公司"的入门课程

- 要向客户指出，最好的解决方案是将许多解决方案组合使用，包括更好的信息分发、员工之间更多的共享、有助于有益决策的工作辅助、关于公司文化和历史的一些营销类材料等。
- 对于业务指标，你需要考虑如下问题：寻找替补试用期未过新员工人员的相关成本，新员工达到特定绩效水平所需的时间，或者尚未熟悉业务的新员工对生产率可能产生的影响，等等。

→ 客户表示，由于推出的是新产品或新政策，所以没有可衡量的指标

- 帮助客户确定推出新产品或新政策的原因，然后寻找针对此原因的衡量方法。例如，询问：
- "为证明开发这款产品的合理性，公司使用了什么样的销售预测？"
- "这款新产品会为公司开拓新市场吗？如果是，新市场有多大购买力？"
- "为什么要制定新政策？公司希望用它解决或预防哪些问题？"

→ **客户说培训并非必选项，与特定的业务需求无关**

- 如果你同时处理多个项目，我建议你优先考虑那些能够支持当前业务战略的项目，因为这可以促使客户去证明项目存在的合理性。这种项目至少可以清楚地表明，你所做的是提高业务绩效，而不是按需提供课程。

- 如果你不得不开展课程类的项目，至少请客户帮你大致确定培训会让哪些人受益，以及将如何受益。例如，如果客户想要"一个关于如何提高创造力的迷你课程"，就可以请客户介绍创造力的提高能为学员或其雇主带来哪些好处。

第 5 章

人们应该做什么

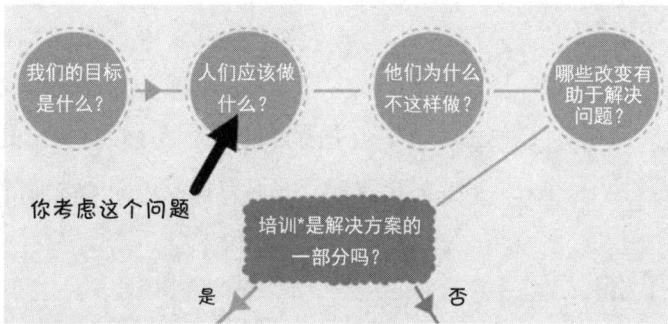

任务内容	任务由谁完成	完成任务需要的时长
列出人们为实现项目目标而需要完成的工作事项	由你主导，客户和主题内容专家参与	本章需要完成的任务属于从上一章开始的启动会议（时长两小时）的一部分
明确对实现目标最重要的 5~10 项任务	你为客户和主题内容专家提供帮助	

成果：列出目标受众需要完成的工作任务。任务可能有很多项，其中最重要的几项要予以突出显示。这些任务指向明确、重点突出、表述清晰。以下是一些示例：

- 正确标记每个文件夹；
- 告诉病人完成测试需要多长时间；
- 当团队成员表达对收购的担忧时，注意倾听，不要打断对方；
- 避免对宗教着装进行评论。

○ 你已经完成的工作

在上一章中，你和客户以及主题内容专家共同召开了启动会议；在本章中，会议将继续进行。此时，你已经有了一个项目目标，描述可以衡量的绩效改善。目标笼统地提到了哪些人员需要做出改变，并简要提及了需要改变的事项。

○ 你将要做的工作

你现在要问这样一个问题："为了实现这个目标，人们应该在工作中做什么？"你将按照以下四个步骤来完成这项工作。

（1）帮助客户和主题内容专家开展头脑风暴，列出相关行动。

（2）以行动和子行动的形式来组织相关事项。

（3）不时地回顾各个行动，并使其更加具体化。

（4）帮助客户和主题内容专家确定各个行动的优先级。

按照传统的培训设计方法，在这个环节，许多人会将设计重点放在人们需要了解的信息和知识上。例如，他们会制定学习目标或开始设计内容。

但是，你应当始终将重点放在人们应该做的事情上，或者说，需要完成的工作上。

以下是一些示例：

- 将向组织中的有关人员拨打销售电话列入计划；
- 把牛奶蒸一蒸，注意不要蒸干了；

- 根据当地的风俗习惯，恰当地处理可能被视为贿赂的礼物。

你需要在目标周围添加行动，由下图中的三角形表示。

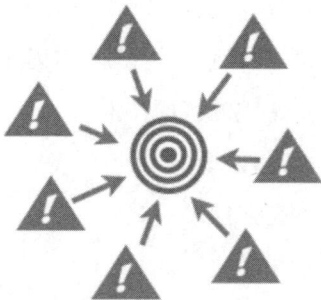

○ 为何行动如此重要

最终能够解决问题的不是信息，而是行动。

> 仅仅知道怎么做并不够，只有当人们真正改变行事方式之后，才能改善绩效。

当你问"他们应该做什么"的时候，你是在：

- 帮助客户看清与绩效有关的问题；
- 努力找到解决问题的最有效方法；
- 为成效显著的实践活动而非信息转储奠定基础。

最后，在这一步和下一步中，通过询问"他们为什么没有这样做"，让项目立足于现实。客户来找你时，心里秉持着一种可能从未被质疑过的看法，即"我们需要培训"。他们漂浮在知识的云端，希望你可以将这些知识变成雨滴，洒落到员工的大脑中。你需要利用本书提供的技巧，温和地将客户拉回到现实世界，这样他们才能看清造成问题的真正原因。

○ 什么是"行动"

行动即可观测的行为。例如，我们想让消防员给公众普及森林消防知识，让人们知道如何预防森林火灾，以及如何在发生火灾时迅速将其扑灭。我们的正式目标是："消防员能够预防并扑灭灌丛火灾和森林火灾之后，到明年，本地区与火灾有关的损失将减少 10%。"

你认为，在以下几个行动中，我会选择哪个来实现这一目标？

（1）明确可用于扑灭灌丛火灾的各项技术。

（2）列出落叶林中的主要燃烧源。

（3）描述公众对于篝火的普遍误解。

（4）迅速扑灭干混林中的灌丛火灾。

（5）定义"燃烧装置"。

如果你认为只有第 4 个选项是我会选择的行动，就说明你读懂了我的想法。

理想的行动不会发生在人们的想象中，也不会发生在"考试"这样的抽象世界里，它们是你亲眼所见的人们**在工作中所做的实实在在的事情**，是工作的正常组成部分。

→ "但其他行动也是可观测的"

如果接受过传统教学设计方面的训练，你就不会同意我的选择，还会说其他选项同样是可观测的行动。

例如，我们可以看到一名消防员写出一份清单，上面列出了可用于扑灭灌丛火灾的各种技术这样一个行动，我们还可以指着那份清单，说："看到了吗？他们知道这些技术。"然而，这就是问题所在——我们所衡量的只是消防员是否知道这些技术。这就陷入了学校模式。没人能保证消防员会真正将这些知识付诸实践，而实践才是我们真正想要的。

我当然不是说我们不希望消防员了解这些技术。显然，消防员只有首先了解了这些技术才能执行我们真正想要的行动，也就是灭火。"了解灭火技术"是一个使能目标。在后文中，当我们进入"列出人们完成工作行为需要知道的信息"环节时，我会列出"扑灭灌丛火灾的各项技术"的相关知识。但那些要到后面才涉及，现在暂且不提。

　　现在，你需要将重点始终放在人们在**工作中应该做的事情**上，因为只有通过这种方式你才能确定造成问题的真正原因。如果只是描述他们应该了解的信息或知识，你就会阻碍分析进程，因为你已经假设人们唯一的问题就是缺少知识。

○ 行动为我们所做的一切奠定了基础

我们表述行动的方式可以决定项目的成败。原因如下。

→ 行动有助于我们解决现实世界的问题

　　列出各个行动之后，我们需要从中选出最重要的那些，然后逐一提问："他们为什么没有这样做？"

　　如果一个行动旨在考察人们对知识的掌握情况，如"找出可用于扑灭灌丛火灾的各项技术"，那么，对于"他们为什么没有这样做"这个问题，我们的答案只能是"他们不知道这些技术"。

　　但是，我们能知道他们不知道吗？我们能知道这种所谓的"不知道"就是火灾没有被迅速扑灭的原因吗？其实，我们只能看到，有时消防员没有迅速或彻底地扑灭大火。但是，我们并不能就此假设，之所以出现这种情况，单纯是因为消防员不知道相关的灭火技术知识。

　　他们可能缺少合适的灭火工具，可能在团队合作方面存在一些问题，可能最早接到消防警报时就已经错过了最佳灭火时机……造成消防员没有迅速或彻底地扑灭大火的原因可能有很多，不应当过早地将这一问题完全归咎于缺少某方面的知识，而排除其他可能的原因。

　　所以，我们不可以武断地制定与知识相关的目标，而要去描述我们希望看到的行动。如果行动是"快速彻底地扑灭灌丛火灾"，那么"他们为什么没有这样做"这个问题所涉及的原因十分复杂，远不止缺少知识这一个。

　　你要考虑的是发生在实际工作中而不是考试或培训中的、可实现绩效目标的行动。

→ **行动有助于避免信息转储**

如果分析结果表明，解决方案中确实需要包括某种培训，那么，如果能够以工作中的行动为基础来设计培训活动，无疑会取得更好的效果。这里有一个例子。

信息目标变成了信息转储

假设忽略我刚才所说的一切，我们分析得出的行动之一是消防员"掌握可用于扑灭灌丛火灾的各项技术"。那么，很自然地，我们会制作如下一些材料。

1）信息展示

灌丛火灾：灭火技术
- 泼水灭火
- 覆盖沙子灭火
- 覆盖湿毯子灭火
- 倾倒大量的雪灭火

2）小测验

考查学员的理解情况
以下哪项不是用来扑灭灌丛火灾的技术？
A. 泼水灭火
B. 覆盖沙子灭火
C. 用扇子将火扇灭
D. 覆盖湿毯子灭火
E. 倾倒大量的雪灭火

请思考：我们测试的是什么？我们是在帮助消防员练习将所学知识应用到现实情况中，还是只是在测试他们的短期记忆成果？

我们只是在测试他们的短期记忆成果。我们没有将信息放到任何背景中，也没有帮助人们练习用不同的方式去工作。

遗憾的是，许多人被灌输了错误的理念，认为上面这种方法是优秀的教学设计法。它的模式是，首先制定一个"可衡量的"目标，以零零碎碎的形式将信息提供给"学员"，然后进行测试，考查他们能否回忆起这些信息。但是，这正是我们要努力摆脱的学校模式。

消防员能否成功灭火，仅在一定程度上依赖于其回忆信息的能力。实际上，他们的工作涉及十分复杂的思考和知识应用。

现实世界的行动变成了现实世界的模拟

让我们抛开"掌握灭火技术"这一目标，将重点转移到"灭火"这一行动上，也就是消防员必须做的事情："迅速扑灭灌丛火灾。"

我们将重点放在"灭火"这一行动上以后，自然就会根据现实情况去设计材料。例如，讲述这样一个难忘的故事：有一次，由于消防员没能迅速扑灭灌丛火灾，火势愈演愈烈。

"这是 2007 年清水市发生的一场火灾。火势开始很小，但是……"

Gareth Lovering 摄影工作室发布于 Compfight 网站；知识共享协议。

现实的材料可能是主题内容专家的发言，启发我们设计出现实性的挑战；也可能是其他人提供的案例研究，供我们在实践活动中使用。例如，我们可以让消防员应对一场虚构的、发生在山脊处的火灾。附近的人们手足无措，不知该做些什么，于是向消防员求助。此时，一名消防员向他们描述了一次亲身经历：由于他和队员们未能首先灭掉朝山脊蔓延的大火，一场灌丛火灾失去了控制。随着大火向山脊上方蔓延，火势愈发迅猛，情况急转直下。

　　我们可以使用一些这样的案例研究作为典型和非典型的示例，帮助学员练习在一些最常见的情况下（全部都是具体的和有背景的）做出决定。由于这些研究案例关注的是人们需要做什么，因此我们自然可以以此为基础设计一些现实性的活动，模拟工作中做出决定的过程。例如下面这个例子。

这是发生在克拉克县的一次森林火灾。此时正值 3 月下旬，风力不强，火势蔓延较慢。你的队员们第一个到达现场，他们确定火势覆盖范围大约为一英亩。火场附近没有建筑物，且地势平坦。

你做的第一件事会是什么?

bertknot 发布于 Compfight 网站；知识共享协议。

　　因为我们的关注的是消防员必须做的事，所以我们设计了一个活动来帮助他们实践行动。虽然这只是想象出来的状况，但它要求消防员不仅要回忆信息，还必须将信息应用到现实情况中。

○ 1. 帮助客户和主题内容专家开展头脑风暴，列出相关行动

你已经在行动导图的中间位置写下一个目标，或者用便利贴将其贴在了墙上。现在，你可以提问参会者这样一个问题："为了实现这个目标，人们应当在工作中做什么？"

有些人很自然地列出了一连串看得见的行动，这正是我们想要的。而另一些人则对此毫无头绪。

→ 将知识陈述转换为看得见的行动

如果客户或主题内容专家描述了一些人们应该知道、理解或意识到的工作事项，不要直接拒绝，但也不要将其记录在导图上，而是继续提出这样一些问题：

- "如果观察一个人的工作，我们如何知道他是否理解了 X？他会做哪些事，或不会做哪些事？"
- "如果克莱夫理解 X 而克拉拉没有理解，他们做的事情会有什么不同？"

→ 考虑使用"任务"或"行为"代替"行动"

如果人们难以领会"行动"这一概念，可以试着称其为"任务"（如果用到"工作"背景中）。还可以使用另一个词——"行为"，但要确保相关行为是具体的、看得见的，不可以是一些模糊不清的行为，如"愿意倾听不同的观点"。

○ 2. 以行动和子行动的形式来组织相关事项

当客户和主题内容专家列出各个行动时，请注意这些行动之间存在怎样的相互关系。有些可能是概括性的行动，如"遵循过程 X"，而有些则是该概括性行动的子行动，如"在过程 X 的步骤 3 中，确保执行 Y"。请将一个子行动放置在与其相关的概括性行动的从属位置。

下面是我绘制的一幅行动导图的一部分，展示的是我计划如何帮助设计师学会使用行动导图（本书提到的培训版本）。以下是前几个步骤涉及的行动。

致力于解决问题，而不是传递内容
- 对你个人的培训假设提出质疑 ⊕
- 从一开始就主导讨论，避免让人们认为你在设计课程或培训事件，也不要让人觉得你在进行信息转储 ⊕

确定项目目标
- 启动会议前：研究客户，研究问题 ⊕
- 启动会议前：发送议程概要，议程中提出对会议的期望 ⊕
- 启动会议中：简单介绍会议流程，迅速将对话转到绩效问题上 ⊕
- 启动会议中：帮助客户和主题内容专家使用模板编写目标陈述
  - 选择或自行创造一项组织关心的可衡量指标 ⊕
  - 完成模板 ⊕

确定人们应该做什么才能实现目标
- 写下具体的、看得见的行动 ⊕
- 与主题内容专家一起按照优先级对行动进行排序 ⊕

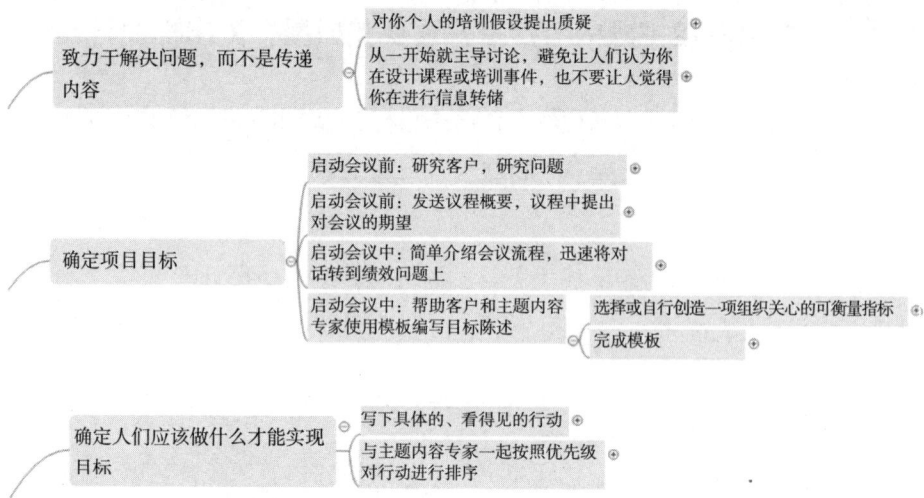

用这样一种方式对行动进行拆解，可以让人们更容易得到"他们为什么没有这样做"这个问题的有效答案；如果活动有助于人们执行这些行动，那么我可以设计出针对性很强的活动。

导图是垂直排列的。目标在左边，所有的行动在右边，并按照各自的完成顺序排列。我喜欢使用这种格式分析过程类的项目。

有些人则喜欢使用圆形的结构，看上去更像常见的那种思维导图；也有人喜欢将垂直导图旋转 90 度，使其看上去就像一幅组织结构图。

图中的所有内容都需要为项目目标提供支持——如果上面的垂直结构影响利益相关者对这一点的理解，那么你可以考虑使用类似下图的组织结构图。不过，在会议过程中，你需要向其中添加各种想法、活动和讨论笔记，那样一来，最终得到的导图会显得有些拥挤。

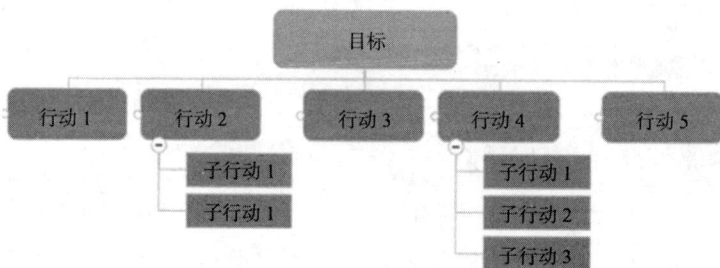

```
                          目标
   ┌──────┬──────┬────────┼────────┬──────┐
 行动 1   行动 2        行动 3    行动 4    行动 5
          ├ 子行动 1            ├ 子行动 1
          └ 子行动 1            ├ 子行动 2
                              └ 子行动 3
```

→ **不要打断头脑风暴**

客户和主题内容专家会列出许多行动。在此过程中，不要去问他们各个行动之间究竟有什么联系，也不要要求他们提供更具体的信息，总之，不要去打断这个过程。只需将他们的想法记下来，把一些明显从属于某一行动的子行动放到它的下面，让头脑风暴继续下去，直到结束。然后，你可以按照下面描述的方式重新查看这些行动。

○ 3. 不时地回顾各个行动，并使其更加具体化

开始时，人们会一股脑地想出许多行动。慢慢地，他们会停下来，似乎才思已经枯竭。此时，你可以指出那些似乎太过宽泛的行动，并要求人们提供更具体的信息。

例如，有人说了这样一个行动："与潜在客户交往时，避免表现得不得体。"这种说法太宽泛了。"不得体"到底是怎样的一些行为？具体来说，我们应如何避免这些行为？

更具体的行动应该是这样的："当一位来自 Zekostan 的潜在客户提供价值超过 100 欧元的礼物时，使用三种文化敏感的方法 X、Y 和 Z 拒绝该礼物。"应该还有更多这样的行动，既可以涉及最高优先级的情况，也可以涉及最常见的文化。你可以将它们作为子行动列在较宽泛的"避免表现得不得体"之下。

不要跳过这一步！ 一个常见的错误是，当所列的行动过于宽泛时，依然终止了进一步的分析。这样做的后果很严重。

例如，如果放任"避免表现得不得体"这样的陈述不管，不要求对方提供更多信息，你之后的分析就会像下面这样：

你：那么，是什么让人们难以避免不得体行为呢？

主题内容专家：我们在工作中遇到的很多人都认为送礼和社交对开展业务十分重要，这主要是由他们的文化导致的，但我们的员工不希望自己显得粗鲁无礼，因此接受了本不该接受的东西。

你：你希望人们怎么做？

主题内容专家： *不要做出外人认为不得体的举动，或者接受被认为不合适的礼物。*

这种对话其实毫无帮助。你无法找出可以真正帮助人们改变其行为的工作辅助、过程或实践活动。你唯一的选择是提供一套极其常见的通用型行为规范，提醒人们去注意"不得体行为"。但是，当一位重要的 Zekostan 商人向一位刚好渴望和对方拉近关系的员工赠送了一副牦牛皮手套时，这位员工仍然会欣然接受，而他原本不该接受这件礼物。

→ 如何判断行动是否过于宽泛

如果一个行动具备以下特征，我们可以认为其过于宽泛：

- 行动表述只是初稿。大多数初稿都会过于宽泛。你得到的只是少数几个行动。
- 你无法拍摄人们正在执行的行动（不是看得见的行动）。
- 与其他行动相比，该行动需要很长时间才能完成。
- 针对该行动，你想不出可用的工作辅助或行动步骤（内容不具体）。
- 没有提及人们应该执行该行动到哪种程度。

→ 询问是否需要达到某项标准

你发现，主题内容专家会很自然地提到一些细节，如何时需要执行某个行动，或者间隔多久执行一次。但是，他们会忘记考虑人们需要达到的标准。

假设某机构聘请我们赶赴某国际援助项目的工作现场，去帮助工作人员落实项目计划。我们了解到援助人员的工作内容之一是"评估一家农村医疗诊所"。我们将这一工作内容放到行动导图上，并将其分解成了几个子行动。

"完成评估之后，"我们的主题内容专家弗雷加说，"他们会编制一份改进计划，供诊所经营者考虑。"因此，我们在导图上添加了以下内容：

　　　　编制一份诊所改进计划

"然后，他们将计划交给诊所经营者，"弗雷加说。但是，此时我们仍在考虑前面那个步骤。我们之所以被聘请参与这项工作，正是因为类似改进计划的这样一些建议未能得到实施。

"是援助人员没有编制计划，"我们问，"还是他们的计划有问题？"

"大多数人都编写并提交了计划。"弗雷加说，"主要问题是没有人想读它们。大多数计划篇幅太长，写得又很像学术报告。甚至，我也不喜欢读它们，而且我同样不愿意在登革热爆发期间运营一家人手不足的诊所。"

经过另一番讨论之后，我们将原来的行动扩展为：

> 编制一份篇幅不超过六页的诊所改进计划，且参照"全球可读性指数"，这份计划的得分应当不超过 60 分

我们一度想去问"他们为什么没有编制计划"，现在转而问了这样一个问题："他们为什么没有编制一份可读性强的计划？"这是一个巨大的差异。因为我们从一种二元思维"他们做了 X 或者未做 X"进入了一种更细致的思维方式：如何让他们做 X，并达到可用的标准。

→ 利用模型

以下行动存在问题。是什么问题？

- 当团队成员想要谈论个人问题时，给予支持。
- 每天早晨确定销售电话的优先顺序。

很难对这些行动进行评估。如果有人执行这些行动，作为旁观者，我们可能无法确定他们做得是否正确。"支持"是什么样子的？应当以哪种方式排列销售电话的优先顺序？

如果将其重新表述为以下内容呢？

- 当团队成员想要谈论个人问题时，采用"支持性对话"模型中的各个步骤予以支持。
- 每天早晨，根据《电话优先级参考手册》确定销售电话的优先顺序。

修改后的行动涉及了模型或参考手册。有了这些，行动的可观测性变得更强：莫德经理是否完成了模型中的第一步？销售人员塞拉斯确定销售电话的优先顺序

时，是否应用了参考手册中提到的要素？

创建模型也可能成为你工作的一部分。例如，主题内容专家说："他们在销售电话的优先级排序上必须做得更好。"你接着提问："他们应该如何做？"如果主题内容专家给出了一个涉及多项要素和决策的冗长答案，你可以提议同主题内容专家一道编写一份篇幅较短的手册，对销售电话的优先级排序加以规范。

如果你在研究过程中曾发现一些有用的模型，现在是时候提出来了。

→ **练习：这些行动符合标准吗，是否需要重写**

以下是一些行动表述。你认为哪一条应该重写？为什么？你如何重写它们？

（1）尊重员工的宗教信仰。

（2）外科手术中传递手术刀的正确方法。

（3）每次会议前，至少提前三小时向参会者发送议程概要。

（4）解释插件是如何进行认证的。

（5）按照正确的程序浇筑地基。

（6）下班时注销计算机。

我的看法如下。

（1）"尊重员工的宗教信仰" 可观测性不强。这句话应该重写，明确相关的具体行为，如"允许下属在宗教节日休假""避免对宗教着装进行评论"等。你需要邀请主题内容专家和客户基于人们目前正在犯的错误，而不是基于抽象的知识，来帮助你找出其中的重点行为。

（2）"外科手术中传递手术刀的正确方法" 是一个名词短语，而不是动词短语。它没有描述人们做的事情，所以不能回答"他们为什么没有这样做"这个问题。

在有些人眼里，行动导图只是一种用于组织内容的方式。上面这种情况便是这类人常犯的一个错误。他们想不到要去问"他们为什么没有这样做"，所以他们不会使用动词。相反，他们只是列出"我们应该涵盖的各项内容"。由于他们选择跳过分析环节，所以他们会直接开展培训，尽管这并不是正确的解决方案；而且，他们选择的活动往往是一般性的知识测验。

我会把这句话改写成"手术时以正确的方式传递手术刀"。这种表述为我们提供了一个很好的基础，让我们可以进一步去问"他们为什么没有这样做"。

（3）"**每次会议前，至少提前三小时向参会者发送议程概要**。"这句话足够清晰和具体，能够让人去问你"他们为什么没有这样做"。如果有 X、Y 和 Z 这三项内容对于议程是不可或缺的，那么我会将它们添加到行动描述中。

（4）"**解释插件是如何进行认证的**。"只有在学员定期寻访相关工作人员并向其解释插件认证过程的情况下，这一行动才是有用的。例如，如果学员需要负责新员工培训工作，就需要向新员工解释插件的认证过程。

但是，这句话很可能是作为一个使能目标来使用的。它可能出现在考试中，目的是让考生"证明自己知道插件的认证过程"。但是，我们真正需要的行动恐怕是让一种插件取得认证，如"正确填写插件认证表格 B-21"或者执行认证过程的其他步骤。有关如何认证插件的信息将在稍后的过程中作为辅助知识列出。

（5）"**按照正确的程序浇筑地基**。"乍一看，这句话好像符合标准。但是，这个程序涉及很多步骤，每步都可能有需要应对的难题。我会把这一行动留在导图上，但会把它分解成很多子行动。然后我们就可以针对各个重要的子行动逐一提问："他们为什么没有这样做？"

- 在需要浇筑的区域铺上砾石或沙子
- 安装防潮层
- 安装钢筋网
- 搅拌混凝土
- 浇筑混凝土
- 平整混凝土
- 抛光混凝土板坯表面
- 添加基础锚杆

按照正确的程序浇筑地基

（6）"**下班时注销计算机**"是一项具体的、可观测的行为，因此它通过了我的测试。它为我们提供了一个很好的基础，让我们可以进一步去问"他们为什么没有这样做"。

○ 4. 帮助客户和主题内容专家确定各个行动的优先级

到这个环节，你应该已经在行动导图中添加了很多具体的工作行为，人们必须执行这些工作行为才能达到你制定的目标。但是，是否所有行为都同等重要呢？很可能不是。

你可以让主题内容专家从中选出最重要的几个行动。它们可以是那些对实现目标贡献最大的行动，也可以是那些很多时候没有被正确执行的行动，还可以是那些如果被省略就会导致严重后果的行动。

这些行动就是你下一步要集中精力去研究的行动，你需要一一提问"他们为什么没有这样做"。如果资源有限，这些就是你开发解决方案时需要优先考虑的行动。

根据项目的复杂程度，你可以选出 5~10 个优先级最高的行动。

如果使用了思维导图软件，你可以使用垂直布局（而不是圆形布局），这样就可以将所有行动按照重要程度从高到低顺序列出。另一种方法是对高优先级行动进行标记，如使用小旗子形状的标签。

○ "无论如何，他们总要学习相关的知识啊！"

对于那些习惯于制定传统教学目标的人来说，绘制行动导图将是一个挑战。所以，我重复一遍：

> 我并不是说永远不去考虑"人们应该知道什么"这个问题。我只是说现在还不是时候。还要再过一段时间。

现在，你还只是在尝试解决如下两个问题中的第一个：

- 他们应该做什么？
- 他们为什么没有这样做？

将注意力放在他们应该做什么而不仅是应该知道什么上，这让你能够通盘考虑所有可能导致问题的原因，从而避免这样一种认知：导致问题的唯一原因就是缺少相关知识。在稍后的过程中，我们将考虑这个问题——为了完成现在列出的各个行动，人们应该知道什么。

◯ 常见问题

以下是在这个环节你可能遇到的一些问题，以及一些相关建议。

→ 最终只列出了三四个行动

- 这是一个强烈的信号，表明你列出的行动过于宽泛，如"遵循程序 X"或"帮助同事应对工作中的变化"这样一些行动。你能将它们进一步分解开吗？例如，可以考虑将一项程序分成多个步骤，通过使用模型将模糊的陈述转换为具体的行动，或者将每个行动限制在某人在一定时间之内（如 20 分钟）可以做的事情上。

→ 最终列出了太多行动

- 你的受众是否太过多样化，涵盖了太多不同的工作？对此，可以考虑根据所涉工作种类的不同将你的项目分成数个小项目。
- 你的行动是否太过具体，以至于一个实践活动就能够轻松涵盖多个行动？对此，可以考虑将这些行动作为子行动列在一个主要行动的下面。
- 请主题内容专家帮你找出最常见的错误或影响最大的行动，将工作重点放在这类行动上。

→ 行动陈述中包含"理解"和"了解"之类的词语

- 鼓励利益相关者去描述一位观察者如何判断观察对象是"理解"还是"了解"一件事。如果玛丽理解 X 问题而马里奥不理解，我们怎样通过观察两人的工作来判断这一点呢？玛丽做的事情和马里奥有何不同？用描述性的而不是认知性的语言重写行动。

→ **行动内容太过模糊，如"演讲之前做好充分准备"**

- 询问主题内容专家这一行动究竟是什么样子的。例如，问："莎莉正在为演讲做充分准备，如果我要为她录制一段视频，视频需要展示她做的哪些事情？"
- 询问是否有相关模型可以使用，如"有效演讲五步法"。

→ **行动中包括考试类用词，如"识别/确定/找出"或"清单"**

问：

- "人们是否只需要'识别/确定/找出 X'就够了，还是说你指的是完成某项工作所需的知识？'这项需要完成的工作是什么？"
- "如果我们录一段两人正在工作的视频，其中只有一人能够识别 X，我们怎样通过观看视频来辨识出这一点呢？"
- "有没有人真的会在日常工作中写这份清单呢？了解这份清单对他们有什么帮助？"

→ **其中一个行动为"遵循程序"**

- 将该行动分解成多个子行动，使每个子行动对应程序中的一个主要步骤。

→ **部分行动描述的是任何人都能轻松完成的基本工作任务**

- 有些人倾向于列出程序中的所有步骤，不会遗漏任何一个，即使其中有些步骤很简单，不会造成问题。这种处理方式很多时候是有用的。但是，也务必让主题内容专家按照重要程度对不同行动进行排序，将最易产生问题的行动放在最优先的位置。

→ **培训是关于"欢迎加入公司"性质的培训，客户表示无法列出相关行动**

- 正如我们在谈论目标的那一章中所提到的，对于这个问题，培训可能不是唯一的解决方案。例如，如果人们能更容易地在内部网中查找信息，那么新员工培训方面的需求就会有所降低。有些企业会给新手指派导师，这等于为其提供量身定制的帮助，这是普通培训无可比拟的。如果客户打算面向所有新员工提供同一套解决方案，你就会质疑他们的这个决定。

- 除了这些注意事项，客户还希望看到一些行为，包括：
  - 不要在短期内跳槽（要理解公司文化，尝试融入团队中）。
  - 在最后期限到来之前选择适合自己的健康计划或其他福利。
  - 不要拿基础性的问题去麻烦同事——学会使用内部网上的信息。
  - 遵守公司的各项规章制度。
  - 充分利用培训和其他自我提升机会。

第6章

人们为什么不做应做之事

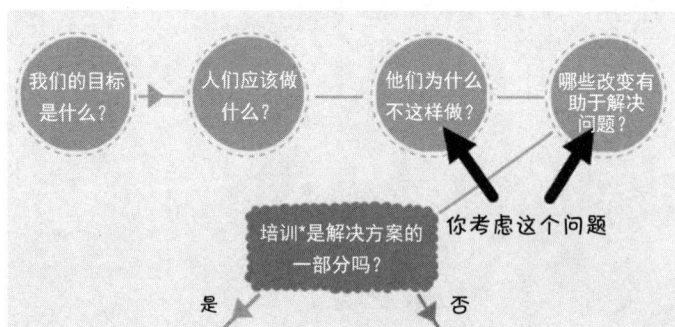

任务内容	任务由谁完成	完成任务需要的时长
针对每个高优先级任务提出问题:"为什么现在人们做得不对?""是什么让这一任务难以完成?" 在下列范畴内找缘由: • 环境(包括工具和文化); • 技能; • 知识; • 积极性(也可能是由其他范畴包含的问题造成的)。 记录讨论过程中想出的其他类型的解决方案(包括工作辅助、新程序、改进的软件等),不拘泥于培训一种类型	由你主导,客户和主题内容专家配合完成。未来学员或当前学员也可加入	本部分任务需要在两小时启动会议中完成。 为控制会议时长,你需要将每一行动的讨论时间限制在 10 分钟以内,除非对某一行动的讨论明显有助于揭示主要问题。 这样,假设你找到了五个高优先级行动,讨论的时间就可以控制在一小时之内

使用工具：问题分析流程图，可在 www.map-it-book.com 上找到。

成果：

- 想出提高绩效的多种方法（不止培训一种）。
- 确定培训是不是解决方案的一部分。
- 明确标记出哪些行动可以通过培训得到改善，哪些行动不会从中收益。

你已经完成的工作

你已经设定了一个项目目标并得到了一份清单，清单上列出了人们为实现目标在工作中必须执行的行动。主题内容专家也已经识别出高优先级行动。

既然已经完成了上面的工作，你不妨暂时休会，请几位未来学员或者当前学员参会。如果你的项目很大，需要讨论的问题很多，你可以考虑就学员参会事宜再单独召开一次会议，但这取决于得出目标和清单所耗费的时间。

你将要做的工作

针对每个高优先级行动，提出问题："人们为什么不这样做？""是什么让这一行动难以做到？"

你此时还处在下图中红色圆圈的位置，也就是"行动"的位置，但接下来你要根据提问得到的答案添加注释。这些注释可以是关于解决方案的想法，如图中所示，也可以记录某个具体行动会产生问题的原因，如"登录过程令人困惑"，从而造成人们不使用这一软件。

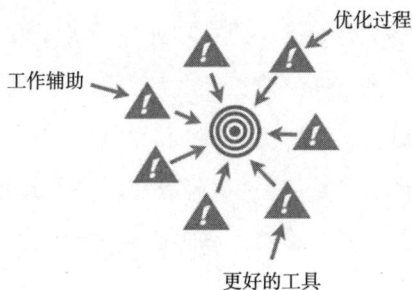

你要按照如下步骤完成任务：

（1）准备好问各种各样的"为什么"。

（2）考虑设定一个"人物角色（persona）"。

（3）选择一个高优先级行动，并确保其具体性。

（4）决定采用哪种方式：指导式或开放式？

（5）引入流程图。

（6）从环境范畴开始（指令式）。

（7）在导图上添加注释和想法。

（8）针对技能、知识和积极性，提出相应的问题。

（9）对于其他高优先级行动，重复上面的步骤。

（10）回顾导图并帮助客户查看解决方案。

（11）以书面形式总结会议内容。

○ 让谁参与

你可能觉得只需让一位主题内容专家参会足矣，毕竟主题内容专家比客户更了解任务。但是，你应当尽量让客户参与进来。

这样做有助于他们了解培训是否必要，以及培训的效果如何。痴迷于课程的客户可由此摆脱执念，并意识到除了课程，还有更好、更灵活的解决方案。

此外，如果有更多的主题内容专家参与进来，将更有助你开展工作，因为他们的讨论以及可能产生的分歧将帮助你和客户更清楚地看到造成问题的原因究竟有哪些。

你还可以让那些已经学会如何完成这项任务的人，或者正在努力学习的人也参与进来。他们可以帮忙找出任务难以完成的原因，并可能扭转主题内容专家或客户把每个问题都当作知识问题解决的倾向。

如果此时无法邀请到上述人员，你也可以随后安排另外的会议邀请他们参加。但是，最好邀请主题内容专家和客户参会听取他们的想法。

○ 需要花费的时长

假设你有 5~10 个行动需要考虑，完成这一步骤可能需要一到两小时。你可以将每一行动的讨论时间限制在 10 分钟以内，除非对某一行动的讨论明显有助于揭示主要问题。

○ 你将用到的工具

你将使用如下所示的流程图。请从 www.map-it-book.com 下载完整版本。

○ 本步骤很重要的原因

借助这一步，你将认清员工与项目目标之间的障碍，并集思广益地讨论消除障碍的方法。只有当培训确实有帮助时，你才能承诺设计培训，并且培训要基于对问题的深入理解。你还需要针对问题的其他方面推荐更有效的非培训解决方案。

○ 切记：不要跳过这一步！

我发现一些设计师会跳过这一步。但你千万别加入他们！

这是最重要的一步！如果你跳过这一步，不假思索地同意客户的观点，将培训视作唯一的解决方案，你就会浪费大量的金钱和时间。而且，这些浪费的时间大部分都是你自己的时间，因为你注定设计出不需要的培训。你也注定成为一个接单员。

另外，如果跳过这一步，你还可能偏离之前设定的目标。这是因为，如果你没有认清并消除实现目标道路上的阻碍，也就无法实现目标，也就找不到有效的方法衡量你努力工作的效果。

所以，真的不要跳过这一步。完成了这一步，你不需要花太多的时间就能成为一位既能节省金钱又能解决问题的英雄。

培训真的是问题的答案吗?
凯西·摩尔
第 2 版，2013 年 5 月
请参阅 cathy-moore.com 上的说明和更多其他内容

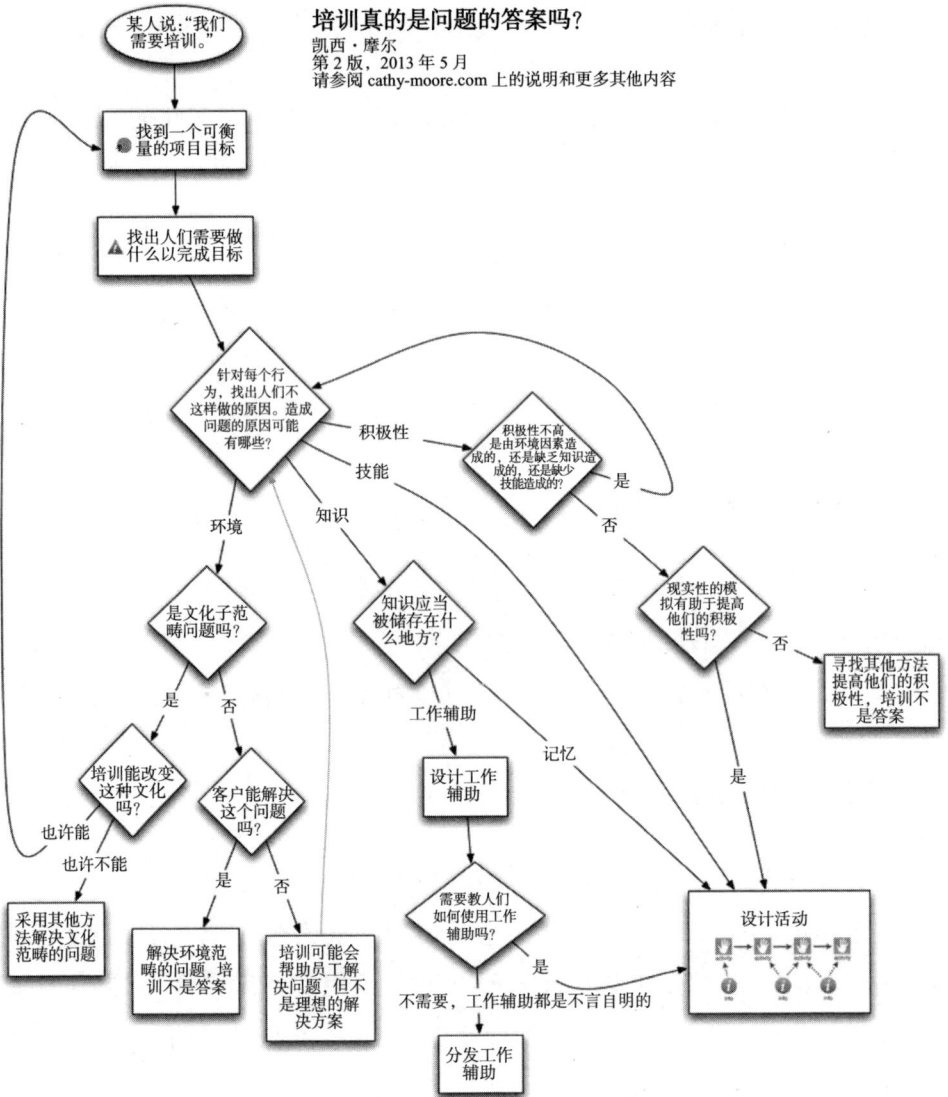

某人说:"我们需要培训。"

找到一个可衡量的项目目标

找出人们需要做什么以完成目标

针对每个行为，找出人们不这样做的原因。造成问题的原因可能有哪些?

积极性

技能

积极性不高是由环境因素造成的，还是缺乏知识造成的，还是缺少技能造成的?

是

否

环境

知识

现实性的模拟有助于提高他们的积极性吗?

否

寻找其他方法提高他们的积极性，培训不是答案

是文化子范畴问题吗?

知识应当被储存在什么地方?

是

否

工作辅助

记忆

培训能改变这种文化吗?

客户能解决这个问题吗?

设计工作辅助

也许能

也许不能

是

否

采用其他方法解决文化范畴的问题

解决环境范畴的问题，培训不是答案

培训可能会帮助员工解决问题，但不是理想的解决方案

需要教人们如何使用工作辅助吗?

设计活动

不需要，工作辅助都是不言自明的

是

分发工作辅助

　　最后，如果某人教你的行动导图模型不包含这一步，那么，他教给你的就不是完整的模型。没有经过这一步而绘制的导图就不能称为行动导图，只能说是在思维导图中排列了一些内容。如果你在打着"行动导图模型"旗号的会议或课堂上没有学到这一步，你学到的就不是真正的行动导图模型，而是"如何使用思维导图设计可能无用的培训"。

→ **"但是我不需要这一步，因为我要培训的是全新的内容。"**

如果需要帮助人们做一些他们从未做过的事情，你就会认为自己不需要经过这一步。

例如，当你需要向人们展示如何修理一种全新的、从未见过的插件加速器时，你可能会认为"他们为什么不做应做之事"的唯一答案是"他们不知道怎么做，因为这是全新的插件"。那么，培训当然是唯一的解决方案。

但是你不能就这么轻易地决定跳过这一步。你需要换一种方式提问，不要再问"他们为什么不做应做之事"，而是问"是什么让这件事情做起来有困难"。

你的目标是找出当前的和潜在的绩效障碍。即使当前的障碍看起来是人们不知道如何修理全新的插件，但是还有更多潜在的障碍在工作过程中等着他们。你需要现在就找出这些潜在的障碍，并决定如何处理它们，因为你的目标归根结底是改善绩效，而不是设计培训。

○ 1. 准备好问各种各样的"为什么"

你需要采取的策略很简单：对于每个高优先级行动，不停地问"为什么"，直到你找到问题的真正原因。别担心，流程图会提醒你该问些什么。

通常情况下，你不会勉强接受第一个答案，因为它往往不是真正的答案。例如，客户说他们希望减少违反道德规范的行为，并就此开展一次培训。培训的目标受众是店长，而最高优先级行动是"提交准确的绩效报告"。目前存在的问题是，很多店长会伪造报告，这些伪造的报告中声称的绩效要优于实际的绩效。下面，我们就针对最高优先级行动开始提问。

问：为什么店长要伪造报告？

答：因为他们想让报告看起来更漂亮，而不想说实话。

如果我们就此打住并接受这个答案，会发生什么呢？我们会认为，店长需要接受某种起纠正作用的信息，如"说实话比提交令人印象深刻的数据更重要"。这很容易催生出关于道德规范的培训。

但是，我们不能就此打住，还要继续问"为什么"。

问：他们为什么为了让报告看起来更漂亮而撒谎？

答：因为他们认为最重要的目标是完成配额，就算不能完成也要想办法看似完成了。

问：为什么他们不能完成配额？

答：我们有多种配额，且同等重要。

问：为什么不能减少配额？

答：每个领导都有自己喜欢的配额，政治上不可能削减任何一个。

问：为什么店长不寻求帮助而是提交虚假报告呢？

答：老板希望他们能自己解决自己的问题。如果他们向老板求助，可能只会听到老板说，"别傻了。完成配额就行了"。

这时，你还认为店长需要道德培训吗？如果培训真的有助于解决这个问题，那么又是谁需要培训？是提交报告的店长，还是那些说"完成配额就行了"的老板，又或者是其他人？

这是行动导图中最强大的一步，因为它可以将一个看似"简单"的问题抽丝剥茧，进而揭示出更多、更大的问题。你终将彻头彻尾地改变项目，并对人们的生活产生真正的影响。

○ 2. 考虑设定一个"人物角色"

到目前为止，你所进行的讨论应该已经揭示了很多关于项目受众的信息，包括他们的角色和任务。现在，你可以考虑帮助客户和主题内容专家设定一个"人物角色"，这是一个虚构的角色，代表典型的任务执行者或未来学员。

例如，我们一个项目的服务对象是美国的政府工作人员，他们需要一套更快捷的索赔处理流程，这样那些向该机构申请经济帮助的人就可以按时拿到钱。我们帮助客户设定了一个虚构的角色来代表典型的执行者。

我们给这个虚构的角色取名帕蒂，她是一名母语为英语的女性，47岁，大专学历，丈夫在邮局工作，家里还有两名学龄儿童。她毕业后一直在政府部门工作，经常与申请经济帮助的人打交道。她更喜欢与申请人面谈，但面谈结束后往往不能及时完成数据输入任务，还时常抱怨数据库的可用性差。

我们之所以赋予帕蒂这些特征，是因为大多数政府部门工作人员身上都有这些特征。这里，我们用帕蒂代指政府部门工作人员这一类人。我们可能会问："怎样才能让帕蒂更喜欢输入数据呢？是让数据输入程序的某一部分变得更加自动化，还是减少重复输入的情况？"

设定"人物角色"的过程中，请你寻找以下问题的答案：

- 他们对需要改进的工作行为有多少经验？
- 他们对工作的这一方面有何看法？为什么？
- 他们对以前解决问题的尝试有何反应？
- 他们的工作地点在哪里？他们和其他时区的同事一起工作吗？
- 是否存在任何文化方面的考虑，如偏爱个人工作，还是集体工作？

○ 3. 选择一个高优先级行动，并确保其具体性

每个高优先级行动都要经过一个讨论的过程。你不需要花很长时间——每个行动大约 10 分钟，但回报巨大。你可以找到能够快速实施的非培训解决方案，还可以开始构思具有挑战性的活动。

现在，选择一个利益相关者讨论得出的高优先级行动。这一行动应该是可以造成严重后果的行动，或者是客户明确表示关心的行动。你应当确保行动的具体性，也就是说，选择"让客户在 X 程序的步骤 3 中识别 A"这样的行动，而不像"遵循 X 程序"这样宽泛的行动，因为你从后者得不到任何有用的信息。

→ 举例说明

假设一家房屋建筑公司希望减少客户投诉。这家公司的工人需要完成的工作之一是浇筑地基和板坯，而客户抱怨板坯有裂缝且表面粗糙。

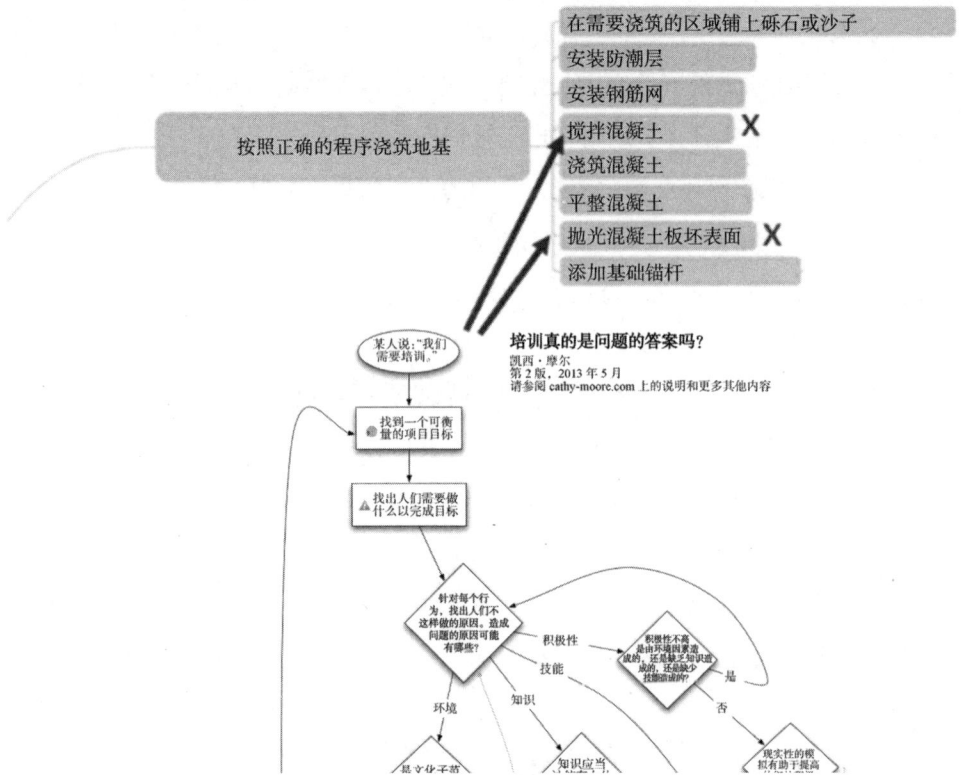

首先，我们将"浇筑地基"这一行动分解成多个子行动，并对这些子行动进行优先级排序，确定两个最容易造成麻烦的子行动：工人没有根据具体情况按照正确的比例混合水泥；他们没有做好板坯表面的抛光处理。这两个子行动都会导致板坯出现裂缝且表面粗糙。

我们只需要分析程序中的这两个步骤，因为这两个步骤是造成问题的主要原因，对我们解决问题极其重要。

所以，我们需要问的问题是："为什么人们不使用适应天气和板坯类型的混合料呢？他们不知道正确的配比吗？是公司一开始就没有提供正确的原料，还是公司没有在施工进度表中留出足够的时间来应对天气原因造成的延误，才让他们不停赶工，忽略了混凝土的质量，或者在天气条件不佳的情况下混合原料？"

这些问题能让我们得到更多有用的信息，而这些信息不可能通过研究"遵循程序"这一空泛的行动而得到。

→ 不要就整个项目提问

不要就整个项目提出"他们为什么不做应做之事"这样的问题。因为这个问题过于宽泛，不能帮你找到有用的解决方案。相反地，你要找出 5~6 个造成主要问题的行动或者子行动，并且为每个行动绘制流程图。

○ 4. 决定采用哪种方式：指导式或开放式

你可以要求客户和主题内容专家分四个范畴考虑"问题"，分别是环境（工具和文化）、知识、技能和积极性。

你需要决定的是指导他们一次只关注一个范畴，还是对他们的建议持开放态度。

指导的方式是这样的："让我们先看看环境范畴。"而开放的方式是这样的："为什么人们不做 X？是他们用的工具有问题，还是他们承受着很大的压力，又或者他们只是不知道如何做？"

→ 如果人们看起来专注于知识，就采用指导的方式

如果参会的任一利益相关者似乎已经得出结论：人们没有执行行动 X 仅仅是因为"他们不知道如何做"或"他们不知道任何更好的方法"，你可以采取指导的方式。你要做的工作是控制最先排查的范畴，但一定不是知识范畴。

以下是一些沉迷于知识的人的表征：

- 他们想编写一个基于"理解"或课程完成情况的目标。
- 他们提出行动时，往往会用到"定义"或"描述"这样的测试动词。
- 他们不会用观察类的术语去描述一个行动；他们只会用抽象的语言描述，让人们记在脑海里。

如果你不采用指导的方式，那么利益相关者会直接聚焦知识范畴，并且很可能草率地得出结论：问题完全是由信息的缺乏造成的，只要把信息输入人们的大脑就能解决问题。

相反地，你要指导他们先从环境范畴开始排查，帮助他们打开思路，寻找其

他可能的解决方案。

> **→ 如果人们看起来想要谈论的不仅是知识，就采用开放的方式**

如果利益相关者一直在谈论人们需要做什么（而不是需要知道什么），并且提到了可能使他们失败的工具、可能过于复杂的过程以及情感或文化压力，那么你可以采取开放的方式。你可以让他们回答你的问题，通过问题暗示他们先从哪个范畴开始排查原因。

如果利益相关者：

- 轻松地制定了一个可观察、可衡量的目标；
- 列出了可观察的行动，而不是描述了知识；
- 就工作中存在的知识问题做出了这样的评论："他们应该使用工作辅助 X，但现有的工作辅助简直乱七八糟，不知所云。"

你就可以放心地采用开放的方式。

以下操作指南使用的是指导的方式。有关开放式的示例，请参阅本章末尾。

○ 5. 引入流程图

投映或打印流程图。

你需要提醒人们你正在关注的行动，并让他们思考缘于四个范畴中任一范畴的问题如何影响行动的执行。在你比照每一范畴排查问题的过程中，在场的每个人都会想到解决问题的方法。注意：一次只排查一个范畴。

通常，来自几个范畴的障碍会同时影响一个行动，但通常可以确定哪个范畴的障碍造成的麻烦最大。确定范畴将有助于确定培训是否将成为解决方案的一部分，同时发现其他解决方案。

下面展示了这部分流程图如何开始绘制。环境、知识、技能和积极性四个范畴都要出现在图上。

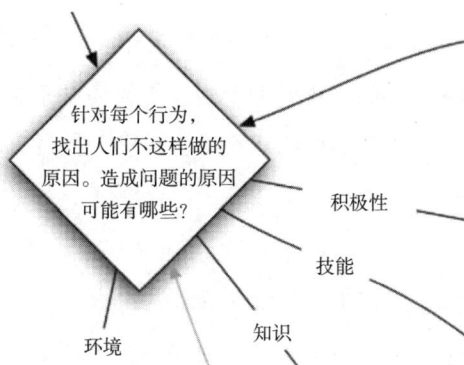

针对每个行为,
找出人们不这样做的
原因。造成问题的原因
可能有哪些?

积极性

技能

知识

环境

○ 6. 从环境范畴开始（指导式）

你需要提醒人们你正在谈论的行动,并问他们:"在工作环境或组织文化中是否存在某些因素阻碍人们很好地执行这一行动? "

环境范畴是一个很大的范畴,包括以下内容:

- 工具缺失或工具性能差;
- 缺乏管理层的支持;
- 缺乏对正确行事的激励或对错误行事的惩罚;
- 生理上具有挑战性的环境,如嘈杂的工作场所;
- 心理上具有挑战性的环境,如必须与让人心烦的人打交道;
- 与组织文化有关的问题,如同事背后捅刀或囤积信息;
- 糟糕的录用决定,如招聘人员不符合岗位要求。

→ 环境范畴问题示例

- **工具性能差**。就算我知道关于维护插件的知识,并且掌握了维护插件的技能,如果插件维护工具又老又锈,我还是无法达到要求的维护标准。
- **难以应用的信息**。如果插件维护手册晦涩难懂,我将按照自己的理解对插件进行维护,也就有可能没有遵照正确的维护程序。
- **压力和文化**。如果公司要求我在短时间内维护大量插件,那么我会感到压力巨大,很可能把工作搞砸。但是我的老板估计不会听我倾诉压力,因为

"男子气概"是公司的文化，而"把事情做好"则是公司的非官方座右铭。

- **做得好反而受惩罚**。如果我成了一名优秀的插件维护员，并且老板把我的成绩看在了眼里，他就很可能让我维护更多的插件，做这样无聊的重复性工作简直就是在惩罚我。如果我的同事看到了这样的情形，他们就不会尽力维护好插件了。

- **信息囤积**。如果我找到了一个维护插件的好办法，并因此受到奖励，我可能就不愿意教同事这一办法了，因为在一个机构中，囤积的信息越多掌握的权力也就越大。

- **错误的岗位人选**。我可能真的不适合做插件维护的工作。我其实想在公司里做一份市场营销的工作，但最终被雇来维护插件，人力资源部门其实选错人了。

→ 提出的问题

- 人们有合适的工具来完成任务吗？

- 他们有足够的时间把任务完成好吗？如果没有，我们能给他们更多的时间吗？如果不能，我们能降低要求的绩效标准吗？

- 人们完成任务所需的信息在哪里？这些信息容易找到、方便应用吗？是最新的信息吗？

- 当一些人出色地完成任务时会发生什么？是被老板奖赏、惩罚，还是忽视？根据老板的态度，同事又会做什么？

- 当一些人任务完成得很差时会发生什么？有人会纠正他们的错误吗？同事会为他们打掩护吗？

- 人们完成任务的环境中是否存在生理上的挑战？是否有噪音？是否有其他干扰因素？

- 人们完成任务时的心理状态如何？是否感到压力、恐惧或焦虑？是否可以采取措施减轻他们的心理负担？如果可以，又该如何减轻？

- 公司是否存在一种"完成就行了"的文化，对那些在困境中挣扎的员工缺乏耐心，或者让员工因寻求帮助而产生心理负担？

- 企业文化是褒奖那些成为独行侠的专家，还是鼓励员工分享信息？
- 如果环境因素是一个行动没有被正确执行的主要原因，那么我们可以采取措施直接排除这一因素的干扰吗？还是需要帮助人们找到变通之法？
- 对于全新的行动，是否可以在工作场所做出一些改变，使之更易于实施？

→ 心理上难以应付的情况

忽视一项任务的心理挑战是一种常见的错误。最典型的心理挑战就是应付心烦意乱的客户。这做起来一点都不容易，因为员工不仅要让别人冷静下来，还必须控制好自己的反应。

遇到这样的情况，有些人选择不接客户的话，单方面终止对话；有些人会把不同意见看成对个人的侮辱，并把讨论升级；还有些人会变成焦虑的取悦者，让步太多。你只有了解员工究竟是何反应，才能帮助他们控制好自己的反应。

即使表面上平淡无奇的工作，如填写一份报告，也可能受情绪左右。我的插件维护进度报告会让我长脸，还是让我蒙羞？我应该修改一下让自己看起来更称职吗？这两个问句反映的都是人们填写报告时的心理状态。

你应当劝说客户和主题内容专家考虑一下完成任务的心理状态，试着让那些看起来会引发错误决定的共同信念或情感反应浮出水面，此外，还需要考虑文化的影响。

→ 文化问题

每个组织都有自己独特的文化，它可以塑造员工的行为，也可能导致绩效问题。但是，"文化"究竟指的是什么呢？

分析世界上某一文化的方法之一是确定影响行为的心理模型。例如，一种文化认为，"每个人都应该追求他想要的"，而另一种文化认为，"群体的愿望比群体内部某一成员的愿望更重要"。这两个不同的观念分别影响了身处对应文化的人们的决定。

组织内部的微观文化也是如此。你试图解决的问题也可能受到观念的影响，而这些观念是组织文化的一部分。

举个例子，假设插件缺陷过多造成了重复销售差的问题。这一问题可能牵涉多个责任方，从设计师到制造商和发货人，再到客户支持代表（他们应当持续报告收到的普遍性投诉）。

每个责任方都需要就一些问题做出相应的决定。例如，应该更深入地研究插件吗？应该提出这个可能出现的小问题吗？为了做出更好的插件，应该分享自己的想法吗？

请思考下列组织内部存在的观念会如何影响人们的决定。

- "我们靠低价取胜。我们几乎没有盈利，所以资金紧张。"
- "我们的插件设计师是业内最好的。他们可谓插件之神，其专业知识不容置疑。"
- "效率是一切。我们流程就像时钟一样精确，无法改变。"
- "你要么支持我们，要么反对我们。任何改进建议都将被视为态度不端人员发出的抱怨。"
- "我们的插件只是一种商品。它们在世界上起不到举足轻重的作用。"

→ **是羊？是虎？**

当绘制流程图的环境范畴分支时，你肯定会提出一些问题，请注意你得到的答案类型。下面，领导力顾问弗雷德·科夫曼给出了两种类型的回答。你得到的是哪种呢？

一只羊和一只老虎来到办公室，浑身上下湿漉漉的。同事问："你们怎么湿漉漉的？"

羊说："因为下雨了。"

老虎说："因为我没有带伞。"

故事中的羊和老虎都受制于"下雨"这一事实。现实生活中，我们也都受制于无法控制的力量。问题是，这些力量是控制你的决定因素，还是你做决定时考虑的信息？

——摘自弗雷德·科夫曼（Fred Kofman）2014 年在危地马拉城马里奥金大

学（Universidad Francisco Marroquín）发表的演讲；由凯西·摩尔翻译

你得到的答案跟故事中"羊"的回答类似吗？如果类似，试着换种方式表述，以揭示已经做出的决定。回到上面的例子，我们可以再问"羊"一个问题，例如，"你可以做什么让自己不被淋湿吗？"

对于简单的反应式回答，如"给我的密封垫有缺陷"或"软件不好用"，还需要提出后续问题。例如，为什么买了有缺陷的密封垫？为什么向用户提供了不利于他们使用的软件？也就是说，通过简单的反应式回答，我们得到了"正在做的决定是什么"的答案，通过后续问题，我们希望得到"为什么要做这些决定"的答案。

→ 但是，学习和发展部能解决文化问题吗

我们也许无法扭转一种有问题的文化，但找出那些影响人们决策方式的观念也可以起到一定的作用。随着这些观念浮出水面，我们可以对其发出挑战，从而从根源上改变它们。

这就是为何在应用行动导图之前，我让你埋头苦读有关行业普遍心态内容的原因。我认为，影响我们设计工作的最大因素是对学校模式的盲从。问题主要出在文化上，而不是技能或知识上。

→ 环境将如何影响解决方案的成功实施

对于环境范畴，你需要考虑环境问题如何帮助或阻碍实施你认为必要的任何解决方案。即使环境范畴中没有任何一种因素导致问题的产生，你也需要考虑是否存在任何一种因素阻碍解决方案的实施，工作环境将如何支持或干扰你试图激发的新行为，管理者应该做什么，哪些改变可能是必需的。

　　这里的重要教训是，如果你想改变一些人的行为，他们所处的环境就必须像一台维持生命的机器一样支持他们形成和发展新的、预期的行为……这就是为什么研究发展活动（如辅导和培训）有效性的专家一致认为，与培训、发展讲习班或辅导的质量相比，环境因素（辅导或培训教室之外发生的一切）对于

实现行为的改变更重要，这也是专家得出的最一致的结论之一。

——摘自尼克·金利（Nik Kinley）和什洛莫·本·胡尔（Shlomo Ben Hur）所著的《改变员工行为：管理者实用指南》（*Changing Employee Behavior: A Practical Guide for Managers*）（2015 版）

→ 不要跳过这一分支

任何一种绩效问题都无法逃脱环境因素的影响，解决这些环境因素就可以大大减少培训的需求。例如，通常情况下，一个工作辅助或更容易使用的手册就可以解决绩效问题，根本不需要培训，所以你给出的解决方案应当是设计新的工作辅助或修改原有的工作辅助。按照同样的思路，你很可能会发现客户找出的其他问题也很容易解决。这就是为什么我说从环境范畴开始找问题是个好主意。

有些时候，解决环境问题并不会这么容易，所以你需要变通方法来解决问题。例如，公司要求员工快速地维护插件，而且这一要求无法更改，那么你的解决方案就是帮助员工以最快的速度维护插件并达到可接受的标准，而不是完美的标准。除了告诉他们如何快速地完成任务，你还需要找出工作场所中任何造成插件维护缓慢的问题。这时，任何将插件维护当作一门艺术并追求完美的解决方案，都将失败。

○ 7. 在导图上添加注释和想法

请在导图上添加注释，标出你计划如何处理每个行动。如果使用的是思维导图软件，你就有足够的空间来记录人们不执行某一行动的原因。

下面是我使用行动导图模型解决培训问题的示例。对于每个高优先级行动，我都插入了文本框，并添加了注释。

你会注意到图中有很多个 E，它们都代表环境范畴的问题。在这一案例中，这些问题又大多可以归到文化子范畴里。S 和 K 则分别表示技能和知识问题。图中还偶尔出现了代表积极性的 M，但我将其归咎于文化压力和教学设计项目准备不足，并不是纯粹的积极性问题。

E：学校心态主导整个培训行业：培训=信息转移

E：将"学习"定义为内容吸收。将大部分精力放在分配信息上，仅留少部分精力放在分配练习上

E：雇主和教学设计师认为培训=活动和评价=知识评估

E：雇主投资了支持课程和可追踪内容的工具

对你个人的培训假设提出质疑

E：客户和组织认为教学设计师的工作是"设计出我想到的东西"

E：组织文化不鼓励找出问题的根源，只鼓励开设一门关于问题的课程

S，K：教学设计培训不包括咨询、调查投资回报率、关键绩效指标和一般业务

E，K：教学设计师（往往还有客户）不知道组织衡量的是什么

M：由于缺乏技巧以及受到文化压力的影响，教学设计师不愿意主持讨论

M，E：教学设计师之所以设计课程，是因为他们喜欢让信息变得更容易理解，而不是因为他们喜欢分析和解决问题

致力于解决问题，而不是传递内容

从一开始就主导讨论，避免让人们认为你在设计课程或培训事件，也不要让人觉得你在进行信息转储

在讨论"他们为什么不这样做"或者"是什么让这难以做到"时，参会的其他人员应该想到一些非培训解决方案，你也可以将其添加到导图中。接下来介绍的是我如何做到上面提到的"主导讨论"这一行动。

"是什么让这难以做到"引出了一个具体的子行动，这将有助于设计师处理环境问题。理想条件下，这个提问还可以引出其他一些想法，告诉领导层和人力资源部门做什么可以让"主导讨论"这一行动更容易实施。

E：客户和组织认为教学设计师的工作是"设计出我想到的东西"

E：组织文化不鼓励找出问题的根源，只鼓励开设一门关于问题的课程

S，K：教学设计培训不包括咨询、调查投资回报率、关键绩效指标和一般业务

E，K：教学设计师（往往还有客户）不知道组织衡量的是什么

M：由于缺乏技巧以及受到文化压力的影响，教学设计师不愿意主持讨论

M，E：教学设计师之所以设计课程，是因为他们喜欢让信息变得更容易理解，而不是因为他们喜欢分析和解决问题

初次讨论一定要简短，讨论的重点要放在绩效问题上，而不是假设解决方案上。不要承诺交付客户所假定的解决方案。初次讨论的目标是安排随后的启动会议。

领导层：找出管理者假定开设一门关于问题的课程就能解决问题的原因，为找到问题的根源提供帮助

学习和发展部门的领导：明确设计师的工作是帮助解决绩效问题，而不是"将内容变成课程"

人力资源部门：聘请能够就问题给出意见、提出解决方案的设计师，有商业经验或兴趣者优先

由于你提出的"是什么让这难以做到"这一问题只针对高优先级行动，因此在你绘制的导图里，对一些行动需要添加此类注释，对另一些则不需要。

○ 8. 针对技能、知识和积极性，提出相应的问题

基于指导的方式，你从环境范畴开始比照，让客户和主题内容专家思考学员

的工作环境。前者可能一度过于关注应该往学员的大脑中输入什么信息，而你弱化了这种关注。

假使现在你让他们讨论信息输入的有关事宜，由于他们之前已经思考了环境范畴的因素可能造成的问题，因此他们可能更想研究一下工作场所的何种改变有助于解决这些问题。

→ 技能

如有必要，请解释"技能"一词，即完成一项涉及物、人或想法的任务的能力。常言道，"熟能生巧"，练习得越多，技能也就越强。

有些人会把认知技能和知识混为一谈。例如，西班牙语学员需要知道正式和非正式的人称代词"你"与动词连用时使用的句型，但仅仅知道规则（也就是知识）是不够的。他们还需要在每次对话时，根据自身与对话人的关系快速地选择相应正式度的人称代词，并且迅速匹配正确的动词，最终说出正确的句子。因此，只知道公式远远不够，他们还需要在现实世界中进行大量的实践，也就是提高认知技能。

需要提出的问题：

- 人们是否缺乏正确执行某一行动所要求的心理或身体技能？
- 这个任务是否让他们感到棘手或完成起来手忙脚乱？
- 即便他们最终完成了任务，但还是存在速度不够快或操作不够流畅的情况吗？他们在遇到工作难题时会打退堂鼓吗？
- 通过练习，他们的技能提高了吗？
- 发展一些元认知技能（如承认并管理自己的情绪）对他们自身有帮助吗？
- 人们能否在工作过程中培养必要的技能？例如，他们是否能在不造成严重损害的情况下练习技能并尝试犯错，还是应该在禁止试错的前提下练习技能？

示例

虽然我知道维护插件的相关知识，但是实际操作起来还是手忙脚乱，不是把插件弄掉，就是拿工具的姿势不对，这说明问题出在了技能上，我需要提升技能。

虽然当客户打电话给我抱怨插件没有维护好时，我应该采取"主动倾听"的应对方式，并且我知道"主动倾听"的定义是什么，还能够在测试中描述它，但我仍然需要在此类对话中练习"主动倾听"，否则我只会尴尬地结结巴巴，答非所问。我需要发展一种技能，而不仅是学习知识。

不断地问"为什么"

即使缺乏技能明显是造成问题的一个方面，你也要不停止地问"为什么"。例如，为什么我们雇用的插件维护人员不能维护好插件？是我们招错人了吗？如果是，我们又为什么会招错人呢？（重新回到环境）

→ **知识**

大多数找你设计"课程"的人都会认为缺乏知识是造成问题的唯一原因。因此，你要不断地问"为什么"，才能发现事情是否真的如此简单。

需要提出的问题：

- 人们知道自己应该执行某一行动吗？他们知道如何执行吗？
- 虽然人们知道如何执行，但知道执行到何种程度才算执行得好吗？
- 他们知道为什么要这么做吗？知道自己的工作质量将如何影响同事或客户吗？
- 是否存在这样的情况：人们认为自己知道某一信息，但其实这一信息是错误的？
- 是否存在这样的情况：人们确实知道应当知道的信息，但未能应用到实际工作中？那为什么会出现这样的情况呢？
- 如果他们不知道一些知识，是什么原因造成的呢？是因为没有认真阅读工作手册吗？如果是，为什么没有认真阅读？是因为手册晦涩难懂，还是因为手册不方便拿取？

- 他们以前是否"学"过要求其知道的信息？如果学过，为什么教学不起作用？
- 他们知道这些信息之后，是否有能力应用这些信息？

你要不断地问"为什么"，直到确信自己找到了问题的根源。你很可能最后还是回到导图中的环境分支，因为许多"知识"问题可以通过改进资源或改善沟通来解决。当利益相关者意识到仅仅在人们的大脑中输入信息还不够时，你可能还要重新回到技能分支，做出相应的分析。

使用工作辅助往往可以减少培训

如果工作辅助较为简单，包含的信息可以以 PDF 格式发布，或者作为手机上的参考提供，或者通过帮助屏幕发送，通常就不需要进行培训活动了。你只需设计信息，并通过让一些未来学员进行测试来确保工作辅助上的信息不言自明，你的工作就完成了。

如果工作辅助较为复杂，你最终还要设计活动。但是，这些活动不是记忆训练，而是旨在帮助人们使用工作辅助的练习活动。

记忆知识还是使用工作辅助

如果缺乏知识看起来真的是造成问题的原因，主题内容专家往往会认为知识应当被记住，而不是体现在工作辅助或其他资源上。作为专家，他们都将知识储存在了自己的大脑中，因而也就认为其他人也应当把知识储存在大脑中。但是，初学者真的需要像专家那样记忆知识吗？

下面是一幅小的流程图，当你和一位乐于记忆的主题内容专家讨论问题时可能会用到。这幅流程图将帮助你确定人们是否真的需要记住信息才能完成任务。

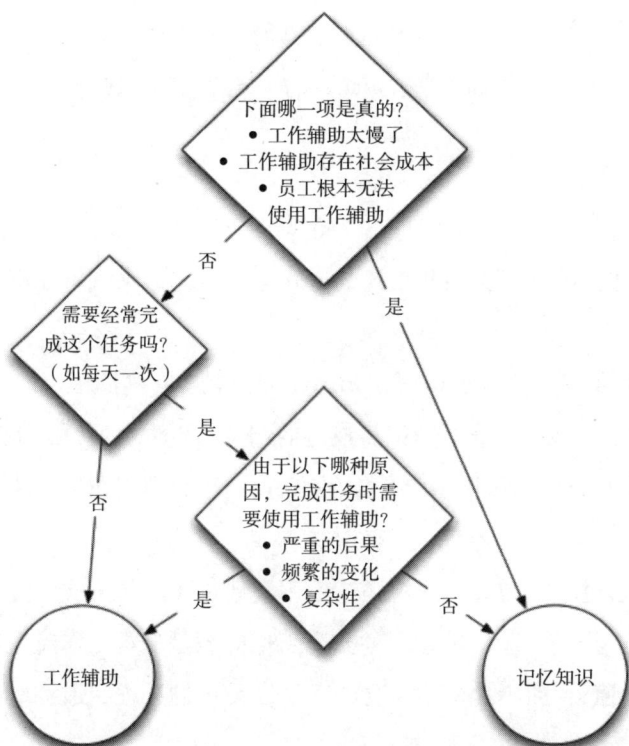

流程图上第一个问题的第二个选项提到了使用工作辅助的社会成本的问题。这里的社会成本指的是使用工作辅助对一个人的可靠性或可信度的影响。

举个例子，假设你去一位骨科医生那里就诊，你说："医生，我膝盖疼，早上和爬楼梯的时候最疼。"

医生说："稍等。我需要查查资料。"

这时，你会怎么看这位医生呢？（你会觉得这个医生不靠谱。）这就是医生依赖工作辅助的社会成本。

第三个选项"员工根本无法使用工作辅助"指的是他们忙于完成任务无暇参考工作辅助。

例如，在对病人实施 CPR 的过程中，急救人员根本无暇比照检查清单，逐一完成操作。

第三个问题的一个选项涉及了某个经常完成的任务是否会产生严重后果的问题。如果是，你则需要使用工作辅助。一个典型的例子就是机组人员起飞前需要完成的一整套起飞程序。他们每天都需要多次重复完成同样的程序，但是依然需要勾画检查清单，这是因为遗漏清单上的任一步骤都会对整个飞机的所有人员造成致命的后果。

让人们分享工作

如果某一机构鼓励员工以非正式的方式分享工作，你就可以将"培训"从图中移除。

在《展示你的工作》（*Show Your Work*）（2014 版）一书中，简·博扎斯（Jane Bozarth）给出了许多员工分享知识和技能的例子，更重要的是，她还举例说明了这样一个过程："我在做这件事时是如何思考的。"分享正在进行的工作，展示其如何完成，比仅仅展示最终产品更有用。

人们可以通过发表博文、短视频或使用其他快速、非正式的方法来分享他们的工作。这种分享应该越简单越好。"分享工作应该是日常工作流程的一个有机组成部分，"简写道，"而不是一个独立的、过度设计的过程，最终反而变成了加大工作量的行为。"

一些可用的方法包括：

- 制作一条短视频，让最优秀的员工展示如何完成任务，同时大声说出自己的想法；
- 使用简单的技术，如 Skype 视频通话，让专家和新手取得联系；
- 帮助人们总结经验教训；
- 找到一种合适的工具，让人们能够方便地分享有关如何操作的信息和技巧。

分享工作中出现的错误尤其有用。举个例子，假设你的客户已经进行了事后评估，或者收集了一些人的经验，你就可以将这些评估和经验分享给更多的员工，这样其他人就可以从少数人的失误中吸取教训。

这些教训也为更正规的训练活动提供了丰富的素材。例如，我们曾经和美国陆军一起做过一个项目，接触了一系列战场上发生的短篇故事，我们称这些故事为"关键事件"。每个事件都是真实的事件，参与其中的士兵对事件的处理也有好坏之分。

我们借用其中的一些事件创建了分支场景。在这些场景中，学员面对的挑战与事件中发生过的相同，给出的选项也包含了士兵在战场上做出的好的或坏的决定。

目标应当是可接受的绩效，而不是专业知识

最后，你要提醒主题内容专家，人们在完成任务时只需要达到一个可接受的水平，而不需要跟主题内容专家一样，达到专业级的水平。完成可接受的绩效同样可以帮助组织达成目标。

如果不想说得这么直白，你还可以找出一个任务完成得不错但还没有达到专家级别的员工当作榜样，然后对参会者说："我们需要更多像索尼娅这样的人，她并没有去记忆 X，依然做得很好，所以我们不需要让其他人都记忆这方面的信息。"

→ 积极性

我其实并不喜欢这一范畴，但还是把它包括在内，是因为我经常听到有人说："哦，他们其实能做到的，只是不想做而已。"言下之意就是，出现问题是他们的错，而不是我们的错。

嗯，真的是这样吗？

即使乍一看似乎是"积极性不高"阻碍了人们执行待执行的行动，你还是需要比照其他的范畴查找原因。积极性不高通常是知识、技能或环境问题产生的副作用。

知识和技能对积极性的影响

如果我不知道如何维护插件，或者维护技能很差，我就不想做维护工作。我会拖延懈怠，挑三拣四地维护几个，但做得又慢又差，还会向同事抱怨。

环境对积极性的影响

工具性能差、管理不善以及其他环境问题都可能是导致"积极性不高"的重要原因。

- **工具性能差**。如果维修工具又老又锈，我就不想用了。
- **没有大局观**。如果我一直闭门造车，看不到插件会对用户产生什么影响，我的领导也从来没有提到过，我也就不在乎插件维护得好坏了。
- **做得好反而受惩罚**。如果看到同事因为发展技能而受到惩罚，我就不会表现出任何发展自己技能的兴趣。
- **没有回报**。如果出现这样的情况——无论把插件维护得多好，我都得不到更多的职权、自主权或认可，我就没有任何理由提升技能。
- **价值冲突**。如果组织不具备我所关心的价值观，我就不会通过维护好插件的方式为组织的建设添砖加瓦。
- **没有话语权**。如果提出了一个更好的方法来维护插件，但被忽略了，我就会质疑继续工作的必要性。
- **反成就文化**。如果整个组织弥漫着怨恨文化的气息，我的同事都像水桶里的螃蟹一样，把彼此往下拉，我就不会表现出任何积极性，因为积极性会让我被人疏远，甚至遭受攻击。

有时，"积极性不高"可以被轻而易举地解决，往往出乎人们所料。例如，如果人们还未发现自己的工作会对他人产生哪些影响，你可以花 5 分钟的时间帮助他们找出答案。

2007 年，密歇根大学进行了一项研究，研究人员让付费电话中心的工作人员与获得过奖学金的学生进行了 5 分钟的交谈，了解这些学生在学校过去的筹款活动中得到了哪些直接的帮助，然后让工作人员给潜在的捐款者打电话。尽管工作人员与奖学金的受益者（学生）之间的互动是短暂的，但产生的影响是深远的。一个月后，工作人员与捐款者的通话时间比研究前增加了 142%，获得的捐款也增加了 171%。

——摘自特雷西·梅利特（Tracy Maylett）和保罗·华纳（Paul Warner）所著的《魔法：开启员工敬业力量的五把钥匙》（*MAGIC: Five Keys to Unlock the Power of Employee Engagement*）（2014 版）

解决源头问题，提高积极性

如果"积极性不高"是由其他范畴的问题造成的，那么解决源头问题就应该能解决积极性问题。例如，如果给我一个全新的、用起来相当称手的维护工具，如果技能提升为我带来的是公司的认可以及相当有趣的新职责，积极性不高的情况就会神奇地消失。

如果你真的找不到导致积极性明显降低的任何其他原因，那么问题可能出在岗位人选安排不当上。此时，我会将这一情况归到"环境问题"下面，因为这属于人员和职位不匹配的问题。

需要提出的问题

- 如果人们看起来缺乏积极性，这可能是由什么原因造成的？是知识缺乏，技能薄弱，还是环境问题？（如有必要，请重新比照这些分支。）
- 如果积极性确实出了问题，那么激励措施对于提高积极性是否有帮助？（激励措施包括认可、更多的自主权、灵活的工作时间、更多的薪酬等。）
- 如果激励措施不可行，那么什么类型的信息可以激励人们？
- 这些信息最好通过培训传达，还是有更好的方式（通过领导层而不是培训师）？
- 向市场部寻求信息方面的帮助是否有助于问题解决？

9. 对于其他高优先级行动，重复上面的步骤

对于其他高优先级行动，重复上面的步骤。每个行动大约分配 10 分钟的讨论时间，除非发现了能引发大量讨论的主要问题。

10. 回顾导图并帮助客户查看解决方案

在会议过程中你一直在做笔记，也可能已经将注释添加到了行动导图上。当讨论完所有高优先级行动之后，你需要回过头来，带领客户和主题内容专家查看导图上的所有内容。

→ 指出可以减少或消除培训需求的快速解决方案

首先，指出可以减少或消除培训需求的想法，以及人们可以快速实施或监督的想法。这些想法可能包括：

- 全新的或改进的工作辅助，如提示表、软件中的帮助屏幕或墙上的标志；
- 改进流程，如移除不必要的步骤；
- 改进工具，如使表单更易于填写或使内部软件更易于使用；
- 整合现有内容，例如，给人们一定的时间让其在工作中熟悉现有视频，而不是创造新的视频材料；
- 对某一行动不予考虑，例如，当利益相关者意识到任务不是真正的问题或客户决定将任务外包时，相关行动就不在考虑范围之内了。

与客户和主题内容专家一起确定谁将负责监督每个改变以及预估实现某个改变可能需要花费的时间。

客户和主题内容专家本应自己发现这些解决方案减少或消除了培训需求，但是你也可以指出这一点，确保他们的确注意到了。

→ 指出可以减少或消除培训需求的缓慢变革

其次，查看那些更重大或更具政治挑战性且能减少培训需求的变革。例如，组织可能会：

- 建立激励制度，奖励更好的绩效；
- 通过调整项目的时间点来减少时间压力；
- 改善组织的局域网，以便更容易地找到问题的答案；
- 鼓励管理者提供特定类型的支持；
- 增加招聘流程中的筛选环节，以便招聘到更符合岗位要求的员工；
- 给员工布置"拓展"任务，让他们在无关紧要的情况下运用新技能或新知识并给予他们必要的支持；
- 让更有经验的同事为学员传授自身经验；
- 每周留出一些时间让更有经验的人指导他人；
- 将愿意答疑解惑的有经验员工的名单分发给大家；

- 发展实践群体，例如，同处一个在线聊天群的员工每月开一次面对面会议，分享知识和技巧；
- 向领导层建议，让他们引导公司文化朝着减少已发现问题的方向发展。

实施这些重大的变革可能是客户的责任，而不是你的责任。在理想情况下，客户自己想到了这些变革，因而他们对这些变革有一种主人翁意识，他们知道哪些变革有希望取得成功，并会着手启动变革。

→ 明确培训的作用

在理想情况下，你已经筛选出一些不需要培训就能执行的行动，因为它们已经通过上面列出的变革得以实施。对于剩下的任务，你要明确培训所起的作用，并指明这里的"培训"指的是实践活动，而不是信息展示。

总体来说：

- 如果你发现了一个真实的、确定的技能问题，培训可能是解决方案的一部分，特别是当培训可以让人们在安全的地方练习处理棘手问题的时候。
- 如果你发现了一个真实的、确定的知识问题，培训可能是解决方案的一部分。但是，工作辅助或其他简单的信息传输可能是更好的选择，尤其是当信息可以在需要的时间和地点被提供的时候。如果人们觉得很难将这些信息应用到实际工作中，培训则可以帮助人们练习如何使用工作辅助。
- 如果你发现了一个环境范畴的问题，请解决该问题。如果你或客户没有能力直接解决该问题，则可以考虑设计解决该问题的替代方案，这时，培训就可能发挥作用了。
- 如果你发现了一个涉及积极性的问题，请解决影响积极性的问题。除非培训能够解决扼杀积极性的知识或技能问题，否则它起不了太大的作用。

在上述案例中，我所说的"培训"都是指"以最有效方式进行的实践活动"，而不是"培训事件"，如一次性的讲习班或在线课程。你在后面的章节也会发现，我所倡导的从来都不是设计培训事件，而是培训活动。这些活动隶属于更大的解决方案，有些看似培训事件，有些则完全不是。

◯ 11. 以书面形式总结会议内容

会议结束后，你需要向参会者发送一封简明的电子邮件，总结发现的问题和将采取的行动。如有必要，整理导图，附带在电子邮件内。

你和其他参会者在讨论过程中可能确定了一些学习和发展部门无法实现的解决方案，你应该在总结中明确地说明这一点。你可以这样说："为了实现我们的目标，除了计划让学习和发展部门开发的培训，X 需要提供这些，Y 则需要做那些。"

如果客户方要求你提交一份正式的提案，你可以先发送会议总结，在活动模型开发完成以后，再编写正式的提案。然后还要按照第 14 章所述编写一份大纲，详细说明需要哪些类型的培训，需要哪些培训以外的解决方案，以及需要谁参与解决方案的实施。

◯ 开放式示例：格蕾丝和 TPS 记录

以上讲述的都是指导的方式：你指导客户和主题内容专家按照特定的顺序绘制流程图的各个分支。现在，让我们以开放的方式、按照相同的步骤来绘制流程图。

你可以在我的网站上找到关于本示例的视频。请点击 www.map-it-book.com 查看示例细节。

→ 与客户的初次会面

假设一位叫格蕾丝的客户找到我们，说："我们是一家全国性的为民众提供法律援助的组织。按照政府的要求，我们需要定期提交 TPS 记录。我认为需要对员工进行一次培训，告诉他们如何提交记录，也就是如何填写数据库中的表单。我认为在线课程是最好的培训形式，一来我们的员工遍布全国各地，二来这是关于学习如何使用软件的培训，在线形式足矣。"

和大多数情况一样，我们的客户已经决定了解决方案是什么。然而，当存在更有效的解决方案时，我们并不想贸然地设计培训。但是，我们并不能直接告诉格蕾丝。相反，我们要让她在绘制行动导图的过程中自己发现其他的解决方案。

→ 设定一个目标

我们问："请你帮助我理解这个问题，并告诉我你想通过培训改变什么？你需要部门的业绩得到怎样的改善？"

格蕾丝回答："我们完成的记录会转到另一个部门处理。那个部门发现记录上出现的错误过多，他们会把记录再返还给我们。目前，记录的返还率是 20%。我希望返还率可以在未来六个月内降至 5%。"

由此，我们得到了一个明确的、可衡量的目标，这是一个良好的开端。

→ 列出人们需要做什么

接下来，我们请格蕾丝帮忙找出了人们需要在工作中完成哪些行动才能达到这个目标。

我们问："他们需要做什么才能减少错误？"

格蕾丝列出了一些她想看到的行动。其中最重要的是：

- 输入正确的 XR 代码；
- 正确填写客户的姓名；
- 自行决定是否标记记录。

接下来，我们一一查看每个行动，并问格蕾丝："人们为什么不这样做？"

→ 对于每个高优先级行动，找出他们不这样做的原因

输入正确的 XR 代码

让我们从这个问题开始：为什么他们没有输入正确的 XR 代码？

"代码太多了，"格蕾丝说，"大家必须登录共享服务器才能打开代码查找表，而服务器登录起来非常麻烦。虽然有些人会把表单打印出来，但代码每个月都在变，他们常常忘记打印最新表单，所以输入了旧的代码，也就出现了各种各样的错误。"

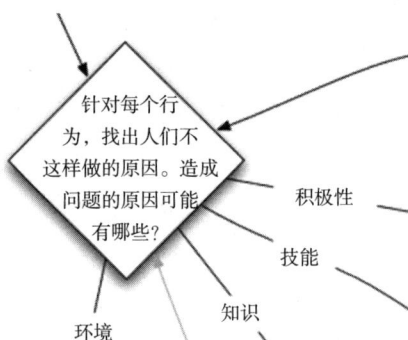

格蕾丝是否描述了工作环境的问题，如工具或管理风格问题？是知识问题吗，也就是说，他们不知道表单在哪里吗？他们是缺乏找到表单的技能，还是缺乏积极性？

格蕾丝给出的回答反映的似乎主要是环境问题，以及积极性不高带来的侧面影响。登录共享服务器获取最新代码表太麻烦了。员工试图通过打印表单这样的变通之法来解决这个环境问题，但进一步出现了无法同步最新代码的问题。

有些环境问题是公司文化造成的。XR 代码问题是公司文化造成的吗？是管理太严，还是标准太高？可能都不是。这似乎是一个简单的工作流程问题，可以通过技术手段来解决。

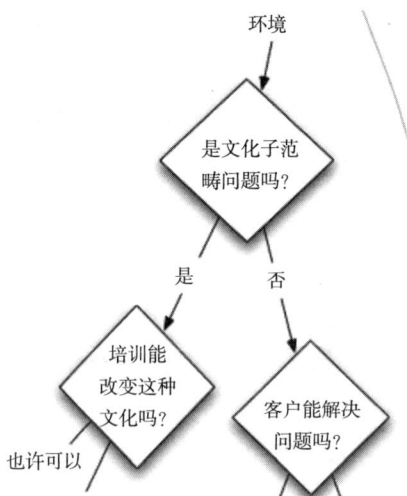

考虑到他们填写表单使用的是特定的软件，也许可以让软件链接到最新的 XR 代码表，或者最好能在工作人员需要的时候弹出表单。格蕾丝认为这是可行的，

所以对于这种行为，我们最终用工具解决了。

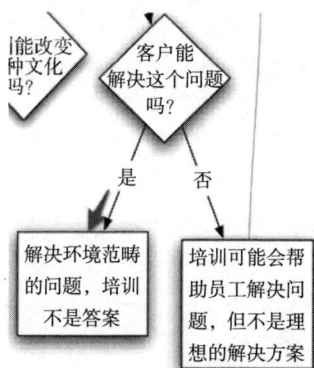

到目前为止，我们还没有设计任何培训。我们正在改变环境，让软件链接到最新 XR 代码表并使其在需要的时候弹出来。

正确填写客户的姓名

此前，格蕾丝曾说大家没有正确填写客户的姓名。

"为什么呢？"我们问。这听起来像很简单的事情。

格蕾丝说："我们的大多数员工以英语为母语，但许多客户的姓名都是西班牙语的，而且不止一个姓氏。例如，一位客户名叫玛丽亚·洛雷娜·罗萨斯·加西亚，有些工作人员会认为她姓加西亚，但实际上是罗萨斯。数据库只接受一个姓氏，而罗萨斯才是我们应该填写的姓氏。"

这是什么类型的问题？是环境出了问题，知识缺乏，技能有待提高，还是积极性不高？

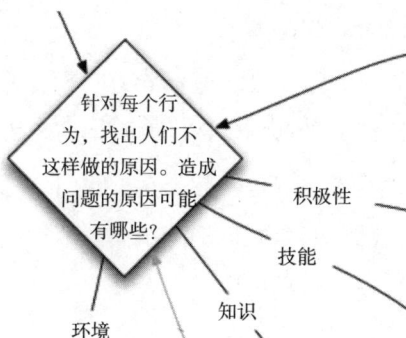

你可以说这是环境因素造成的，因为很多客户的姓名都是西班牙语，而大部分员工说英语。

然而，问题并没有这么严重。要将西班牙客户的正确姓氏录入数据库，你不必刻意学习西班牙语。这是有规律可循的，而且非常简单。你只需要找到这个规律。看来这是知识的问题。

顺着这个思路，我们自然会提问："这些知识应该存储在哪里？"这个规律应该存储在每个员工的大脑中，还是储存在工作辅助中，如储存在姓名栏下的小提示里？

格蕾丝认为应该存储在员工的大脑中。她说："员工的使用场景不仅限于数据库，他们还需要走进接待室跟客户打招呼，要说'请进，罗萨斯女士'，而不是'请进，加西亚女士'。"

因此，我们决定将让员工记住这些基础知识，这样他们就可以快速地将其应用到任何地方。基于此，我们开始"设计活动"。

我们认为大家只需要简单的培训。于是，我们向他们展示识别姓氏的规律，并让他们进行实操，识别各种姓氏。这大概需要 10 分钟。

最后，我们还设计了一个小活动，既可以作为大型线下面对面活动的一部分在网上进行，也可以作为简短的网络研讨会来开展。格蕾丝可以选择最合适自己团队的方式。

自行决定是否标记记录

此前，格蕾丝曾提到，工作人员需要自行决定是否标记记录。但这并不像听起来那么简单。有很多因素需要考虑。

例如，如果客户有工作，但年收入低于 6 万美元，并且有两个以上的孩子，则该记录应被标记。然而，如果客户失业，并且通过投资或养老金获得相同的收入，该记录也应被标记，不管他们是否有子女。明白了吗？

有经验的员工知道大部分需要被标记的记录，但新人不知道。那么问题出在哪里？是环境、知识、技能，还是积极性？

我们还有另外一个知识问题。

这些知识应该储存在哪里？这些知识非常复杂，只有在填写 TPS 记录的时候才会被用到。这不是普遍必备知识，所以寻求工作辅助是个不错的办法。

在格蕾丝的帮助下，我们起草了一份判定表，方便大家决定是否标记记录。我们让一些新员工来使用它，结果表明，他们可以在没有指导的情况下正确使用。似乎这张判定表上提供的信息十分充分，不需要额外培训。我们只需要让其在软件界面的适当位置弹出即可。

我们通过工作辅助又解决了一个问题。

→ 最终结果：很少情况需要培训

格蕾丝来寻求我们的帮助，认为其团队需要培训。但是我们只发现了一种行为需要通过培训来改变，而且这是一种很容易学习的规律，只需要进行大约 10 分钟的活动就能习得。

我们已经通过工作辅助解决了两个问题。工作辅助不仅成本较低，而且效果更佳，可以帮助大家完成任务，使操作标准化，但又不依赖于可能出错的记忆。

→ 如果我们用传统方法会怎么样呢

让我们跳过流程图，直接给格蕾丝提供她最初设想的课程。这个课程是怎么样的呢？

我们花费了大量时间设计了一个在线课程，该课程以"欢迎来到 TPS 记录课程"为开场白，同时给出了类似这样的目标：完成本课程后，你将能够输入正确的 XR 代码。

通过强调正确完成记录的重要性以及记录被拒绝的代价来"激励"学员。

然后，我们告诉大家已知的事实——必须登录到烦人的服务器才能看到 XR 代码。引导他们完成登录过程，"以确保每个人都知道如何操作"，并告知他们使用最新表单的重要性。

为了"教授"标记记录的规则，我们向学员展示了几张幻灯片，上面列出各种规则，并举出一些例子，10 秒钟之后，测试学员是否记住了这些信息。但是，他们就算今天能记住这些信息，明天也会忘记。

最后，我们举行一个小活动来帮助他们练习识别姓氏。

按照格蕾丝公司里的3000名TPS报告创建者每人花30分钟来完成课程计算，整个小活动总计花费1500个工时。

之后的一个月里，我们发现大家仍然在打印 XR 代码表，并且未能正确标记记录。

○ 实践：如何正确归类流程图中的问题类型

你认为下面的几种说法在描述哪种类型的问题？主要是知识、技能、环境，还是积极性的问题？

（1）"人们因为不想在数据库中输入记录而只发邮件是不对的。"

（2）"人们在填写表单时会犯很多错误。"

（3）"这是一项新政策，以前没有人遵循过。"

（4）"他们不习惯这样做，所以需要练习。"

（5）"他们不在乎自己做得好坏，因为他们从来不知道这会对客户造成何种影响。"

"人们因为不想在数据库中输入记录而只发邮件是不对的。"

有些人可能把它归入"积极性"范畴，但是，是什么导致积极性问题呢？如果我们查看数据库，一定会发现这个系统笨拙而缓慢且对用户不友好。这就是人们选择发邮件的原因。如果我们让数据库更易使用，人们就会更愿意在这上面输入记录。因此，这是一个环境问题，是由糟糕的工具引起的。

"人们在填写表单时会犯很多错误。"

对此最常见的反应是培训他们如何填写表单。但这样做的前提是，这是一个知识或技能问题。

但让我们先停下来看看表单。它是否清楚地说明了每一栏应该填写的内容？如果人们在填写表单时常常犯错，问题就出在表单上。让表单更易填写，问题就解决了。因此，这是另一个由糟糕的工具引起的环境问题。

"这是一项新政策，以前没有人遵循过。"

这看起来显然是知识问题。新政策出现了，所以我们要帮助他们"了解"这个新政策。

但再仔细看看。该政策容易实施吗？需要花大量时间来解读和判断吗？如果政策容易实施，那么他们的确只需要"了解"政策。在假定他们需要培训之前，我们应该考虑仅仅让他们了解这项政策是否足够。如果足够，那么通过发邮件就可以解决。

如果政策很难实施，我们需要考虑技能问题。这些技能可能包括识别政策适用范围、解读政策以及正确实施政策的能力。我们也可能需要花时间考虑环境问题，因为微妙而复杂的政策很可能碰到文化问题和其他工作环境障碍。

"他们不习惯这样做，所以需要练习。"

他们一直遵循旧方法，现在面对新方法，感觉有点不习惯。这听起来像一个简单的技能问题，属于"技能"范畴。

但在假定提高他们技能的最佳途径是正规培训之前，我们还应该考虑其他解决方案。也许可以给予大家更多时间来适应新方法，或者让更有经验的同事花20分钟来帮助他们练习新方法。

如果他们使用的是软件，也许我们可以给他们设置一个沙盒，在沙盒内放心地练习新方法，这样他们就不会对系统造成任何破坏。因此，"课程"可能根本没有必要。

"他们不在乎自己做得好坏，因为他们从来不知道这会对客户造成何种影响。"

很多人都倾向于将这归为积极性问题，但积极性不高的原因是什么呢？是因为他们不知道自己工作的效果，这属于知识范畴。然而，是什么妨碍他们了解自己工作的效果呢？是因为他们的工作太孤立以及管理层缺乏沟通，这两者都是环境问题。

我倾向于把这归为领导力问题，也就是环境问题。公司的领导层应该认识到对员工的了解不足。领导者的工作是为每个人描绘宏大而鼓舞人心的蓝图。

　　如果我们能让领导者点燃员工的激情，让他们积极性高涨地去工作，就有助于解决问题。不幸的是，这也许是不可行的。理论上，这种问题应该用某种方法来解决，但实际上，不得不用另一种不完美的方法来解决。

　　如果你打算为蓝图中的其他行动制订培训计划，那么你似乎也可以将这个行动纳入培训中，如创造激励场景，让大家看到自己工作决策产生的最终结果。

　　如果你不打算开展培训，那么你的客户可能转而投向善于营销的培训团队，让他们帮忙在全公司宣传宏大蓝图，并通过必要的政治手段来实现这一目标。

○ 那么 KSA 呢

　　如果你接受过传统的教学设计培训，就可能熟悉这三个范畴：知识（knowledge）、技能（skill）和态度（attitude）。这三个范畴通常交织在一起，统称 KSA。"知识"和"技能"就像我上面所描述的一样。你能猜到我为什么提及"态度"吗？

　　如果你想到态度是由环境塑造的，而这归根结底不就是环境问题吗？你道出了我的心声。

　　KSA 模型属于教育领域的模型，其目标是将信息注入大脑。因此，该模型关注的是人们的思想。它忽略了导致绩效问题的致命原因：工作场所，包括各种拙劣的工具和不善经营的经理。

　　如果我们反复强调 KSA 模型，不断向学员灌输知识，也就无法发现并解决简单的环境问题。相反，我们只是在费力地训练人们绕过问题。

　　例如，如果利用 KSA 模型解决"人们没有正确填写表单"这一问题，我们就会立即聚焦于人们的思想，检查他们知识、技能和态度方面的情况。我们将得到的这三个方面的情况与正确填写表单所需的最优 KSA 进行比较，然后设计培训来激发这些 KSA。但是，我们从来没想到其实可以花一小时来改进表单，进而解决问题。

　　我不是说检查态度没有用。其实，在鼓励人们尝试一项任务之前，了解他们对这项任务的态度是非常有帮助的，而且对"软技能"的理解越深，这种态度就越起作用。

然而，态度不是全部。外界环境给工作带来了实质上的障碍，因此我们不能忽视它。而且，改变环境往往比改变态度并尝试树立新的态度要容易得多。

○ 更全面的分析

我刚刚描述了进行这种分析的最快方法——与主题内容专家、客户，也许还有未来学员一起梳理流程图，分析每个高优先级行动。

以往接收订单式的培训设计根本不做分析，所以你已经迈出了一大步，而且不需要花很长时间。但是，与所有快速解决方案一样，这种方法也有缺点：

- 你只依赖少数人的意见。
- 文化或人际问题可能会阻碍学员提出重要问题。
- 你们会忽略很多场景因素，因为没有看到工作场所。
- 要进行更彻底的分析，你有几个选择。

→ 去工作场所亲眼看看

我最喜欢的方式是：

- 去找那些工作遇到困难的员工，观察他们工作。
- 不带偏见地问他们在做什么以及为什么这样做。
- 注意他们使用的工作辅助和做的笔记。
- 观察他们是否打开手册或参考标准操作程序。
- 问他们什么方法能让任务更容易。鼓励他们提出所有可能的改进方法，不仅是培训。你应该会听到很多建议，尤其当你是个局外人的时候。
- 当你看到某件事情做起来不顺畅或者效率很低的时候，不带偏见地问他们为什么要这样做。
- 注意所有导致工作困难和错误的因素。
- 要求客户向你推荐优秀员工，并观察他们的工作。他们的工作方法和那些遇到困难的人有什么不同？他们的环境有什么不同吗？

在访问过程中，你自然而然地会想到很多问题，如查找信息的难易程度。以下是你可能问员工的其他问题：

- 当完成这项任务时，你期望达到什么标准？什么是可接受的标准？什么是不可接受的标准？（寻找模糊或相互冲突的标准）
- 你有得到任何关于工作的反馈吗？反馈来自哪里？反馈有帮助吗？（寻找缺失或模糊的反馈，或仅关于工作表现差的反馈）
- 你的工作产品在某一环节会发生什么变化？下一环节是什么？（寻找因缺乏对宏大蓝图的宣传而导致的积极性不高的情况）
- 你如何看待自己的工作？为什么这么想？（寻找值得强调的价值观，以帮助激励其中的每个人）

与员工的面对面交流，除了让你对问题和可能的解决方案有更清晰的概念，还会让你设计的任何活动更加切实可行。你将看到工作环境，听到行话，看到普遍的问题，并且见到你在设计活动时设想的人。

→ 收集更多信息

你还要寻找其他的信息来源，特别是任何量化问题或列举现实工作中问题的报告。要求客户提供以下文件：

- 客户投诉；
- 工作人员评价；
- 审计报告；
- 帮助台常见问题报告；
- "经验教训"或事后检讨；
- 员工当前工作案例。

考虑对员工开展快速调查。你可以使用像 SurveyMonkey 这样的简单工具来了解员工遇到何种障碍。

如果你怀疑问题主要是由知识不足和决策技能不强造成的，可以创建一个诊断分支场景来揭示差距。你可以设计一个高度模拟员工工作的场景，并将其发送给大多数员工。这是一个评估场景，也就是说，学员没有机会改变他们的选择。

然后你可以分析他们的选择，看看差距在哪里，以及他们常犯哪些错误。

→ 让客户做更彻底的分析

在快速梳理流程图的过程中，客户可能意识到，在继续项目之前，他们需要更多地了解问题。

例如，在讨论流程图的过程中，我的客户开始怀疑，有个文化问题比他们原先想象的还要严峻。他们组建内部小组，以调查和深入访谈的方式进行调研。一个月后，他们又来找我，这次他们对问题有了更好的了解，于是我们可以更有针对性、更高效地合作。

○ 避免分析瘫痪

梳理流程图中的 5~6 个行动只需要一小时。但是，进行上述更深入的分析可能需要更长的时间。深入挖掘虽好，但要确保你获得的信息直接适用于流程图中的高优先级行动。换句话说，不要提出这样的问题：我们的员工如何看待他们的工作？相反，你要提出这样的问题：为什么人们似乎不愿意按照我们建立的标准维护插件？

○ 常见问题

以下是你在当前可能面临的一些挑战，以及一些值得尝试的建议。

→ 人们不执行任务的原因有多种

这很正常。如果你需要划分原因的优先级或缩小原因的范围，可以问：

- "如果我们解决了这方面的问题，人们还会不执行任务吗？"
- "我们可以改变这些因素中的哪一个？"

→ 利益相关者坚持认为问题的原因是懒惰或者态度不好，希望你通过培训来激励员工

- 重新审视流程图中的知识、技能和环境分支，以确保所谓的懒惰不是由其中一类问题导致的。

- 如果问题的根源确实是积极性不高，而不是其他问题产生的侧面影响，询问利益相关者是否可以采取激励措施。

- 如果不可能采用激励措施，请仔细考虑培训是否能激励员工。例如，你可以用一些场景来激励员工，利用强烈的情绪感染方式，让人们意识到行为不达标的后果。然而，依靠市场营销人员发起宣传活动而不是依靠培训，可能会在改变员工的态度上取得更好的效果。营销人员更擅长影响他人。

→ 问题的主因是客户自称无法改变的环境因素

- 通过询问周围的人确定你实在无法解决这一问题。例如，学习和发展部门的工作人员有时会惊讶地发现，他们可以请求更改软件界面或在线参考，这样你可以请求学习和发展部门帮助你解决问题，无须再请求客户。

- 如果是文化问题，考虑一下培训是否有助于改变文化，以及你是否瞄准了正确的受众。例如，文化问题可能是由原始受众的管理者造成的，因此你可能要将项目的焦点转向这些管理者。

- 如果你不能改变环境问题，就借鉴优秀员工解决问题的经验，并培训其他人使用这些技巧。

→ 做这个分析花的时间太长了

对于大多数项目来说，讨论真的不应该花很长时间。例如，我见过一个四人团队，他们都是使用行动导图模型的新手。他们通过远程共享屏幕，花了一小时来分析六个高优先级行动。如果你的时间比他们长，请考虑以下几点：

- 有没有确定行动的优先次序？如果时间紧迫，可以只分析优先级最高的行动。

- 参加讨论的人员是否过多？考虑将讨论人员限定在主题内容专家、客户和

当前的从业人员（当前学员或未来学员）范围。

- 是否试图同时分析多类受众？你的项目应该集中在一类受众上，如做相同工作的员工。如果你想要"关注"一群工作迥然不同的人，那么退后一步，重新设定你的目标，这样每个项目都只针对一类受众。

- 哪些人抱怨时间太长？如果是只习惯于审批内容的主题内容专家，他们可能没有预留任何时间来进行这种讨论。你可以礼貌地建议增加一位主题内容专家，因为"目前的讨论对一个人来说工作量太大了"。

→ 利益相关者担心你创造太多工作辅助，反而导致"工作辅助疲劳"

- 你应当清楚地向他们表明，工作辅助只会包含执行任务所需的信息，历史知识、有趣但不重要的事实，以及其他非必要的信息将不包括在内。工作辅助将只包含对工作有指导意义的基础信息，并将其格式化以供快速浏览。

- 向他们展示你希望如何组织工作辅助，如果可能，将它们集中起来。例如，所有与任务相关的工作辅助都放在内网的同一个文件夹中，或者都放在软件中的"帮助"菜单下。

→ 你可以用工作辅助来解决这个问题，但是客户仍然要求提供培训

- 如果可能的话，向客户展示你如何以较低的费用解决问题，并建议他们将预算资金用到另一个项目上。

- 如果从政治上无法推却培训要求，请设计一个有趣且有挑战性的活动，让人们练习使用工作辅助来完成任务，或者考虑把"培训"变成由学员自己设计必要工作辅助的活动。

◯ 终极挑战：很难转变思维

绘制行动导图一个相当容易的过程。一旦你有了一个好的目标，一切就将迎刃而解。但改变你的心态以及利益相关者的心态，则很困难。

设计常见的"知识转移"式的培训似乎很容易，因为我们作为设计师不需要思考太多。我们只需要利用客户提供的内容，基于误区做出设计决策，并遵循不

知出处但每个人都视之为真理的经验法则。相比之下，绘制行动似乎比较难。你现在可能很纠结。

我鼓励你们扪心自问："这真的很难，还是因为这是一种全新的方式？从长远来看，这会让我的生活变得更轻松还是更艰难？究竟是容易的还是艰难的方法真正符合我的价值观？"

下面，我将比较所谓的"容易"的常见方法和所谓的"艰难"的行动导图方法。讽刺的是，"艰难"的方法可以帮助你找到非常简单的解决方案，让你和同事更快乐地工作。

如果我们鼓励这种不畏"艰难"的心态，那么我们的工作实际上会变得更令人满意。我们不需要花费时间去遵循不相干的规则，以及创造毫无效果且枯燥的培训材料，而将花更多的时间来探索和解决有趣的问题。

容易？	艰难？
"请给负责发票的员工提供一些时间管理方面的培训。发票堆积如山了。"	"导致发票堆积的原因可能是什么？让我们追踪一次典型发票的处理过程。"
"将这些关于插件正确维护方法的幻灯片转换成 30 分钟的在线课程，并使用此模板。"	"太多插件得不到正确的维护。这是为什么呢？"
"我希望你能在我们的季度会议上设计一个为时半天的领导力基本原理讲习活动。"	"我们认为经理人的领导力有待加强。提高他们技能的最好方法是什么？"
"人们抱怨这门课枯燥乏味。请用一些场景和更多的图片来增加趣味性。"	"人们抱怨这门课枯燥乏味。为什么？"
"人们没有足够的积极性来正确地完成任务。我们需要一个新潮的视频来激励他们。"	"人们似乎缺乏积极性去正确地完成任务。为什么？"
"为视觉学习资料增加图片，为音频学习资料添加旁白。"	"针对这个话题和受众设计活动，最让人难忘和最有效的方式是什么？"

第7章

动动脑筋，想活动

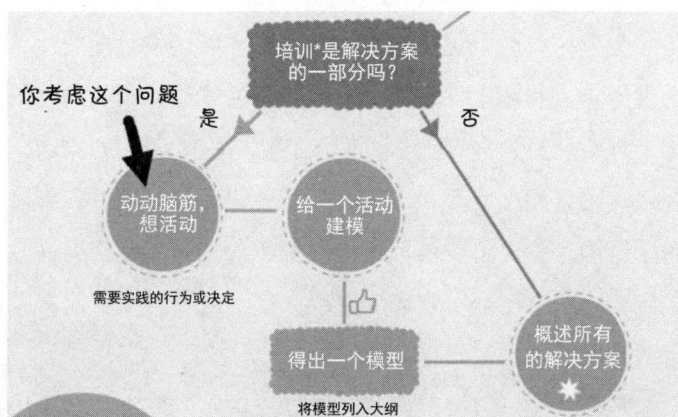

任务内容	任务由谁完成	完成任务需要的时长
对于每个可以从实践中受益的工作行为，至少标注一个精炼的关于实践活动的想法。 不要让客户的假设影响到你。你要找出适合学员而不是客户的最佳活动	你应该自己完成，但也有可能需要主题内容专家的帮忙	你可能要花费 10 分钟的时间，针对每种需要实践的行动，动动脑筋，想出有助于执行行动的活动；如果需要主题内容专家的帮助，就要花费更长的时间。 如果习惯于设计知识测验，你就可以考虑给自己多一点的时间来适应本章讲述的方式

成果：关于现实性活动的精炼的想法将帮助人们实践某一行为难以执行的方面。你只需将这些想法简单标注在导图上即可，无须为其编写脚本。例如，你只需在导图上标注："家长不想让你给他们的孩子注射 X 疫苗，但这是学校的要求。"

◯ 你已经完成的工作

你、客户和主题内容专家一起召开的分析会议已经结束。目前为止，你已经完成了下列工作：

- 设定了一个目标，描述了组织的绩效将得到怎样的改善。
- 询问了参会者，人们需要在工作中做什么才能达成目标。
- 让主题内容专家和客户找出了最重要的行为或最易产生问题的行为。
- 针对每个重要的行为，询问了人们没有执行这一行为的原因，或者让行为执行起来有困难的因素。
- 针对每个行为，找出了非培训解决方案，如使用工作辅助或改进流程。

你已经在行动导图中记录了非培训解决方案。这些方案可能需要由你设计，也可能需要由别人设计。

但现在，你需要将注意力放在那些需要经过一定的培训才能完成的行动上。这是很大的一个步骤，需要完成大量的工作，所以我将通过多个章节来讲述这一步骤。

◯ 你将要做的工作

下面是你接下来需要完成的工作：

（1）动动脑筋，想活动。（本章）

（2）找出开展每个活动的最佳形式。（第 8 章）

（3）筛选出一个典型活动，编写活动文案。

（4）为典型活动建模，让客户、主题内容专家和学员给出反馈意见。

本章着重于完成第一项工作——"动动脑筋，想活动"。下图中的手形图标表示活动。

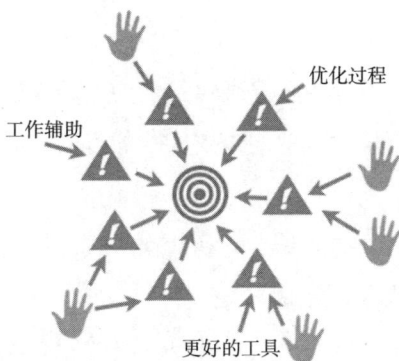

让谁参与

你应该自己动脑筋，想活动。虽然一位热情的主题内容专家会帮助你，但是这位主题内容专家一定不是知识测验爱好者，否则他会不停地劝说你设计测试类型的活动。然而，你的目标是设计实践活动，而不是知识测验。

何况你现在只是在具体化一些精炼的想法，并不需要从主题内容专家那里得到太多的细节。然而，如果还不是特别清楚人们在工作中的所作所为，你就需要向主题内容专家寻求帮助。但是，你需要让他们明白一点：你想了解的是人们面临的普遍难题，而不是他们需要知道的信息。

第一步：动脑筋，想活动，并为活动建模

按照常规的培训设计流程，你现在已经在编写"课程"，然后将其发给主题内容专家，请求他们修改。

但是，按照行动导图的流程，你现在要做的是动动脑筋，想一些活动，并确定开展每一活动的最佳形式。然后为一些典型活动建模，并对它们进行测试。在客户、主题内容专家和未来学员就活动模型给出反馈意见之前，你不需要就活动本身给出太多的文字内容。

暂时忽略客户的需求

客户可能认为类似于在线课程或面对面的讲习班这样的培训最有效。但是，你需要**暂时忽略客户的需求**。

你的工作是为学员而不是为客户确定最佳的活动类型。你需要关注的是"什么"有助于学员切实可行地实践他们需要实践的行为，而不是某种具体的形式，也不是客户的某种设想。

一旦找到了最适合学员的活动类型和活动形式，你就要让客户相信，你的想法比客户设想的一次性课程更有效。

如果客户要求你使用特定的形式，并且你真的无力反抗客户的要求（你确定自己真的无力反抗吗？连一个建议都不能提吗？），你至少要想办法找出协调最佳方式和必需方式的方法。

○ 什么是"实践活动"

我一直在用"实践活动"（practice activity）一词，但它究竟是什么意思呢？让我们以数据隐私课程为例。下面是课程中会问到的问题，这个问题旨在帮助人们练习做一些工作中需要做出的决定，还是测试课程中提到的信息？

> 坦尼娅想用家里的电脑处理工资数据。在开车回家的路上，她要去学校接孩子，还要停下车去买杂货。她应该以何种方式把数据带回家呢？

如果你说这是一个"实践活动"类的问题，我没有异议。因为这个问题就是让人们做决定，而这个决定与工作中需要做出的决定类似。这类问题不仅是让人们回忆信息，更是让人们做出现实性的决定。问题是以文字形式提出还是以视频形式提出根本无关紧要，真正重要的是做出的决定。

那么下面这个问题呢？它是知识测试类的问题，还是实践活动类的问题？

> 将敏感数据传输到另一台电脑的最安全方法是什么？

这就是一个知识测试类的问题，因为它只要求人们从大脑中检索出合适的抽象信息，并不要求他们将这些信息应用于真实的情境。

> 知识测试类问题要求人们回忆信息，这是一种抽象的行为，与现实世界无关。
>
> 实践活动类问题要求人们不仅要回忆信息，还要将其应用到具体的、真实的情境中。

→ 活动基于决定

我们在有意识地执行每件事情之前都会先做出一个决定。我开灯是因为我已经决定这样做了。我把钱浪费在买茄子粉上，因为我认为卖茄子粉的人说的是实话。

工作中，我们要做各种各样的决定，从"我应该按哪一个按钮"到"在这座山上搭脚手架的最好方法是什么"，再到"我该如何帮助团队处理合并事宜"。**每个出现在你的行动导图上的行为都基于一个决定。**（如果你的行动导图上记录了人们应该"理解"或"领会"的内容，请重新修改这部分内容，保证导图上出现的仅仅是学员在工作中需要采取的行动。）

实践活动可以让人们在一个安全的范围内进行这种做决定的练习，还可以从决定造成的后果中吸取经验教训。这些活动打破了学校模式的束缚，因为它们要求人们做出现实性的决定，而不仅是储存和提取信息。

→ 做出决定后会发生什么

前面我们问坦尼娅应该如何把工资数据带回家。假设一位学员做出的决定是：坦尼娅应该将数据以电子邮件的形式发送到她的家庭电子邮箱 tanya445@wowzamail.com，这样就可以避免四处携带数据带来的风险。下面是我们给出的一种回复。这种回复是以谁的口吻说出来的？你听到以后又会做何反应呢？

> 错误。坦尼娅的家庭电子邮箱可能并不安全。她可能是网络钓鱼活动的受害者，可能已经将自己的邮箱密码给了黑客却完全没有意识到。请再次选择。

这样的回复就像一位无所不知的老师跳进教室，纠正小朋友："你回答得不对。显然，你还不具备独立思考的能力，我有责任告诉你错在了哪里。"你的大脑除了接受纠正，毫无其他作为。

下面这种回复又怎么样呢？它对你的大脑又能产生什么影响呢？

> 坦尼娅将工资表发到了家庭电子邮箱，在家里的电脑上下载完成之后还将其删除以确保安全。两周后，一位同事给她转发了一封电子邮件，这封邮件在公司的同事之间已经流传了一段时间。
>
> 邮件上写着："看看我从网上一个卖家那里买到了什么？管理者那么高的工资是他们应得的吗？我快要吐了。"邮件的附件里添加的就是坦尼娅完成的工资表。
>
> 当晚，坦尼娅的一位技术流朋友索菲查看了她的家庭电子邮箱。"看，"索菲指着一个访问日志说，"有人在一个小镇登录了你的电子邮箱。我想你被钓鱼了。"

这个回复向人们展示了他们的选择会产生的后果，并且让他们自己评判自己的决定是好是坏。这有别于学校模式，因为它相信人们具有自我思考的能力。事实上，它要求人们自我思考。

→ "要展示，不要教授"

你会从上面的两种回复中领悟到这样一种理念："要展示，不要教授。"

第一条回复终止了故事的发展。按照我的定义，告知人们所做的决定"错误"是一种"教授"式的回复，因为它通过"判定对错并告知错误的原因"这样的方式教授人们怎样思考。

相反地，第二种回复让故事得以继续，并向人们展示了将工资数据发送至家庭电子邮箱会产生的后果，这是一种"展示"式的回复。它向人们展示了一种后果，但是并没有就此给出任何判定和解释，而是让学员自行应对后果。

同样地，我建议你在更大的范围内以"要展示，不要教授"的方式组织活动。此外，我还建议，不要在人们参加活动之前告知其活动的所有细节，而是让他们在做好百分百的准备之前就参加活动，鼓励他们做出选择（你可以在一旁提供一些必要的帮助），并向他们展示选择造成的后果。

使用这一技巧能够让人们尽可能多地挑战自己，并在需要的时候获取需要的信息。而传统的、受学校影响的方法则不顾人们的需要，直接推送信息。

→ 实践活动的四个标准

我所定义的实践活动需要符合以下四个标准：

- 决定（decision）。活动应当要求人们去决定做什么，而不是去展示他们知道什么。
- 背景（context）。活动需要出现特定的人名、特定的地点，以及特定的事件。
- 现实性（realism）。活动的背景要与学员的实际工作环境相同，而不能是虚构的场景。学员在活动中要做的决定就是实际工作中要做的决定。
- 后果（consequences）。活动的回复要显示学员做出决定后产生的现实性后果，并让学员自行得出结论。回复不能仅仅是"错误"一词或令人乏味的说教，但是，回复里可以出现一些提示，帮助学员决定如何弥补错误。

→ 不需要特殊的技术工具

你可以用现在通用的工具来设计本书中描述的某种类型的实践活动。

例如，如果认为在线活动有用，你就可以使用目前用来设计多项选择题的工具设计这些活动。如果决定进行现场讨论，你就可以把练习活动的问题投影出来，也可以大声读出来，让学员进行辩论。你还可以把活动打印在纸上，让学员以分组讨论的形式完成。

你唯一需要考虑使用新工具的情况是，你认为需要为活动设计分支情境练习。的确有些人使用传统的在线学习软件来设计这种情境练习，但操作起来会很麻烦。我在此推荐一种免费的工具（Twine），当然，你也可以选择其他的付费工具。

○ 我们为什么要在意设计的是什么

设计事实测验很容易，但设计现实性的实践活动要困难得多。那么，我们为什么要费这种力气呢？

→ 培训的目的是更好地完成工作，而不是更好地完成测验

正如我之前指出的那样，测试中出现的考题不会发生在我们的工作中。仅仅让人们知道一些知识远远不够，还需要让他们把这些知识应用到工作中。实践活动恰恰能够帮助人们在一个安全的范围内练习应用他们的知识。

→ 实践活动具有趣味性

实践活动远比试题有趣。因为真实的活动比考试的趣味性强得多。考试是乏味的，没有坦尼娅们，没有孩子可接，也没有杂货可买。

→ 活动能够激发更多的思考和讨论

实践活动比事实测验更有可能激发出深入的思考和讨论。

例如，如果你问现场讨论的学员："将敏感数据传输到另一台电脑的最安全方法是什么？"你会直接得到简单且浅显的回答："使用加密 U 盘。"

但是，如果你以"坦尼娅把工资数据带回家"这个故事为背景，向学员提问，你就会激发更多的讨论。如果有人建议使用加密 U 盘，其他人可能会说："我不认为这是最安全的方法。如果她把 U 盘放在钱包里，那么，她在杂货店结账时可能会让 U 盘掉出来。如果她接孩子时把钱包落在车里，那么可能会有人把钱包偷走。出现这样的情况怎么办？"这一建议也可能把讨论引向使用哪种类型的加密 U 盘以及它的有效性。

这些都是我们希望人们在现实世界中做决定时能够考虑到的问题。

→ 活动有助于人们记忆信息

实践活动也会像考试题那样让你回忆一些信息，如"加密 U 盘＝非常安全"。但是，它也让你在特定的背景里应用这些信息，而这一背景又可以帮助你巩固记忆这些信息。

假设你参加了一个传统的、关于数据隐私的讲习班，培训师告诉你，加密 U 盘是非常安全的。到了评估环节，他给你出了一道测试题："以下哪种是非常安全的数据传输方法？"你正确地选择了"加密 U 盘"。

在这一培训过程中，你需要把"加密 U 盘=非常安全"这一概念存入已经吸收了大量信息的大脑中，并且像电脑存储文件一样将其归入一个名为"合规培训的杂项材料"的文件里。通过评估之后，你不再需要这些信息，它可能最终和其他信息一起被你的大脑删除。

但是，如果你必须选择"坦尼娅应该如何将工资数据带回家"这种问题的答案，那么，问题的背景将起到加深印象的作用。当基于大家的讨论了解到最好的选择，也就是加密 U 盘，依然伴随着几个现实的风险时，你就会从中吸取相应的经验教训。下一次，如果需要把数据带回家并且沿途还要办理好几件事时，你就会想起这个故事，想起加密 U 盘，想起将 U 盘带回家时可能伴随的危险。

如果想检查钱包里的钥匙是否还在，你也会想起坦尼娅的故事，会留意钱包里的 U 盘；如果需要在回家的路上接孩子，你也会想起把数据留在车里的风险，就算你只离开一分钟。

这就是我定义的实践活动要发生在真实背景下的原因。

> 当工作中遇到新问题时，大多数专家都会搜寻自己的记忆库，希望找到曾经发生的类似的情况。基于实践性问题的课程为学员提供了构建这些记忆库供之后使用的机会。
>
> ——摘自露丝·科尔文·克拉克（Ruth Colvin Clark）所著的《循证培训法》（*Evidence-Based Training Methods*）（2015 版）

→ 活动有助于人们改变自己的行为

实践活动也可以提高人们改变自身行为的概率。让学员运用知识来解决现实性的问题，其实就是让他们实践在工作中需要做的事情。他们实践的次数越多，行为改变的效果就越好。

→ 活动有助于人们认识到自己是否为工作做好了准备

实践活动有助于人们衡量自己对某一信息的掌握情况。知识测验只能让你看到自己记住了哪些信息，而实践活动是让你看到自己是否可以将信息应用到未来工作中，有助于你认清自己是做好了面对现实世界的准备还是需要更多的实践。

→ 活动的效率更高

实践活动可以同时做到两件事：测试人们是否能回忆起某些信息；帮助人们练习如何应用这些信息。当你提供了丰富的回复并链接了大量信息时，活动也可以替代信息展示，这一点我稍后将详细介绍。

因此，一次实践活动"课程"所需的开发时间比传统的信息展示所需的开发时间要短得多。此外，这种展示还时不时地被事实测验打断，造成连续性较差的问题。

→ 活动把人们当作成年人看待

最后，实践活动体现了我们对学员的尊重。我们没有浪费他们的时间，也没有贬低他们。相反，我们给他们创造机会，让他们去面对自己关心的挑战，并让他们自己得出结论。

把学员视作哪类人会让他们更有参与的积极性？把他们视作孩子，给出题目并立即纠正错误，还是把他们视作成年人，给出挑战，让他们自己做决定、自己得出结论？

◯ 以下是实践活动吗

在这一步，你要做的只是标记你想到的可能的活动。标记的方法之一是写一个简短的问题。但是由于学校模式已经对我们的思维造成了强有力的影响，当打算用简短问题的方法记录实践活动的时候，你可能实际写了一道测试题。

首先，你需要认清自己写的是一道测试题还是一个实践活动。区别它们的一种方法是思考："这真的会在这个人的工作中发生吗？"如果答案是否定的，你写的就是一道测试题。

这里有一些例子。你认为它们是测试题还是实践活动？

（1）将以下流程的各个步骤按正确顺序排列。（问你自己："这真的会在这个人的工作中发生吗？"）

（2）莎拉已完成采购订单并将其保存在 PO 文件夹里。她下一步该怎么办？

（3）布伦达计划在 15 年内退休。考虑到她即将完成自己的储蓄目标，目前哪种投资产品最适合她？

（4）以下哪种投资产品的回报最稳定？

（5）巴里只需要一个小插件，但茉莉亚说服他买了一个大插件。哪个术语最能描述茉莉亚的做法：不当追加销售，还是产品与客户不匹配？

（6）以下哪些是开放式问题的示例？

（7）你正在面试杰森，他应聘的职位是用户支持。他的简历显示他每年都会换工作。关于这一点，你怎样提问可以了解更多？

以下是我对上面每个例子的判断。

（1）将以下流程的各个步骤按正确顺序排列。——难道你会在上班的时候发现办公桌上乱堆着彩色积木，每个积木上写着某一过程的某一步骤，你要按顺序把它们排列整齐？这会是你的工作任务吗？当然不会。因此，这只是一道测试题，要求你以非现实性的方式处理抽象信息。它测试的是你的知识，而不是你运用知识的能力。

（2）莎拉已完成采购订单并将其保存在 PO 文件夹里。她下一步该怎么办？——这不仅有助于人们回忆完成某一过程的各个步骤，而且有助于将这些知识应用于实际工作中所面临的情况。因此，这是一个实践活动。在行动导图上，这一活动可能与"保存在 PO 文件夹里之后，再给发货方发送一份电子版"这一行动相关。

（3）布伦达计划在 15 年内退休。考虑到她即将完成自己的储蓄目标，目前哪种投资产品最适合她？——这不仅有助于学员回忆每种投资产品的特点，也有助于他们将这些特点与特定客户的需求相匹配。因此，这是一个实践活动。在行动导图上，这一活动可能是与"为客户找到最佳投资产品"这一行动相关的活动之一。

（4）以下哪种投资产品的回报最稳定？——这只是检查学员对产品特点的记忆程度，而不是他们为特定客户选择最佳产品的能力。但是，如果它是某一活动的一部分，如为布伦达找到最佳产品，它就可以成为一个实践活动。如果用于选择的产品列表是学员和布伦达在讨论过程中已经确定的，现在的目标是找出回报最稳定的产品，那么，这就是现实性实践活动的一部分。

（5）巴里只需要一个小插件，但茱莉亚说服他买了一个大插件。哪个术语最能描述茱莉亚的做法：不当的追加销售，还是产品与客户不匹配？——乍一看，这好像一个实践活动，因为出现了特定的人名。但是，这个问题想要人们如何去思考呢？它其实只是想让人们给茱莉亚的行动贴上正确的标签。人们并没有做任何与现实世界有关的决定，只是记住了一个定义。因此，这是一道测试题。但是，如果作为茱莉亚的同事，你的工作是监视她，给她做的每件事贴上标签，那么，这就是一个实践活动。

（6）以下哪些是开放式问题的示例？——工作中，没有人会抛开特定的背景无缘无故地提一些开放式问题的例子。这种情况只会在考试中出现。

（7）你正在面试杰森，他应聘的职位是用户支持。他的简历显示他每年都会换工作。关于这一点，你怎样提问可以了解更多？——这不仅考察学员能否提出好的问题，而且考察他们能否在特定情况下选出最合适的问题。在行动导图上，这可能是与"使用开放式问题了解应聘者的工作经历"这一行动相关的几个活动之一。

○ "但是他们一定要知道一些信息！"

你可能会问："你为什么要把（1）这种信息处理类的活动排除在外？你不能指望人们在没有掌握任何知识的情况下在实践活动中做出决定。"

我同意。我们不能指望人们在没有掌握必要知识的情况下做出决定。但首先我们要将重点放在通过提问激发他们去完成需要完成的行动上，而不是让他们回忆应当知道的知识上。只有先想出帮助他们实践某一行为的活动，我们才能决定如何提供他们实践活动所需的知识。例如，当学员无法自行做出决定时，我们可以提供一些可选信息让他们查看。

这与常规的以信息为先的方式相反，目的是为了防止我们陷入信息的漩涡，设计考试中出现的考题，因为学校模式对我们的影响实在太过根深蒂固，稍不留神就会被它牵着鼻子走。

→ 如果你不拘一格地接纳所有类型的活动，会发生什么呢

想象一下，如果你取消了所有活动都必须是"现实的、有背景的实践活动"这一设限，不拘一格地接纳所有类型的活动，会发生什么。

如果你告诉主题内容专家或只告诉你自己："让我们动动脑筋，想一些活动！"

哪些活动会立刻浮现在他们或你的脑海中？由于长期受到学校模式的影响，他们中的大多数人，包括你，会立刻想到知识测验、信息抽象处理、点击显示、知识游戏、研究呈现，或其他将信息输入和提取出大脑的任务。

这些活动很容易想到，所以你很快就会收集到一大批测试类的活动。如果是这样的话，行动导图模型的优势就无法体现出来了。

这就是为什么**在这一步**，我建议你排除任何以信息为中心的活动。当进行后面的步骤时，你可能问："他们需要知道什么才能完成这个实践活动？"这时，你才要去考虑测试题或其他基于信息的活动是否应当拥有一席之地。

◎ 专注于想法，而不是形式

客户来找你的时候心里可能已经有了确定的培训形式，他们可能会说"我们想搞一次讲习班"或者"我们需要一门在线课程"。

我希望你在与客户讨论的时候，不要表示同意或反对他们已经确定的形式。你还有很多别的选择。你要做的是动脑筋想出那些最有效的活动，先不去考虑具体的活动形式。确定完活动之后，为每个活动选择最佳的形式（下一章）。

→ 活动不仅是为在线学习准备的

当看到我在上面列出的活动想法时，你可能认为，"这些都是为在线学习准备的"。这可能是因为现场培训的导师很少提出这样的问题，他们只是忙于告诉人们应该知道什么，或者让人们确定哪种颜色代表哪种性格。

　　然而，实践活动可用于任何形式的培训。你可以将其用于在线学习形式，也可以用于网络研讨会和讲习班形式。实践活动不专属于任何一种技术，它只是一种技巧。

　　我将要描述的一些示例是实践活动用于在线学习的示例，因为描述一个在线学习活动更容易，而描述同一实践活动的另一种不同形式需要多花一些篇幅。但是，同样的挑战可以通过任何形式（不止在线学习）开展。

　　像我们之前提到的关于针头安全知识的活动，既可包含在自主在线学习中，也可投影出来让大家一起讨论，还可以打印出来分发给各个小组用以辩论。

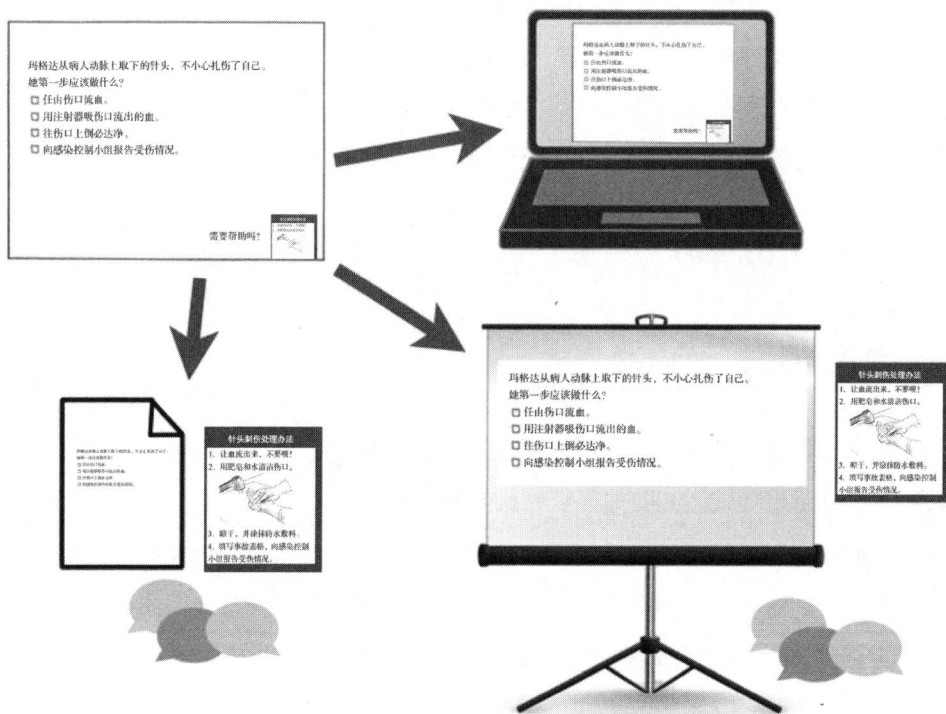

→ 示例：从在线学习到现场培训

下面是我们之前看到的问题：

玛格达从病人动脉上取下的针头，不小心扎伤了自己。
她第一步应该做什么?

☐ 任由伤口流血。
☐ 用注射器吸伤口流出的血。
☑ 往伤口上倒必达净。
☐ 向感染控制小组报告受伤情况。

需要帮助吗?

标准操作程序

可选信息包括：现实工作场所中贴在每个房间墙上的工作辅助，玛格达随时可以查看；标准操作程序，适用于喜欢深究细节的人；一个"咨询合规专员"的对话链接，可以与真实或虚构的合规专员对话。

在安娜的模型中，一个过于自信的学员并未看工作辅助，直接选择了往伤口上倒必达净。下面是这个人得到的回复：

回复会显示决定（所选的答案）产生的后果（造成的错误），并强调工作辅助的哪一部分可解释错误的原因。

玛格达往伤口上倒了必达净，但还是感染了丙型肝炎。

再试一次。

针头刺伤处理办法

1. 让血流出来，不要吸!
2. 用肥皂和水清洁伤口。

3. 晾干，并涂抹防水敷料。
4. 填写事故表格，向感染控制小组报告受伤情况。

需要帮助吗?

标准操作程序

你可以把这些用到现场培训中吗?

把活动投影出来

最简单的方法是把活动投影出来，让人们讨论每个决定。如果是网络研讨会，就把它投到共享屏幕上；如果是面对面的讲习班，就把它投在实体的白幕上。设计一些特定的分支情境练习将非常有助于激发学员的讨论。

直接把活动念出来

可以让人们在面对面讨论或网络研讨时一直盯着屏幕看吗？当然可以。

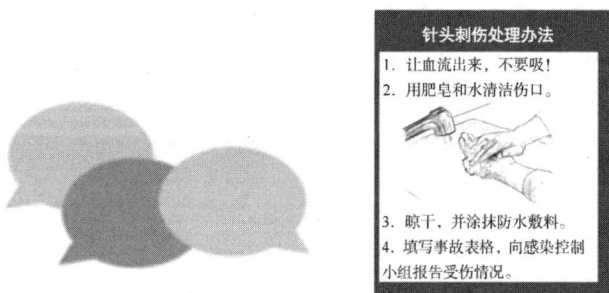

最简单的选择就是把题目直接念出来："例如，一位名叫玛格达的临床医生从病人动脉上取下针头，不小心扎伤了自己。她第一步应该做什么？"

让学员把他们的建议说出来或打出来，然后选择一个进行讨论。你很可能听到或看到有人提议使用必达净，因为这是大多数人都会犯的错误。

"好，你们提出的建议之一是用必达净清洗伤口。"你说，"那么，如果病人得了丙型肝炎，玛格达被传染的可能性有多大？"

如果学员没有就后果进行讨论，那么你可以直接告知他们后果："玛格达会在意想不到的情况下感染丙型肝炎。"

最后，问他们："在做出决定之前，她应该看看什么？"这个问题可以起到提醒他们查看工作辅助的作用。

如果这是一天中的第一个活动，你就可以现在分发工作辅助。如果不是第一个活动，提出这个问题的前提是你已经分发了工作辅助或者已经让学员描述了墙上张贴的工作辅助。

把活动表演出来

另一种选择是在真实的考场进行培训。假装从学员手臂上取下针头，假装用它扎伤了自己，然后问："我应该先做什么？"

如果有人建议你把必达净倒在伤口上，你听从他们的建议，把必达净倒在伤口上，然后问："如果病人得了丙型肝炎，我会被传染吗？"

在讨论过程中，暗示你已经"感染"了丙型肝炎，然后问："我应该找寻这个房间里的哪些信息？"

是决定，不是技术

你可以以任何形式实现你的活动想法，因为这些活动关注的是人们在工作中做出的决定，它们与依赖技术的街机游戏完全不同。

当在线学习还处于全盛时期的时候，每个绩效问题都是一枚钉子，而在线学习就是唯一用来解决问题的锤子。幸运的是，人们解决问题的视角正在拓宽。如果你在设计培训的时候专注于问题本身而非工具，你的视角也将进一步拓宽。

再说一次，不要将自己局限于一种形式

我展示多种形式的目的在于防止你局限于在线学习这一种形式。当想出活动的时候，你不要急于决定活动以何种形式开展，而要专注于活动想法本身。下一章才是你决定每个活动的最佳形式的时候。

○ 情境练习是一种类型的实践活动

我把"实践活动"作为一个总括性术语来描述人们练习做某件事情或某个决定的任何类型的活动。通过这样的定义，我们很容易看出，实践活动可以以任何形式开展。我的舞蹈老师让我一遍又一遍地重复跳三个八拍的探戈舞步就是一种实践活动。

情境练习（scenario）也是一种类型的实践活动。它往往被设计成一道多选题，但多选题并不是它的全部。

很多人认为情境练习是在线学习的专利，其实并不是这样。就拿我们前面提到的针头安全情境练习来说，它以一道选择题开始，但放到现场会议中就逐渐变成了一次开放式的讨论。在各类提升绩效的培训中，使用情境练习的方法有很多种，而将其局限于在线学习是相当严重的错误。

有些人用"情境练习"来指代不需要学员做出决定的案例研究或故事。这不是一个实践活动，所以，也不是我定义的情境练习。学员必须做出现实性的决定，并能看到决定造成的后果，这才是实践活动，才是我定义的情境练习。在我的书中，尽管与学员互动的是工具或软件而不是其他人，但只要他们需要做出现实性的决定并看到后果，就是一种情境练习。因此，"模拟"和"情境练习"对我来说是一样的。我喜欢把情境练习分为三类。

→ 迷你情境练习

迷你情境练习很短，通常只有一个问题。过程很短：面对现实挑战→做出选择→看到结果→练习结束。

下面是一个简单的迷你情境练习。它完全属于"实践活动"的范畴，因为它具备特定的姓名、特定的背景，以及决定产生的后果。

> 比尔需要在手术过程中把手术刀递给萨拉。他该怎么做？
>
> A. 把手术刀放在无菌的、用于盛放肾脏的盘子里，把盘子递给萨拉。
>
> B. 抓住刀片和刀柄的连接处，把刀柄放在萨拉的手掌里。
>
> C. 把手术刀放在手术布上，让萨拉自己拿。
>
> D. 简单包裹后轻轻地扔给萨拉。

学员选择答案后会得到回复，回复中显示了该答案造成的后果。例如，如果学员选择了 B，就会看到这样一句话："萨拉被一个松开的夹子分散了注意力，当比尔把刀柄放在她的手掌上时，她刚好移开了手，碰到了手术刀。手术刀割破了比尔的拇指。"而不是显示："错误。你不应该……"

对于这样的情境，考试中的试题会这样提问："传递手术刀最安全的方法是什么？"这种问题缺少特定的人名和背景，得到的回复也只是"√"或"×"。

不同的人使用迷你情境练习的方式不同。在本书中，迷你情境练习指的是"简短的情境练习，可能只有一个问题"，并不是指一个强迫人们返回重选直至正确的活动，也不是指一个字面意义上"简单"的活动，也不是指一个在有限时间内发生的活动。

使用迷你情境练习的情况

当出现下面的情况时，你可以使用迷你情境练习：

• 这个现实性的决定是独立的。虽然你可能要在较长的对话中或过程中做出选择，但其后果不会严重影响过程的任何后续内容。例如：

> 安德里亚斯是一名 33 岁的单身男子，没有任何健康问题。他想买一份可以在全球范围内提供服务的医疗保险，且无须支付任何附加费用。你应该向他推荐哪种类型的保险？

- 如果你想通过使用不同的变量让学员多次练习相同的任务，医疗保险的例子就可以多次使用，只需变换客户（一名 55 岁的妇女、一对计划生育的夫妇等）即可。你不需要让学员练习整个对话，只需要让他们练习如何推荐正确的产品。

产生的后果可能是即时的，也可能是将来的

你的选择产生的后果可能马上发生，也可能将来发生。让我们重新回到安德里亚斯的例子。如果你选择了正确的保险，回复可能会说，五个月后，安德里亚斯在赞比亚被一辆公共汽车撞了，但由于你向他出售了正确的保险，他得到了免费治疗。如果你选错了，回复可能会说，可怜的安德里亚斯只好一瘸一拐地走到自动取款机前，取出大量现金。尽管后果发生在未来，但从结构上讲，这只是单一的迷你情境练习，因为只需要做一个决定。

多个迷你情境练习可以串联在一起形成一个虚拟的故事

一系列迷你情境练习可以串联在一起，像一个故事一样，但是一个决定的结果并不影响如何做出下一个决定。

一个典型的例子是"生命中的一天"，这种故事里包含了多个毫无关联的决定。例如，一名保安一天到晚都会发现和解决各种毫无关联的问题。上午 10 点处理障碍物时做出的决定并不影响下午 1 点处理未锁车门时做出的决定。

不需要特定的工具

你可以使用设计多项选择题的工具来设计迷你情境练习。只需确保你使用的问题工具可以提供背景回复即可，也就是说，可以为每个选项编写完全不同的回复。尽量不要只给两个纯文字的回复："正确+说明文字"和"错误+说明文字"。你也可以在回复中使用图像或视频这样的多媒体手段，这对开展情境练习会很有帮助。

令人惊讶的是，大部分在线学习工具和测试插件都不支持背景回复，包括一些号称使用尖端科技的、时髦的新工具。这些工具的创造者显然受到了学校心态的影响，他们似乎认为，用户使用这些工具只是为了检验学员是否能正确地复述事实。

→ **分支情境练习**

一个分支情境练习包含多个问题（"决定点"）。一个决定的后果影响下一个决定。参与同一情境练习的两个人会看到不同的问题和故事线。

下面是一个比较大的分支情境练习的一部分。它显示了一个精华版的故事情节。每个菱形代表一个决定点，每个决定点都连接一个决定产生的后果和几个可供选择的选项。

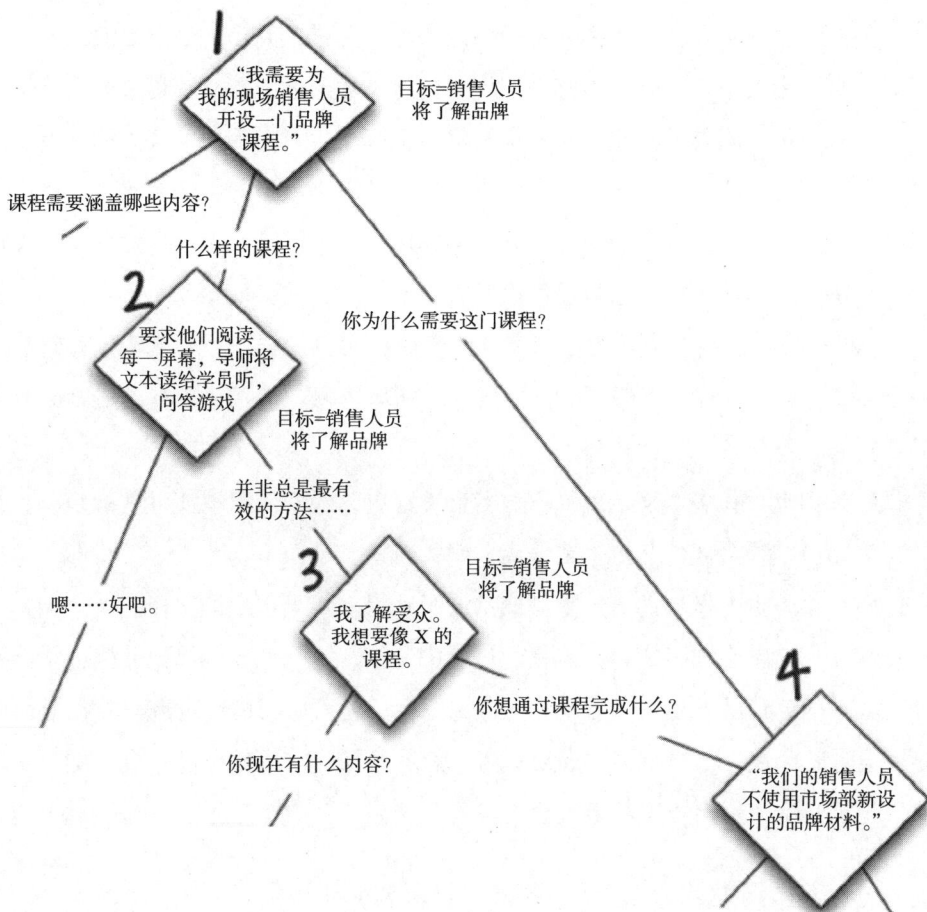

处于决定点 1 时，学员可以选择将其直接带到决定点 4 的选项，或者经过决定点 2 和决定点 3，最终到达决定点 4。而一些学员可能永远也到不了决定点 4，就像图中显示的那样，他们可能在决定点 3 就已经失去了继续选择的可能。

这就是分支场景练习：不同的学员基于不同的选择获得不同的体验。

使用分支情境练习的情况

当出现下面的情况时，你可以使用分支情境练习：

- 一个决定点影响下一个决定点。一个经典的例子是，在一次棘手的对话中，你问了一个错误的问题，限制了你在后面的讨论中可能获取的信息。

- 你想帮助人们练习如何弥补错误。在一个比较大的分支情境练习中，学员有机会意识到自己正沿着一条错误的道路前进，并由此做出更改决定，让自己走上一条正确的道路。假设学员正试图与某人建立密切关系，这个人来自重视闲聊的文化，而学员过早地提起了生意，因此，某人的态度看起来越来越冷淡。这时，学员就需要决定接下来该说什么，此时，你提供了一个选项，可以将对话拉回到闲聊领域。这个情境练习的目的就是让学员练习如何认识到自己的错误以及如何弥补错误。

但是，使用分支情境练习的时候会出现一种常见的错误：如果希望人们实践一个多步骤流程，你就会假设自己需要分支情境练习。但是，只有出现以下情况下才真的需要：

- 导图上存在多个灰色区域——多个决定点，人们需要在那里进行判断，判断的结果会使他们走上或偏离正确的轨道。
- 在某一点上做出的决定限制或扩大了在另一点上可用的选择。
- 人们通常会在完成这一流程的过程中犯错，需要认识到错误并弥补错误。

如果确定自己不是真的需要分支情境练习，就可以考虑针对流程中几个棘手步骤设计几个迷你情境练习。如果觉得人们练习如何完成整个过程很重要，你就可以把这几个迷你情境练习串联起来。

→ 教学情境练习，又称"控制狂情境练习"

第三种类型的情境练习可能看似分支情境练习，但只有一条路径。参加这一活动的两个人会看到同样的问题，因为情境只有一条故事线。

要想知道故事接下来会发生什么，你必须选择正确的答案。如果选择了错误的答案，则需要重新返回，再试一次，直到找到正确的答案，这样故事才会继续。

我最喜欢用"控制狂情境练习"来称呼这种结构，因为学员对它的感觉就是如此。这种情境练习不允许学员做各种尝试，也不允许他们弥补错误。选择错误就会受到惩罚，学员不得不重新返回，一试再试，直到选择正确的答案为止。

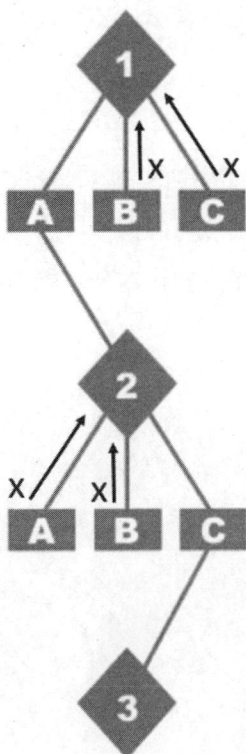

当你帮助新手学习做一些全新的事情时，这种"控制狂"方式可能很有用。这种即时纠正的方式可以帮助他们了解某一事物的基本情况，为应对真正的分支情境练习做准备，因为分支情境练习中的后果要复杂得多，难处理得多。

不过，既然我们是在帮助成年人学习东西，我怀疑有什么东西新到如此程度，以至于如果没有这种不断的纠正，他们永远也无法弄明白。

当在后面的章节讲到如何设计回复时，我们将更仔细地研究这种方法。

○ 实践活动示例

下面，我将介绍几种类型的活动，帮助你打开思路。要查看更多示例，请登录 www.map-it-book.com。

登录 www.map-it-book.com，查看示例。

→ 模拟的工作任务

大多数活动是让人们练习做决定的活动，这些决定都是完成工作任务所需的。

这里有一个简单的迷你情境练习的例子。除了练习做出现实性的决定，学员还可以访问可选信息。这个例子中的计划和功能图表也可以作为他们日后工作的参考。

保罗是单身且没有孩子。他患有糖尿病，体重超重，喜欢蒙住眼睛跳伞。你会给他推荐哪种保险？

A. 基本保险

B. 巨额保险

C. 超巨额保险

查看图表

如果这是一次自主在线学习，学员可以点击"查看图表"链接。如果这是一次现场培训，导师可以把图表制作成工作中常用的形式提供给学员，并将问题投影出来，或打印出来分发给学员，又或直接读出来。

同样地，你也能以各种形式开展这些活动，如自主在线学习的形式、现场或网络研讨会的形式、面对面分组讨论的形式、工间非正式讨论的形式等。

→ 模拟对话

许多工作任务都需要通过人与人之间的对话才能完成。如果某类对话很难开展，就应该针对对话本身进行一些实践活动。

有效的模拟可以显示学员所说的话造成的后果——潜在的买主失去购买兴趣，病人承认有吸毒的习惯。在模拟过程中，不会出现一个无所不知的人打断他们，评判他们说的话是对是错，也不会有这样的人给他们提各种的建议。他们可以根据自己的需要请求帮助——如果是在线学习的形式，我喜欢设计一个名为"为什么会发生这种情况"的选择框——但是点击之后获得的回复只是故事接下来发生的事情，而不是对原因的详细说明。

虽然许多设计师倾向于设计分支情境练习来帮助人们提升处理棘手对话的能力，但你也可以设计迷你情境练习。例如，如果想帮助销售人员提升应对常见的反对意见的能力，我们就可以设计几个简短的情境练习，将学员带入已经开始的销售对话中。这种情境练习的前提是客户已经提出了反对意见，学员选择一种回应，进而看到本次对话的最终结果。通过这种方式，学员能够从容地练习应对多种反对意见，不必手忙脚乱地应对多个分支情境练习；设计师也不必费神构思一个潜在客户提出多个反对意见的情境，也不必考虑如此多的反对意见以怎样的顺序呈现才显得合理。

当尝试开展类似于 www.map-it-book.com 上的示例活动时，你可能会考虑以下问题：

- 这个对话有多强的现实性？这种情况真的会发生吗？这个对话听起来内容性强且自然流畅吗？
- 这个决定是否具有挑战性？这些选择能变得更微妙吗？
- 你（设计师）是否会在回复中直接灌输给学员一些信息？还是让他们从经验中自己学习、体会？
- 应当提供何种类型的帮助（如有）？学员什么时候可以查看帮助——只在做决定之前，只在做决定之后，或者任何时候？
- 你（设计师）是否使用了说明各类角色的库存照片或其他图像？这些图像会帮助还是会阻碍活动开展？
- 开发人员是否使用了昂贵的多媒体手段，如制作一段视频？你认为这有必要吗？还是认为这笔预算用于开发更具挑战性的情境练习反而更好？

同样，你可以将这种类型的活动用于多种培训。例如，你可以将其投影出来，分小组讨论每种选择；你也可以将其打印出来，用于现场培训（如下一章所述）。

→ 具有多重特征的模拟工作决定

通常情况下，工作中需要做出的决定并非与人沟通这么简单，仅仅模拟对话是不够的。你可以使用实践活动来帮助人们练习如何做出各种类型的决定，并练习如何与形形色色的人互动。

同样地，这些活动可以是独立的迷你情境练习，而这些情境可能都发生在一个故事里，如前面提到的"生命中的一天"这一示例。在这种情况下，之前做出的决定不会影响之后做出的决定，所以不需要使用分支情境练习的形式。

而对于比较复杂的情况，需要使用分支情境练习，让学员去实践如何弥补错误，或从常见的错误步骤造成的后果中吸取经验教训。

除了"模拟对话"部分要考虑的问题，你还要考虑以下问题：

- 这个活动是分支情境练习，还是由一条故事线串联的多个迷你情境练习？如果之前做出的决定会影响之后做出的决定，这就是分支情境练习。许多最初看起来是分支情境练习的活动其实是一连串的迷你情境练习。
- 如果学员做了一个糟糕的决定，产生了不好的后果，他们可以尝试随后通过一个好的决定来弥补吗？如果这个活动由一连串迷你情境练习组成，他们就无法弥补。
- 活动过程中，学员可以获取做出一个好的决定需要的信息（如工作中的参考资料）吗？一个有效的活动会为学员提供真实世界的参考资料，模拟真实的工作情况，让学员练习如何使用真实世界的工作辅助。
- 你（设计师）会以信息展示或者给出建议的方式打断故事发展吗？这会如何影响学员继续参与活动的积极性？

→ 角色扮演

如果活动采取面对面交流的形式，精心设计的角色扮演将有助于学员练习如何提升人际交往技能。

我所说的"精心设计"是指角色扮演中至少有一个人有明确的角色定位，另一个人有明确的、需要练习的技能，角色做出的选择有明显的优劣之分，导师只会在结果讨论阶段引出整体概念和目标行为，不会打断角色扮演的过程。否则，角色扮演就有可能成为一次含糊不清的讨论，没有练习任何特别的技能。

→ 模拟软件任务

这种类型的活动允许学员在实际工作中使用的软件来练习如何完成任务。然而，与实际使用的软件不同的是，学员会受到一些限制，还会得到更多的手把手的指导——当然是在学员要求的时候。

随着虚拟任务的复杂性不断增强，学员的技能和信心也会不断增强，最终做好使用实时程序的准备。

有件事我并不想反复提醒你，但本活动的开展形式依然不限于自主在线学习。在实时课堂上，你可以让学员面对真实的软件，给他们布置同样的任务，为他们提供需要的帮助。如果你是唯一一个有电脑的人（绝对不推荐这种形式，但它确实会发生），你可以把软件投影出来，让在场的人告诉你完成一项任务需要点击什么。

→ 真实的工作任务

对于一个人来说，完成工作任务往往是学习如何做好工作的最好方法，也就是"一边工作，一边学习"。但是，如果人们假设"一门课程"就是最好的解决方案，这种活动就不可能开展。

可供选择的现实性在职培训多种多样。你可能已经在分析客户的问题时发现了一些解决方案。例如，如果你发现可以用一个新的工作辅助来解决一种有问题的行为，你就可以提供一种轻松的在职培训。人们将在完成任务时使用工作辅助，也就实现了"一边工作，一边学习"。

大多数人一想到在职培训就会想到导师或教练。能够配备导师或教练当然是好的，但是这样的话，就需要让某些人离开工作岗位去培训另一些人。如果你需要培训很多人，这种方式操作起来就会很困难，因为需要大量的人脱离工作岗位。

解决这一问题的一种方法是重新审视项目目标。目标应该明确地显示出对组织的有益之处。你应该让客户明白，他们获得这些益处的前提是承担某些成本，这些成本既包括支付培训和工作辅助的费用，也包括因经验丰富的员工帮助新手而造成的生产率的下降。

当然还有其他方法，其中之一是，让新人在更有经验的人旁边工作，但有经验的人的工作不会受到新人的严重影响。这样，在培训过程中，只需让一个人远离生产性工作即可。

你的客户会因为担心不好的工作方式在员工中间传播而拒绝指导性或跟随性的培训。吸引每个人都参加同样课程的原因之一是，它使任务的完成方式标准化。然而，课程并不是实现事物标准化的唯一方法，工作辅助在这方面也能起到显著的作用。如果你给学员提供一些不言自明的工作辅助，并让他们从简单的任务练起，边工作边学习，最终也能实现完成方式的标准化。

⇒ 真实的课堂任务

如果在职培训实现起来有困难，你仍然可以通过课堂培训获得一些益处，课堂培训可以尽可能多地复制工作场所的特征。当然，最好让每个人都使用实际工作中使用的工具。即使不能给每个人提供适当的工具，你仍然可以提供现实性的活动。

例如，开展课堂培训的方法之一是尝试在导师的指导下自己完成任务。20 世纪 80 年代初，当我还是一名技术培训师的时候，我经常这样做。我曾经在一个 30 名学员参加的课堂上，用投影仪投影出一台 IBM 个人电脑的屏幕，然后给他们布置现实性的课堂任务。例如，"我们现在需要写一份备忘录，列出每个人要带到员工派对的东西。我应该打开哪个程序？"

每操作完成一步，我都会停下来，询问学员"你们认为我下一步应该做什么"，同时，根据需要给他们一些提示，例如，指一指屏幕上的图标，或提醒他们查看工作辅助。

你还可以从学员中挑选一名志愿者，完成一项任务。完成的方式可以有两种：余下的学员告诉志愿者该做什么，大家一起完成任务；让志愿者完成部分任务，然后让余下的学员对已完成的部分进行评估，如此循环，直至完成任务。

○ 你会借鉴这个活动吗

上面的例子只是众多可能开展的活动中的一小部分。我相信你还见过其他类型的活动。因此，你目前要做的是厘清思路，取其精华，去其糟粕，将注意力集中在问题本身而不是工具上。

让我们练习一下如何厘清思路。假设你参加了一次培训会议。你不仅听到了参会者对其最近使用的活动的分享，还参观了展示厅，看到了供应商展示的产品或服务。

下面是你听到和看到的一些活动想法。你会借鉴哪一个并将其应用到你的实践活动中？又会将哪一个抛诸脑后？

（1）一位供应商正在销售专为银行出纳员设计的防欺诈在线课程。其中的一个活动是，一群客户挤在出纳员的窗口前，他们中的每一位都想存入一张支票，出纳员需要检查支票的真伪，然后选择接受或退回支票。如果需要退回支票，那么出纳员可以选择以何种理由退回客户的支票？

（2）"我们针对变更管理进行了一次在线学习，"一位参会者说，"课程里出现了一个虚构的团队，他们工作的公司刚刚被收购，因而需要学习如何变更管理。在一个活动中，学员要将气泡对话框拖到一个人物角色的脸上，让这个人物角色说出对话框中的话。"

（3）一位参会者说："我们举行过一次为期两天的线下讲习班，讲授一些相当无聊的金融法规。导师不仅讲授法规，还让学员分小组研究特定主题的法规。然后让其中一组向余下的学员介绍他们的研究所得。"

（4）一位参会者说："在一次在线安全课程中，我们设计了一个可点击仓库，供学员探索。例如，如果他们点击了溢出的废纸篓，就可以了解湿滑的包装材料溢出到地板上会造成的风险。"

（5）在一个在线学习供应商的展位上，你可以看到一张绘制了一座宝藏岛的彩色地图。学员点击岛上的物体，如小屋或棕榈树，就可以显示问题。如果他们答对了，就会得到一枚金币。当他们得到足够多的金币时，宝藏的位置就会显示出来，卡通海盗就会把宝藏呈给他们。供应商说："问题的主题由你决定。"

（6）"我们喜欢以真实的故事，如一个骚扰案件，引入相关的反骚扰培训。"一位学员说，"这种培训内容可以让学员产生共情，提高学习的积极性。"

（7）"我们使用网络研讨会的方式培训社会工作者处理家庭问题，"另一位学员说，"我们给出了一个真实的案例，讲的是一对苦苦挣扎的父母如何对待他们的女儿。这实际上是一个失败的案例，但我们一开始并没有告诉学员，而是讲了案例的一小部分，然后问他们，机构应该在此时做些什么。学员可以提出自己的意见，大家你一言我一语，讨论得相当热烈。然后我们再给出事实的一小部分，让学员继续讨论。"

你会借鉴哪一个？借鉴的原因又是什么？下面是我对每个想法的分析。

（1）**银行出纳员接受或退回支票**。我会借鉴这个，因为它可以帮助人们练习做出实际工作中需要做出的决定。

（2）**把气泡对话框拖到人物角色脸上的变更管理培训**。如果学员可以根据自己的变更管理决定选择人物角色应该说的话，我就会借鉴这个想法。如果拖气泡对话框只是让角色呈现信息或回答问题的一种方式，不需要学员做出现实的决定，那么这只是一种噱头，而且不适用于所有平台或所有人，我肯定不会借鉴。

（3）**线下讲习班的学员研究法规并介绍研究所得**。我会把这类常见的活动抛在脑后，因为这只是将信息输入大脑的另一种方式。这类活动不要求人们练习工作中所做的事情，除非他们的工作就是研究和提供信息。如果是我，我会让人们在现实性的情境练习中决定如何运用法规。

（4）**安全课程中的可点击仓库**。这是一个典型的"点击显示"活动，我同样会抛诸脑后。这个活动不要求做出任何现实性的决定，唯一的决定是"下一步我要点击什么"。然而，我们可以给这个活动做一些调整，让它变得更有用。例如，我们可以要求学员在一个（真实的）仓库中找出一个（微妙的、真实的）安全隐患，要求他们不仅要消除隐患，还要找到一种方法，防止隐患再次出现。

（5）**回答问题找宝藏**。我同样会抛诸脑后。有些人会争辩说应当借鉴这个活动，因为他们可以在活动中提出各种类型的问题。他们会说："我们可以设计一些具有挑战性的迷你情境练习，让人们练习做工作中需要做出的决定，而宝藏只是一种起激励作用的有趣方式。"

我担心的是学员不会在一个有海盗的小岛上工作。即使我们提出了具有挑战性的现实性问题，他们也需要在两个世界之间不停地转换。他们需要先将问题带入自己的工作场景，以便做出决定，然后回到岛上，套用自己的决定，给出答案。几秒钟后，他们又要重复一次。在我看来，海岛这个场景似乎只是不必要的干扰。

我宁愿给学员一些有趣的挑战，激发他们的潜能，让他们的工作更令人满意。相比卡通的海盗形象，我更喜欢成年人的幽默。

（6）**以真实的故事引入反骚扰培训**。我会放弃这种"触动"人们的常见方法。学员不需要做任何决定；他们只是被动地听故事，触动一些感受，通常是害怕（因为这种故事的寓意往往是"如果你表现得像故事中的人，坏事就会发生"）。而且，这个故事不可避免地伴随着一次信息转储，教导人们对培训中即将提到的任何故事都保持警惕。如果你真的想调动他们的积极性，你可以从一个会产生争议的决定活动开始，这个活动必须具有现实性且决定造成的后果必须能够调动学员的积极性，然后继续给出更多的活动，展开更多的讨论。

（7）**在网络研讨会上用一个真实的故事来激发讨论**。我会瞬间决定借鉴这个想法。当然，也有人反对，他们会争辩说："学员并不是真的在做决定，也没有看到结果。他们只是分部分讨论发生的事情。"

我的回答是，针对这个活动，应当辩论的焦点是："我们当下应该做什么？"这有助于学员反复实践一个重要的决定："我们应该怎么做？"诚然，故事只展示了一种选择的结果，即机构在现实生活中需要做出的选择，但讨论模拟了做决定所需的思维，而一个好的导师将帮助学员发现其他潜在的结果。

我认为设计师选择一个失败的案例是正确的。随着故事的展开，人们看到了家庭环境的恶化——他们看到了现实生活中做出错误决定造成的后果——因此，针对错误开展讨论的紧迫性也在增加。

如果管理得当，讨论将进一步揭示机构内部的问题，并可能找到解决这些问题的方法。此外，针对错误开展讨论有助于找出弥补错误的方法，而弥补错误的技能是一项在培训中经常被忽视的重要技能。

最后，你会更尊重哪种雇主？那种说"我们搞砸了，让我们看看都做错了什么"的雇主，还是那种说"我们总是做伟大的决定！让我们听一个故事，看看我们有多伟大"的雇主？

◯ 什么是"现实性"

你可能见过一些在线学习活动，它们试图通过将挑战设定在一个仿真场景中来凸显挑战的现实性。例如，活动中会出现一个类似于学员实际工作场景的办公室，他们需要点击房门进入其中，点击手机查看信息，点击桌上的纸张阅读内容，等等。

虽然这些看起来很"现实"，但请你不要仅仅关注场景，而要关注需要做的决定。例如，同一活动的两种不同形式有什么区别？

A. 你点击桌子上的纸，就会出现一条信息："确保你的桌子上没有留下机密的客户信息。"

B. 你点击桌子上的纸，纸上显示了客户的姓名和他们购买的服务清单，但没有显示地址或其他身份信息。程序询问学员应该将这张纸切碎、归档还是放在桌子上。

真正区分二者的是，是否需要做出决定。活动 A 属于"点击显示"，不需要做出决定；活动 B 要求学员做出一个现实性的决定。

最后，"无缘无故地点击查看仿真场景"这样的活动只会让学员有种碌碌无为的感觉。如果你的预算有限，最好让成年人耗费更多的脑力去应对现实性的挑战。

◯ "这是基于问题的学习，对吧？"

此处，我们进入了模糊定义的迷雾。我见过将"基于问题的学习"解释为："把对某一主题一无所知的人扔到这样一种境地：首先，要求他们找寻所有必要信息，但不告诉他们从何找起；然后，要求他们弄明白如何应用自己设法找到的信息；最后，让他们偶然发现一个中规中矩的解决方案。"

但是，这不是我在本书中描述的方式，因为我十分尊重学员的时间，而这种方式过于耗时。此外，还有研究表明（至少在教育领域），这种方式失败了，因为它给人们造成了太多的认知负担，人们急于弄清楚自己需要什么，在哪里找到它，以及如何使用它。

我的建议是，给成年人提出一些和他们已有的、实质性的知识相关的问题，**同时提供全面但又可选的帮助**（我们将在本书之后的章节看到）。我们还可以安排一些活动，在这些活动中，之前运用的知识、获得的经验可以作为之后参与活动的参考。我的方法是一边提问一边提供帮助，循序渐进地增加问题的难度，鼓励学员在活动中试错。我们将在关于提供信息的章节中更深入地讨论这个问题。

> 我们的目标是，让人们在一个安全的范围内进行练习，同时以最有效的方式为其提供可选择的帮助，通过这样的方式，让他们积累经验教训，最终学会执行某一行动。

○ 你的项目：写出你的活动想法

现在，我们回到你的项目。请在你的行动导图中添加活动想法，并将每个活动连线到与之相关联的行动上。你可能将多个活动连线到一个行动上，也可能将一个活动连线到多个行动上。

把每个活动都写成一个问句或描述成一个简短的问题。不要写活动选项或提供过多细节。下面是一些例子：

- 客户打电话投诉插件的稳定性差。尽可能通过电话有效地判断问题所在。
- 某地的政界人士在和你讨论合同时提出为你购买午餐。以某地的方式应用道德规范，做出回应。
- 病人在繁忙的换班时间，多次向护士提出处理肌肉痉挛这样的非紧急请求。考虑请求的优先级并做出适当的回应。

下面是我绘制的关于"如何使用行动导图模型"的导图，其中添加了会用到的活动。深灰底文字是行动和子行动；白底文字是注释，回答了"什么让这些行动难以执行"这个问题；浅灰底文字是活动想法。

E，S：学校心态极其普遍。想出知识测验题目比想
出实践活动容易得多。实践活动的例子很少。
E：组织所谓的"我们经常使用的方式"大概是"信
息展示+知识测验"的方式
E，S：学习教学设计时通常不会学到如何设计实践
活动。教学设计注重内容展示和测验
E：客户可能一直在描述信息展示+测验的培训；很
难忽略客户的需求
E，S：组织或客户常常已经有了想要的形式；很难
打破形式的束缚去思考可以采用的活动

对于可以从实践中获益的行动、动动脑筋，想一些可以以任何形式开展的实践活动

暂时忽略客户的需求
专注于想法，而不是形式　　你如何以 X、Y 和 Z 的形式来开发这个活动想法？
动动脑筋，想一些现实性的活动，帮助人们进行实践练习而不是让人们参加知识测验　　这些例子属于实践练习还是知识测验？为什么？
不要被教育领域的潮流所干扰　　你如何为这项任务设计实践活动？
学习和发展部门领导：明确设计师的工作是找到解决绩效问题的最佳方案，而不是单纯地设计信息类的课程

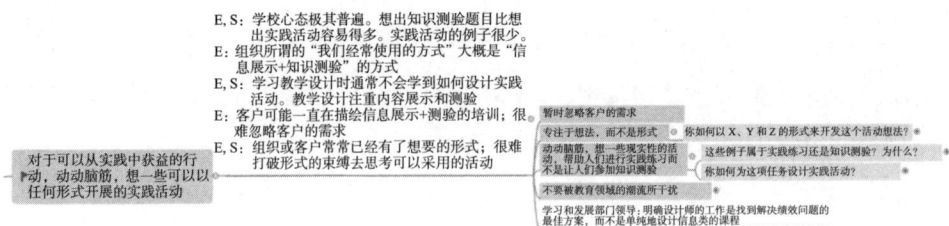

让我们仔细看看这些活动。注意：它们目前只是想法，不是开发好的活动。

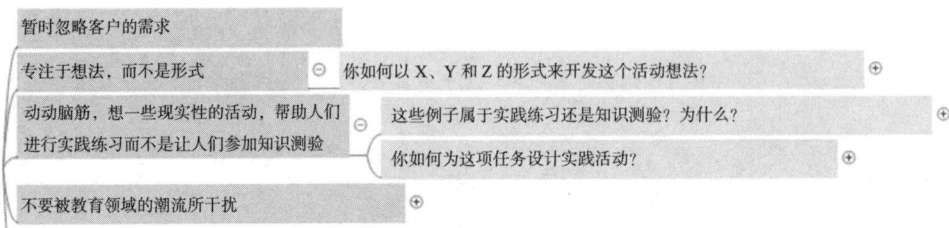

暂时忽略客户的需求

专注于想法，而不是形式　　⊖　　你如何以 X、Y 和 Z 的形式来开发这个活动想法？　　⊕

动动脑筋，想一些现实性的活动，帮助人们进行实践练习而不是让人们参加知识测验　　这些例子属于实践练习还是知识测验？为什么？　　⊕

你如何为这项任务设计实践活动？　　⊕

不要被教育领域的潮流所干扰　　⊖

现在，你只是在标记想法，并没有确定开展活动的形式是在线学习还是网络研讨会。形式的问题留到以后再说。

→ 每个行动都需要对应一个活动吗

为导图上的每个行动设计一个对应的实践活动是一种常见的错误。不需要任何思考的简单行动可能并不需要对应的实践活动。

假设我们正在做一个培训电话接线员的项目。导图上的一个行动是，"当有人打电话找奈杰尔时，接到 3 号线。"这个行动需要多大程度的思考？当人们听到"请帮我接奈杰尔"时，真的需要练习按 3 号线的按钮吗？只有出于某种原因，要求接线员记住"奈杰尔=3 号线"并尽快完成任务时，他们才需要进行专门的实践活动。但是，在这种情况下，活动不涉及任何决定，所以它更像一种单纯的操作训练。如果他们不需要记住员工的姓名及其对应的线号，我们其实可以为他们提供工作辅助，在其中列出姓名和线号，然后，给他们一些更具挑战性的任务，如分辨有购买意图的电话或应对愤怒的客户。

如果你的导图上有不需要思考的简单行动，那么它们不需要对应的实践活动。但是，如果人们需要记住信息并快速准确地对其做出反应，那么他们需要现实的操作训练。前提是，这些信息确实需要记忆，并且不能通过工作辅助展示给人们。

→ 不要拘泥于课程一种形式

你是否推荐在职学习，如让学员跟随一位更有经验的人士学习，或者给学员更多的时间来完成任务，同时可以寻求同事的帮助？

客户会期望你设计正式的培训，但你不要被这种期望限制了想法。如果你发现自己只是列出了一些情境练习类的活动，那么，请回看你列出的活动想法，并针对每个活动想法自问："难道除了情境练习就没有别的活动了吗？学员真的要在虚构的场景中练习吗？"这里你需要注意的是，情境练习发挥优势的前提是某个错误会造成可怕的后果。但是，还有许多任务可以在工作中学会如何完成，即便出错也不会造成严重的后果。

○ 常见问题

→ 你的团队（或你自己的大脑）不断地提议进行各种事实测验和问答游戏

如果有人极力推荐进行知识测验，你可以问他：

- "执行现实世界的什么行为需要了解这一事实？"
- "我们如何通过观察一名工人来判断其是否了解这一事实？"

将这一行为作为设计一个迷你情境练习的灵感，该情境练习要求学员利用事实做出现实性的决定。

同时，请确保你的团队没有预设任何特定的活动形式。请提醒他们，你们此时只是在集思广益地讨论活动想法，而不是讨论如何设计在线课程，甚至不是讨论他们想象的那种"培训"。

→ 你担心特定的情境并不适用于所有人

- 你需要确保受众仅限于特定的工作角色或相关角色组；如有必要，单线追踪每个角色。
- 请使用多个情境练习来涵盖多个典型的场景，并相信学员具备一定的推理能力。（想想龟兔赛跑的故事。我们既不是乌龟，也不是兔子，但我们明白故事的寓意。）

→ 你不能考虑以客户要求的形式开展活动

- 请暂时忽略客户的需求，考虑最适合学员及其工作背景的活动。活动的形式问题请在下一章考虑。
- 请回顾前述"专注于想法，而不是形式"部分，其中讲到了如何以多种方式开展同一个活动。

→ 客户已经指定了他们想要的活动类型，如"我想要举办一个知识抢答赛"或"我认为研究展示这样的活动很不错"

- 同样地，请暂时忽略客户的需求，考虑最适合学员及其工作背景的活动。之后你就向客户展示你推荐的活动类型的模型，他们看完模型后很可能放弃最初的想法，转而选择你推荐的活动。

→ 每个人都期望一种特定类型的培训（"我们一直在做的是这种类型的培训"）

- 请暂时忽略所有人对你的期望，考虑最适合学员及其工作背景的活动。
- 之后，你可以向利益相关者和学员展示你推荐的活动类型的模型，他们很可能放弃"我们一直在做的是这种类型的培训"这一想法。学员很可能帮助你摆脱标准方式的束缚。

→ 注意到规律了吗

你会发现，在我上面给的建议中存在一个规律——"忽略别人的想法"。在完成这一步的过程中，你应该大部分或全部依靠自己的力量，自己动脑筋，想出各种类型的活动。你不能被任何人掣肘，不管是客户还是主题内容专家，除非他们已经百分百致力于设计实践活动，并理解实践活动的真正含义。这一步和下一步的重点是参加培训的学员、他们的工作背景、他们需要克服的问题，以及对他们最有帮助的活动。

第 8 章

考虑形式问题

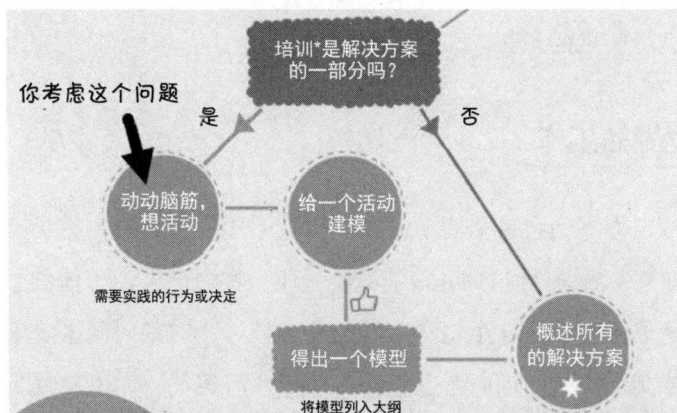

图中文字：
- 培训*是解决方案的一部分吗？
- 你考虑这个问题
- 是
- 否
- 动动脑筋，想活动
- 给一个活动建模
- 需要实践的行为或决定
- 得出一个模型
- 将模型列入大纲
- 概述所有的解决方案

任务内容	任务由谁完成	完成任务需要的时长
对于每个活动想法，找出最佳实现形式（面对面、实时在线学习、自主在线学习等）。 考虑最适合受众和活动的实现形式。即便客户要求以课程或其他培训事件的形式开展活动，你也应当不予考虑。 在你的行动导图上标注自己的想法。此时还不要将这些想法拿给客户看	你应该自己完成	一个活动分配几分钟的时间

　　成果：对于将要向客户推荐的形式，以及推荐的理由，你有了明确的想法。你之所以在这一步思考这部分内容，是因为你将在下一步开发一个活动模型。你希望以最佳的形式开展这一活动，如果活动的形式与客户预想的有所不同，那么你需要充足的论据为你的选择辩护。

○ 你已经完成的工作

　　在上一章，你已经在行动导图上标注了你想到的实践活动，同时将每个活动与适用的一个或多个行动连线。但是，你并没有编写详细的活动方案，这些活动还只是一些有待实现的想法。

○ 你将要做的工作

　　在这一章，你将确定每个活动的最佳实现形式（面对面、在线等）。

　　你可能在想："此时做这些并没有什么意义，客户已经说了他们想要的形式。"

　　那么，请你暂时忽略这个想法，并花费大概一小时的时间来确定活动在理想条件下的最佳实现形式，进而考虑理想条件将如何实现。你将要做的工作是：

　　（1）为每个活动选择一种最佳的形式，而不是为整个项目选择一种形式。

　　（2）质疑影响形式选择的假设。

　　（3）考虑影响受众的文化。

　　（4）确定每个活动的最佳形式，并着重考虑工作背景因素。

　　（5）决定人们应该何时进行某一活动。他们应该在需要某些知识或某项技能之前就进行相关活动练习它吗？你能把活动设计成间隔练习的形式供人们长期开展吗？

　　（6）决定：是否应将所有活动囊括进一门课程或一次活动里？（很可能不是！）

　　（7）确定各种形式的最佳组合方式。

　　你目前依然处在导图上的"活动"位置，下图的手形图标就表示活动。

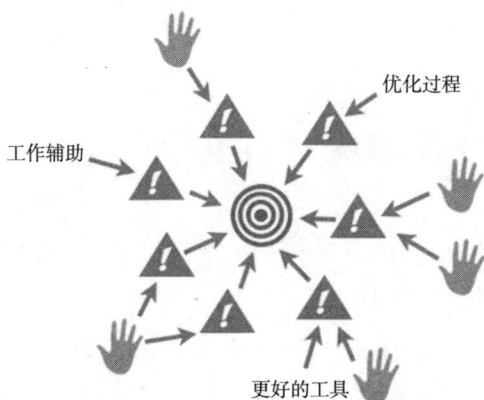

◯ 让谁参与

假设你已经通过"人们为什么不做应做之事"这一章了解了学员及其工作场所，掌握了完成项目的基本信息，那么形式问题将由你自己考虑。如果你有任何疑问，可以咨询客户或主题内容专家。如果你还没有机会与未来学员交谈，请考虑在本章完成这项内容。

1. 为每个活动选择一种最佳的形式，而不是为
◯ 整个项目选择一种形式

首先，抛开学校心态和客户需求，清空大脑里的一切杂念。只有这样，你才能找到最佳解决方案，纵使这个解决方案可能不符合你周围人的期望。

由于受到学校心态的影响，一谈到"培训"，客户总是认为我们应该做到以下几点：

（1）让人们脱离工作岗位，参加"培训事件"。

（2）用信息将他们的大脑填满，这些信息包括将来的"某一天"可能需要知道的信息。

（3）期望他们在返回工作岗位之后，依靠记忆的信息完成工作任务。

如果使用行动导图模型，我们就可以专注于设计活动，而不是设计事件，因此可以保证活动的灵活多样。使用此模型的设计师可能会设计如下部分或全部的

活动。

- 设计工作中会用到的快速参考。
- 设计一些最适合在特定场合开展的线下活动，以及另一些可以随时访问的线上活动。
- 提供任务开始前适用的实践活动（例如，在与真实客户会面前，让学员先跟虚构客户进行一些沟通练习）。
- 为学员提供一个可以向同事提问和分享知识的平台。
- 分发正在进行的巩固性活动，如每周通过电子邮件发送情境练习题。
- 举办定期的小型讨论活动，如非正式的午餐讨论会。

> 培训不一定是大型的"事件"，也不一定是小型的"事件"，甚至可能根本没有"事件"。

○ 2. 质疑影响形式选择的假设

培训界充满了导致弱化实践活动的假设。在这一章中，你将通过简短的思考来辨别客户决定的培训方式是否是最佳方式。如果不是，你就要准备好替代方案，随后提供给客户。

> 你的客户不是研究人们如何学习的专家，但你是。因此，你的工作是决定什么形式的培训是最有效的。

→ 影响客户所做决定的因素有哪些

如果客户最初要求的是一种形式，那么在他们的要求影响到你独立思考活动形式之前，找出他们选择这一形式的理由。你需要考虑如下的可能性：

- **这是客户经常使用的形式**。如果客户选择某一形式的原因是，该组织经常使用这一形式，那么问问你自己：为什么该组织总是使用这一形式？是因为一次性活动或在线课程更有利于组织跟踪培训过程？是因为组织的某些人坚持要求你给出一份"受训人"和"受训时间"清单？如果是，又是为何？上述要求和坚持是出于合理要求，还是合法要求？还是组织只是为了跟踪而跟踪？

- **这看起来似乎是一种快速的解决方案。**一位忙忙碌碌、琐事缠身的客户可能想要一种快速的一次性解决方案。然而，一次性的培训很少能真正解决绩效问题，它非但不是快速的解决方案，反倒浪费了每个人的时间。理想情况下，你的客户已经在分析"人们为什么不做应做之事"的过程中意识到了这个问题。

- **客户见过一种形式，觉得喜欢，也想要使用这种形式。**有时，客户看到了一门令人印象深刻的课程或经历了一种类型的事件后，会想采用相同的形式开展他们的项目。他们之所以想要某一种形式，是因为他们自认为其他人同样会喜欢这种形式，或者是因为他们想要给别人留下深刻印象。

- **客户被趋势误导。**你的客户可能信奉有关学习风格的理论，或者他们可能读到过媒体对于以记忆为导向的宏观微观学习的吹捧，因此，认为这种类型的学习是最佳方式。客户的本意是好的，但了解各类研究、辨别一种形式何时有用应当是你的工作，而不是客户的工作。

- **客户在一种工具上投入了大量资金，因此认为必须使用它。**客户购买了昂贵的学习管理系统吗？如果购买了，他们肯定要使用这种工具以收回成本。但是，通过设计一门不必要的在线课程来证明购买学习管理系统的合理性，只是把更多的钱投入无底的深渊，毫无意义。

- **客户想填补日程表上的空档。**一个典型的例子是，"我们将在 10 日召开季度会议，下午空出的两小时用于开展培训。你可以讲一些领导技巧吗？"这其实是将培训看作一种填充时间的方式，但因为设定了特定的时间和地点又让它看起来对人们有用并能得到正面的反馈。但是这样的话，实现真正的领导力方面的改变就成了这次活动的次要目标，也不太可能实现。如果客户要求你填补一个时间上的空档，那么你可以考虑将其设计成一次启动性活动，为将要进行的各种实践活动或小型的培训事件做准备。

客户偏爱的形式是否也是适合学员的最佳形式？一个人的欲望是否应该凌

驾于其他成千上万人的需要之上？

→ **影响你个人思路的因素有哪些**

客户并不是唯一一个受到未经检验的假设所影响的人。你可能也信奉一些理念而让你无法看清某一情况。你需要考虑如下的可能性：

- **"我必须按照客户的要求去做。"** 这样做现实吗？客观吗？如果客户让你把所有学员都绑在电击座椅上，每犯一次错误电击一次，你会这样做吗？只要你正在阅读本书，你就能认识到自己的工作是给客户他们真正想要的：针对问题的最佳解决方案。你是研究人们如何学习和改变的专家。当运用专业知识，而不是盲目地服从每个要求时，你就能提供最好的服务。（如果你的组织或部门直截了当地告诉你，"你的工作就是服从命令，不要自己独立地思考"，那么你可以查看附录 B，了解如何改变人们对你的固有看法。）

- **"我用 X 工具可以把工作做到最好，所以我还应该使用这个工具。"** 我有一把非常喜欢的电锯，我想用它解决所有问题。你的卧室太暗了吗？我用电锯给你开个天窗。这真的可行吗？

  你最喜欢的工具只适用于特定的问题，而不适用于所有问题。你想要使用得心应手的工具的确合乎常理，但是，还可以考虑一下什么能让你的工作更出成果。例如，切实减少人们因工作产生的挫败感并收获更多信心，同时交付可衡量的成果，让客户对你赞不绝口。

  当我帮助一些客户认识到完成项目并不需要他们计划的课程时，他们给了我最公开、最热情的反馈。他们重新调整了项目的重点，混合使用了分支情境练习、小组讨论和领导层发布新信息这三种形式。

- **"我想不出哪种工具有助于我设计出想要的培训。"** 你可能已经确定了某个特定的形式是有效的，但你想不出来如何设计它。

  一个常见的例子是间隔练习。一些工具的确可以帮助你交付间隔练习类的内容，但是它们的供应商似乎假定你需要交付的是信息和测验，而不是实践活动。例如，我曾经用过的一些工具不允许使用者提供背景类回复，只允许提供"正确""错误"这样的回复。

不仅我们行业里的大部分人依然受到学校心态的束缚，供应商也是如此。他们倾向于将工具视为增强信息吸引力的辅助手段。

但是，请看看我们行业之外的情况。例如，如果你想提供间隔练习，那么你可以问："还有哪些人想间隔性地给人们发送互动信息？"你得到的回答是：市场营销人员。市场营销人员会用到一些巧妙的工具，不仅可以发送可点击的电子邮件，还可以跟踪谁点击了哪些电子邮件，并根据点击的内容为特定的个人发送后续电子邮件，甚至可以跟踪这些人的网站行为，根据他们在网站上点击的内容发送相应的电子邮件，同时给市场营销人员发送大量的跟踪报告，让他们了解人们的反应。"积极运动"（Active Campaign）就是这样一种工具，当然还有许多其他的工具。

因此，与其等着研发供应商改变固有心态，不如主动了解他们的世界。向 IT 或市场营销人员描述你想做什么，请他们给一些建议，或在网上做一些调查。我敢打赌，很多人已经在使用你想要的工具了。

- **"我所有的老师都告诉我要这样做。"** 如果你有教学设计或教育学的学位，那么学校心态已经影响你很长时间了。在学校里，你花了很多钱让别人教会你这样一种模式：用传授知识的课程或其他活动来应付培训需求。

  你的老师可能是这样对你说的："组织的类型无关紧要。如果某人说人们需要学习某事，人们就需要学习某事。你唯一的工作就是帮助人们完成这样的学习。你可以运用成人学习理论，也可以使用其他优秀的'教育家'使用的技巧。知识测试可以告诉你培训成功与否。"

  如果你的老师是这样教你的，你就要把他们教你的全忘掉。如果你的老师似乎仍然在影响你的选择，那么你可以重新审视他们的职业生涯。

  他们中有没有人真的从事过商业活动？有没有人提供了客户要求的培训，但这一培训并不是最佳解决方案的例子？有没有人教过你企业使用的并希望通过培训来提高的指标？他们是否真的应该影响你的工作，尤其是在他们从来没有做过这样的工作的前提下？

→ 学习风格：永生的神话

出于善意，一部分人一直在宣传学习风格的概念，其中可能包括你的教学设计教授。然而，我们必须认清这样一个现实：关于学习风格的不同主张被各种研究一再地推翻。

如果你未曾听说过学习风格，那么这里有一种说法可以让你对这一概念有大致的了解：我们每个人的学习风格都有所不同。根据目前流行的"视觉—听觉—触觉"（简称 VAK）模式的各种变体的解读，人们的学习风格可描述为：有些人需要看到信息，有些人需要听到信息，有些人需要实际操作。

作为"教师"，我们应当根据每位学员的风格设计适合他们的教学过程，这样才能帮助他们更好地学习知识。如果这种说法是正确的，我们就应该用口述的形式向听觉型学员描述导图，而不是期望他们通过观看导图来理解它。

还有一些人提出了风格多样性的概念。例如，一些学习风格的倡导者会"出售"风格目录，目录上列出了各种关于如何改变教学以适应风格的培训，以及课堂上使用的课程计划。不管销售的是哪种款式，其核心主张都是一样的：必须调整教学设计以适应学习风格，否则人们将难以学会教学内容。但是，这一主张一再地被科学家推翻。虽然学习风格"卖家"表示其主张具有研究支持，但无法否认其研究的薄弱性。一项对学习风格研究的元分析总结道，"学习风格的研究主要表现为小规模、非累积性、非批判性和内向性"。[1]

在过去 10 年里，尽管许多强有力的、令人信服的推翻学习风格的研究已陆续发表，但我还是可以看到一些报告：英国和美国的绝大多数教师仍然认为，他们必须通过一些测试来确定学龄儿童的学习风格（通常他们会从 VAK 模式的角度考虑），然后根据风格调整他们的教学。就像许多教育领域的神话一样，这一神话同样已经传播到了培训领域。就像许多教育领域的神话一样，这一神话同样以情感为先，以至于批判性思维被抛在脑后。

显然，人们对于学习风格的问题有一种执念。这一点无人否认，因为所有人都觉得自己是特别的。但我们的研究并不支持这样的说法，即应该根据特定的"学习风格"来调整培训材料，因为有限的资源最好用于开发培训变得更有效的技术上。

最重要的是，学习风格概念的提出是基于这样一个假设：教学就是展示信息。学习风格的倡导者关注的是展示这些信息时应该使用什么媒体。然而，对于使用行动导图模型的培训设计师而言，信息展示只是工作的一小部分，并不是重点。对于这一点我希望我已经说得足够清楚了。我们这种类型的设计师是来解决绩效问题的，而信息展示往往不是解决绩效问题的最佳解决方案，甚至往往根本不是解决方案的一部分。

如果不再把学习定义为内容吸收，我们就不会再纠结于展示内容的形式。

如果我们最终把包括活动在内的需要开展的内容展示在屏幕上，学习风格的粉丝就会给我们提出很多建议。他们会说："你应该使用旁白功能为听觉型学员朗读文本，并为视觉型学员添加一些图像，以便他们更好地了解培训内容。"

但是，我们并不能听从他们的建议，而应该应用研究表明的确实有效的技巧。例如，让人们看到他们需要改进的地方，以及让他们在一段时间内以间隔练习的方式练习新技能。

下面的说法强调了学习风格主张的核心谬误。[2]

如果我问你："我想教你一些知识。你更愿意通过看幻灯片、读课文、听播客，还是完成一系列操作来学习呢？"你认为自己可以在不询问学习内容（如一支舞蹈、一段音乐或一个方程式）的前提下回答这个问题吗？这似乎是一个愚蠢的问题，因为答案一定是'不可以'。但学习风格法似乎主张，一个人可以在不了解学习内容的前提下选择学习方式，并通过选择的方式学习某一内容。
——摘自雪松·里纳（Cedar Riener）和丹尼尔·威灵厄姆（Daniel Willingham）所著的《学习风格的神话》（*The Myth of Learning Styles*）

显然，某些内容最好以特定的形式呈现。例如，导图最好以视觉方式呈现，而不是用叙述文字来描述，并且相关研究也支持了这一点。

> 当教学风格与内容的性质相匹配时，所有学员都会学得更好，无须考虑他们对教授内容的方式有什么不同的偏好。
>
> ——摘自彼得·布朗等人所著的《认知天性》（2014 版），这本书极其有效地对相关研究做了总结

我也建议你忽略以下流行的神话：

- "从小就接触信息技术的人有着不同的学习方式。"
- "我们只能记住听到内容的 10%。"
- "我们只开发了大脑潜能的 10%。"
- "有些人是左脑思维，而有些人是右脑思维。"
- "年轻人没有阅读的习惯。"

以下两本书包含了许多旨在推翻此类神话的、通俗易懂的内容。《认知天性》一书更进一步提出了一些经研究表明实际可行的替代方法。

- 佩德罗·德·布鲁克（Pedro De Bruyckere）等人所著的《关于学习和教育的城市神话》（*Urban Myths about Learning and Education*）（2015 年版）；
- 彼得·布朗等人所著的《认知天性》（2014 版）。

○ 3. 考虑影响受众的文化

你的学员至少是具备两种文化的成员：社会文化和组织文化。这些文化会影响某一形式的效果。

例如，你可能听说过，不管自主在线学习设计得多么好，在重视社交关系的文化中也不受欢迎。以我有限的经验来看，这似乎是真的。我从拉丁美洲的设计师那里听说，他们的学员更喜欢聚在一起学习，而不是使用自主学习材料独立地学习。此外，通过参加美国陆军的项目，我同样了解到，士兵非常喜欢集体学习和讨论，并从同伴那里吸取经验和教训。

即使选择的形式适用于某一特定的文化，你也需要调整活动本身。例如，当举行网络研讨会时，我最喜欢使用的技巧之一是：首先，展示一个有争议的观点

或问题；然后，征求人们的意见；最后，分享我个人的观点。这通常会在聊天过程中引起热烈的讨论。

然而，当在一种集体协议比个人意见更重要的文化背景下举办研讨会时，我使用这种技巧则会把整个讨论引向失败。我发现整个研讨会会陷入一种令人尴尬的沉默，因为没有人愿意发表个人观点。现在，当指导注重集体主义文化的学员开展讨论时，我会把某一问题描述为一个带有多种选择项的调查，这样学员就可以匿名选择各自的选项，而我可以通过这个练习了解学员的想法。

最后，行动导图归根结底旨在设计具有挑战性的活动，而设计这种活动的部分原因是挑战往往具有激励性质。在《改变员工行为：管理者实用指南》中，尼克·金利和什洛莫·本·胡尔指出，相比身处集体主义文化的人，身处个人主义文化的人会认为挑战更能激发其积极性，而且，正如我在那次令我痛苦的网络研讨会上学到的那样，在集体主义文化中，最好将挑战界定为集体努力。

> 例如，一项研究发现，新加坡人倾向于设定适度但并不困难的目标——可能是因为他们认为成为一个群体的一员而不是突出个人对他人的贡献更为重要。然而，这并不意味着挑战在集体主义文化中不能是激励性的，而是对身处这一文化的大部分人来说，定位成团队或团体挑战而不是个人挑战的任务，更具有内在激励性。
>
> ——摘自尼克·金利和什洛莫·本·胡尔所著的《改变员工行为：管理者实用指南》（2015 版）

○ 4. 确定每个活动的最佳形式，并着重考虑工作背景因素

针对每个重要的活动，找到对应的开展形式。理想情况下，实践练习的背景要匹配或模拟真实的背景。研究（和常识）表明，当学习和应用背景相似时，人们更能记住和应用所学知识。

通常，客户会向你推荐特定的形式。虽然这一形式适用于客户，但不适用于学员。相反，你要考虑哪种方式最适用于学员，然后根据后勤保障和预算进行

调整。

→ 你将做些什么

以下是学员需要练习的一些行为。你认为哪种活动形式最能模仿真实的背景？如果由于某种原因你不能使用这种形式，你会提出哪些替代方案？**记住，自主在线学习不仅不是唯一的选择，而且可能是最糟糕的选择。**

以下是人们需要练习做的事情。你将如何在活动中模仿真实的情境？

（1）管理者需要练习管理一个跨文化的团队。团队中的每个人只能通过发线上语音和文字的方式参加在线会议；每个人都按计划参加在线会议。管理者都是自信且重视效率的人。

（2）管理者需要练习面对面地与客户开展艰难的对话，以及在客户的情绪逐渐激动的情况下开展艰难的对话。管理者和客户是同一小区内的居民。

（3）用户需要练习向库存控制系统添加新产品，以及如何选择相应的类别和标签。这些用户居住在世界各地，都喜欢独立工作。

（4）酒类销售人员需要练习核对身份证，防止将酒品误售给未成年人。他们是同一小区内的居民，且都喜好社交。

（5）销售人员需要练习在不违反规定的前提下向医生推销新药。销售人员分布在全国各地，且产品将在两周内发布。

（6）分析员需要练习检查一家企业的财务记录，并决定这家企业是否是一个好的收购选择。分析员所处的时区最多相差 3 小时。

以下是我针对上述示例考虑使用的一些培训形式。

（1）练习管理一个跨文化团队，团队中的每个人只能通过发线上语音和文字的方式参加在线会议

考虑使用一间实时的虚拟教室，模拟虚拟团队无法面对面开展工作的实际情况，同时，设计几个情境练习模拟管理者必须做出决定的场景，可以选择在屏幕上显示每个情境练习的决定点，并要求人们输入他们认为最好的选择并解释原因。一旦人们理解了应该应用的模式，你就可以让他们结对或将他们分组，安排到私人的"房间"里，进行角色扮演，由你提供角色扮演的背景和部分脚本。最后，就活动召开一次讨论会。在接下来的几周内，你可以设计其他的情境练习供管理者实践，并召开相应的讨论会。

备选方案：自主分支情境练习+非同步在线讨论，但这是一个次优方案。

（2）练习开展艰难的对话

考虑使用带脚本或有原型的现场角色扮演来进行对话练习，并要配备一位主持人；还要提供在线情境练习，以便人们可以在开展真实的对话前多次练习。在现场角色扮演之前，你可以先让人们完成关于对话的自主分支情境练习，目的是为他们提供一个通用的示例和相应的讨论素材。

备选方案：以视频的方式显示分支情境练习，练习中学员要选择对某人说的话；这些分支情境练习可以自主进行，也可以在虚拟教室中使用。使用情境练习的一个优点是，作为设计师，你可以控制事态的发展并选择需要设计的决定点。

（3）练习在库存控制系统中添加新产品

考虑使用自主在线学习。人们在添加虚构产品时，可以使用在实际工作中会用到的工作辅助和帮助屏幕，还可以查看相关课程内容或寻求虚构专家的额外帮助。

备选方案：使用共享计算机屏幕进行虚拟培训，可以设计一些情境练习，要求学员用键盘输入或用语音告知导师如何将真实的产品输入系统。如果学员更倾向于独立完成工作，那么这种方案可能不会受到他们的欢迎。

（4）练习核对酒品专卖店客户的身份证

考虑使用面对面培训的形式。请几位年轻人拿着身份证（有真有假），让学员一一核对，核对中可以查看如何识别假身份证的工作辅助。学员还可以练习应对那些假身份证被查出后恼羞成怒的人。理想的情况是，让学员到实际的酒品专卖店练习如何核对，并采用间隔练习的形式。

备选方案：使用实时培训（不管是在线还是面对面）的形式，给出年轻人的生活照和身份证照片，以及工作辅助；同样的活动，使用自主在线学习的形式。自主在线学习是我最不喜欢的形式，因为实际情况中很可能会出现灰色地带或胡搅蛮缠的人，需要学员进行实时讨论。

（5）练习在不违反规定的情况下向医生推销新药（时间有限）

考虑使用虚拟角色扮演或真人角色扮演的形式。挑选学员进行角色扮演，让其他人认真听他们的对话，指出任何违反规定的陈述，并给出其他的陈述方式。这种形式最贴近现实，也最容易快速完成。

备选方案：自主分支情境练习。情境设定为销售对话，一句话说完后，学员必须选择下一句说什么，还需要评价销售对话的相关视频或文字记录。如果培训时间有限的话，就很难完成这样的练习。

（6）练习分析企业的财务记录以确定是否应该收购（时区相差 3 小时）

考虑使用实时虚拟研讨会的形式。学员分析虚构企业或真实企业提供的数据，可以共同讨论后做出决定，也可以做出自己的决定，并进行辩护。在活动过程中可使用工作辅助。工作辅助既可以总结需要在财务记录上找出的好的和坏的迹象，也可以给出学员应该使用的决策模型。我还建议开设在线讨论论坛，这样学员可以向同事咨询他们正在考虑的收购事宜。你可以定期在论坛中发布链接，链接一些学员必须决定是否购买某家企业的情境练习，或者一些案例研究。

备选方案：自主情境练习。学员决定是否收购虚拟企业并查看其决定产生的结果；情境练习给出的回复会将学员的决定与专家的决定进行比较；为学员提供工作辅助或决策模型，以及开设上面提到的在线讨论论坛。

→ 给学员控制权

由于你的受众既有之前习得的知识又有之前掌握的技能，因此，即使他们即将学习的内容是全新的，他们也会以不同的速度和方式学习。你越让他们享有自身对学习方式的控制权，他们就越不会感到无聊或沮丧。

选择实时活动还是自主活动是影响学员控制权的一个主要设计决定。

→ 实时活动

典型的实时活动是按照主持人决定的进程开展的活动。学员无权让主持人加快速度或跳过他们已经知道的内容；如果某个活动内容进展得太快，他们就会犹豫是否立即提问。

然而，实时活动具备一个重要的好处：在活动过程中，学员之间以及学员与主持人之间可以进行讨论。如果讨论处理得当，相较于自主活动，实时活动可激发更深入的学习。学员可以思考在单独学习中可能顾及不到的灰色区域，还可以听到各种开阔思路的观点。

确保你言之有物

虽然灰色区域很重要，但分清什么是黑和什么是白同样关键。然而，这种明晰性在某些类型的实时培训中可能会被忽略。

也许你参加过这样的实时活动：导师友好地提出每个问题，确保它们都简单易答，学员每回答一次问题，导师都会说："太棒了！"没有一种可称为"最好的方法"的方法来完成这一活动，这是因为如果存在一种最好的方法，那么显然其他方法就不是最好的，并且会让某些人感觉失望。最后，我会想："为什么我要花一小时参加这种培训活动？我本该学习如何提升技能，但不停地回答关于情感或模糊认识方面的问题，且每次回答得到的回复都是'太棒了'。这种方法怎能帮助我提高技能？难道就没有更好的训练方法吗？"

与之不同，我们的工作要言之有物，要让人们通过我们的指导和经验，看到什么是做某事的最佳方法，这一方法又为什么是最佳方法，他们将如何从中受益，以及他们又将如何将其应用到工作中。

民主形式的缺点

如果采用的是实时多项选择活动的形式，你就会给出多个选项，让学员投票（民主的形式），然后显示最受欢迎的选项产生的后果。例如，如果大多数学员认为情境练习的主人公应该选择 A，即使你认为他们确实需要看一看选项 B 产生的后果，但基于少数服从多数的原则，你也会选择 A。

然而，如果文化允许，最好让学员都表达出自己的观点（或者让学员在网络研讨聊天室里输入自己的观点），并有选择地让所有人听一听你认为言之有物的观点。

例如，假设你给出了一道情境练习题，并且认为学员需要看一看选项 B 产生的后果。如果你让大家采用传统的投票方式投出自己认为正确的选项，并且选 A 的人数最多，选 B 的紧随其后，基于少数服从多数的原则，你不得不选 A 并继续这个练习。完成选项 A 发展出的故事线之后，你不得不重新选 B，让大家看一看你认为的正确选项。但如果你让学员输入或大声说出自己的选择，很快线上聊天室或实际的培训教室里就会充满各种意见。你可以这样说："我听/看到了很多人选 A，也有很多人选 B，但选 B 的人似乎更多一些，所以我们选 B。"

此外，传统的投票还限制了人们的思考。人们只需点击一个字母或举手就行了，缺少真正的思考过程。如果你用讨论的形式代替，人们不仅需要决定选择哪个选项，还需要简单地解释为什么。这不仅让你了解到人们是如何思考的，并且会暴露出一些错误的想法，需要你逐一去解决。

打印分支情境练习

还有一种形式的效果也不错：将分支情境练习打印出来，采用"冒险"游戏的形式，让学员分组练习。每组学员分配的材料包括情境练习和真实使用的工作辅助，帮助学员在练习过程中做出相应的决定。

下面是分发给小组的分支情境练习中的一个场景。每个小组分别练习一个场景，讨论各自的选择。然后，多个小组共同讨论整个情境练习出现的问题。在讨论过程中，导师帮助学员找出要点。

在这一案例中，一名未来学员扮演协助 A 国的 B 国军官。故事情节是：某些当地人开始了一场小规模的袭击，是当地两个组织之间长期摩擦的一种表现。B 国军官需要做的是为 A 国军队提供建议，在面对 A 国方面慢条斯理、集中决策的工作方式时，他需要处理好自己的紧迫情绪。

在这一场景中，他通过翻译奥马尔，建议 A 国指挥官立即采取行动，找出并惩罚那些袭击者。奥马尔回应如下所示。

5

奥马尔看起来很尴尬。

奥马尔说："最好让萨迪克指挥官亲自处理。他已经了解了情况，可能会在今天下午的会议上给出应对之策。"

袭击者也会出现在会议上，但会议要在五小时之后召开。奥马尔同意和 B 国军官一起去见萨迪克指挥官。

B 国军官应该对指挥官说什么？

选 项		选择人数
1	"我很关心简易爆炸装置的问题，想知道你打算怎么处理它们。"	11 人
2	"五小时的等待太久了。我们现在就应该把袭击者带过来审问，否则人们会认为你赞同安装这些简易爆炸装置。"	12 人
3	"作为你的顾问，我不得不说安装简易爆炸装置的人需要尽快被找出和逮捕。你现在有何打算?"	13 人

每个决定点都会给出三种选项。每个小组有四名学员。开始练习之前，每个学员都要选择一个角色：他们可以选择作为读出故事情节和各个选项的人，也可以选择作为为某一特定的选项辩护的人。例如，无论某一小组的一名成员是否同意，他都必须为选项 2 辩护。然后小组会统一做出决定，接着进行下一个场景。

对于完成整个情境练习之后仍有富余时间的小组，鼓励他们再练习一次，看看其他选项会产生的后果。一旦做出决定就不能被更改，不管后果如何，学员都必须接受。有时，学员可以选择一个选项用以弥补错误。

对于之前说过只喜欢电子游戏的年轻人而言，这是一种受欢迎的培训形式。请和你的受众一起尝试，不要有什么心理负担。

在线学习不是唯一的选择。事实上，这往往是最糟糕的选择。你的活动需要人们做出重要的、具有挑战性的决定——这类决定通常需要经过讨论才能得出。

→ 自主学习法

虽然"自主"往往跟"在线学习"联系起来，但对于大众而言，按照自己的步调学习的方法实则多种多样。本书提到的只是其中之一。其他书籍还列举了很多种方法，我在这里只给出一部分：

- 他人设计的工作辅助和其他参考；
- YouTube 视频；
- 亲自、在 Twitter 上、通过电子邮件询问同事有关某一问题的信息；
- 搜索互联网；
- 建立自己的参考体系；
- 尝试某一行动，观察后果。

自主学习法让人们以最适合自己的速度学习，他们可以跳过已知的信息，并在遇到棘手问题时放慢速度。

然而，一些自主学习法会让控制狂类型的客户感到恐慌。他们会说："学员都必须用同样的方法完成这一过程，我们不能让他们随机地学习 YouTube 上那些青少年拍摄的不成熟的方法。"

你可以将方法标准化，但仍然可以让人们自主控制学习的方式。在人们需要的时候提供有益的工作辅助可以很容易地实现某一实践的标准化。即使最终还是采用更为传统的在线学习的形式，但你至少可以让人们暂时把他们所知道的信息放在一边，重新选择另一个选项，以此寻求更多的实践练习。

在线学习不仅是幻灯片！

在线学习常常不受尊重，是因为在某些时候，它被定义为"屏幕上显示的幻灯片，供人们偶尔点击之用"。这可能是因为培训师想要一个简单的、可以想都不用想就交付给客户的解决方案，而且他们手边刚好就有一堆相关的幻灯片。这是一种"快速且不费脑筋"的设计方法。

多亏了这种"快速且不费脑筋"的设计方法，各种"神话"也应运而生。我听到过这样一些说法：一次阅读不要超过 X 个要点；在线学习必须有旁白，否则"语音型学员"将无法理解屏幕内容；所有内容都必须放在一页屏幕上，因为"没有人会滚动"鼠标，查看被当前屏幕掩盖的内容。

讽刺的是，当"学员"关闭在线学习屏幕的那一刻，他们可能跳转到了某一网站，津津有味地阅读（默读，不张嘴）着一些有趣的文章，并欢快地滚动着鼠标，他们在一分钟内从这些文章吸取的信息远远超过了他们从沉闷的旁白和要点中学到的信息。"神话"被打破了。

更糟糕的是，将信息"拆分"成一些不相关的碎片，然后将其编辑在 20 张幻灯片上，会让人很难察觉各张幻灯片之间的关系。当学习时，学员要做的远不止接收和存储信息，还必须建立幻灯片之间的联系并得出一个总体的概念。

至少，我们需要扩展在线学习的定义，使其包含多种在线形式，让学员能够从全局角度将信息和活动结合起来。例如，我在本书中补充的形式就包括传统的 Web 文本、嵌入式视频、分支情境练习和网页互动。你需要让每个页面都只关注一个概念或一个步骤，且页面上的所有活动都是该概念或步骤的支撑。

当摆脱幻灯片思维模式时，你可以自由选择最适合活动的形式，并展示所有内容之间的关系。

→ 考虑向学员提问

你的受众一定会对学习的方式有所偏好。如果你对他们还不熟悉，你可以问一问他们喜欢什么样的学习方式，而你又该如何帮助他们学习。

我最喜欢的方法是将学员分成一个个小的焦点小组，向他们提供现实生活中关于讨论主题的例子。例如，如果考虑将在线学习作为解决方案的一部分，你就需要向大家展示你正在考虑的活动类型，这样，当你提到"在线学习"时，人们就不会立即联想到他们上个月经历过的、令人目瞪口呆的点击式学习。

焦点小组的有效性在于，你可以从学员的讨论中得到很多信息，并且他们会提醒彼此关注彼此喜欢或不喜欢的学习材料。例如，当一个焦点小组的成员说"我们讨厌在线学习"时，另一个成员会说，"等等，你们还记得那次×××的活动吗？那个就是在线的，但是我们每个人都参加了"。经过讨论，大家得出了一致结论："我们讨厌的是点击式的在线学习，但如果是模拟式的在线学习，我们会全力以赴完成任务。"

不过，请记住市场研究人员反复吸取的教训：人们不一定说到做到。他们会告诉研究人员："是的，如果你做了这个产品，我会买。"然而，一旦产品上市，他们很可能又去买了别的产品。因此，重点是人们在现实生活中需要做出选择时实际选择了什么。这就是为什么你至少要设计一个典型活动的模型，并对学员进行测试。

◯ 5. 决定人们应该何时进行某一活动

你的客户可能正在构想一门课程或一次培训事件。这两种形式都是脱离实际工作的，而且它们通常基于客户希望员工在真正执行某一任务之前就早早接受"培训"的假设。

现在，请忽略客户的构想，而是考虑学员完成每个实践活动的最佳时机。

同样，你一次只能关注一个活动，而不是关注整个项目。开展一个活动的最佳时机可能与另一个活动的最佳时机大不相同。

→ 你可以在需要的时候交付活动吗

你可以让在职人员在执行某一任务之前，甚至在执行任务期间，交付实践活动供他们练习吗？这取决于工作和任务的类型。

执行任务前练习

如果某人将要执行的一项重要任务不是每天都做的任务，那么在执行任务之前做一些实践活动可能对他们有益。

例如，假设罗杰要面试几位求职者，但他之前并没有做过多少面试工作，不确定问什么问题合乎法律，也不知道哪些问题最能检验求职者是否合格。

面试前半小时，他做了一些实践活动，练习面试虚构的求职者。这些活动有助于他学会如何在不触犯法律的情况下提出合理的问题，从而获得有用的信息。他还看了一页 PDF 格式的提示。现在，他已经对面试任务胸有成竹了。

自主在线学习可能是开展这类活动的一种好的形式，因为这种形式可以实现随学随用。但是，我所说的"在线学习"，并不是指在线课程。罗杰要做的不是艰难地学完一门关于如何面试的传统课程，而只是通过一些有高度针对性的活动来帮助他练习。面试所需的信息则以 PDF 的形式提供。

> 通常情况下，我们根本就不需要设计一门课程。最好的解决方案或许是在人们需要某项技能之前帮助他们练习的实践活动。

执行任务中练习？

我们已经让罗杰在面试前进行了一些活动。显而易见，在其他情况下，事先练习同样是有用的。但是，很难想象有人会暂停当前的任务去做一些实践活动。

罗杰就不能暂停面试去练习如何提问。他可以把有用的信息——PDF 版的提示——藏在膝盖上的文件夹里，像看笔记一样偷看一眼。但他不能停下来去完成之前提到的面试虚构求职者的活动。

对于其他类型的任务，如数据输入，则可以停止面试。但是，在任务中途停下来做一些练习能起到什么作用吗？或者说，在任务中途某人特别需要某些信息，从而需要专门的练习吗？这都取决于任务和此人的先验知识。

如果是记住一种信息类的程序，也许不需要完成一些活动

还记得格蕾丝以及在 TPS 报告中输入西班牙裔名字的问题吗？例如，格蕾丝的一名员工邦妮一个月前就学会了如何输入西班牙裔的名字。在某个周一早上，她正要完成一份 TPS 报告，但是，由于在之前的周末，她玩得很晚，睡眠不足，她发现自己居然忘记了如何输入西班牙裔的名字。

此时，邦妮需要一次实践活动，还是仅仅需要一个提醒？我想她只需要提醒。她需要的是信息，而不是练习。只要她看一眼工作辅助，之前掌握的一切都会重新浮现在眼前，她就能很好地完成任务。

如果是初次学习，也许需要完成一些活动

假设邦妮的新同事肖恩没有受过正式训练。在邦妮的指导和屏幕提示的帮助

下，他能够很好地完成输入 TPS 报告的任务。但是，他现在需要输入一位西班牙裔客户的信息，而这位客户似乎有两个姓氏。该往数据库里输入哪个姓氏呢？

他问邦妮该怎么办。她给他发送了一个姓氏辨别活动的链接，这样他就可以学习相关辨别规律并练习从几个不同的姓和名中辨别姓氏。他需要暂停目前的工作，完成这种练习，因为如何辨别西班牙裔姓氏对他来说是一项全新的技能，而且他会在今后的工作中反复使用这项技能（无论是输入 TPS 报告，还是与客户交谈）。练习过后，他会重新开始完成输入报告的工作。

你的活动能够实现随需随用吗

如果要设计一些活动，用来帮助人们练习完成新的或不常做的任务，你就可以考虑采用随需随用的方式。这种方式特别适用于那些没有主要的灰色区域、后果并不严重的活动。

但是，如果完成一项任务需要做出大量复杂的决定，而且完成任务的流畅度只能依靠日积月累的不断练习才能实现，那么间隔实践活动会是一个很好的选择。

→ 如何实现间隔学习

间隔实践活动是指以几天一次或几周一次的形式开展活动，帮助人们练习一项技能或回想一些信息。这是一种未被充分利用的技巧，可以极大地提高你的活动效率。

大多数企业培训都是一次性的，采用"一剂强心针"的方式，希望学员可以在为期一天的课堂上学习所有知识，然后改变需要改变的行为，重新回到工作岗位。

然而，只有重复练习一项新技能，且两次练习之间间隔一段时间，才能达到最好的学习效果。如果要求人们在一段时间内多次回想新的信息，他们也会记得更清楚。

就当人们开始忘记某些信息或者他们的某项技能开始变得生疏的时候，让他们参加一次练习活动，应对一次新的挑战，就可以扫清障碍，让他们重新拾起某些信息或某项技能。随着人们反复完成这样的活动，他们对信息或技能的掌握也就越来越牢固。

营销专业人士非常熟悉间隔的力量。他们的目标和我们的一样：改变人们的行为。他们不会只播一次广告，然后说："好的，我们已经告诉客户购买我们的产品。我们的工作到此为止。"相反，他们确保广告和其他有用信息一次又一次地呈现在客户眼前，并且一直跟踪客户对这些信息的反应。

我不是说我们需要达到广告所能达到的那种"令人讨厌"的程度。但我相信，一次培训就能"解决"一个问题这样的想法，是如此多的培训没有实现目标的一个重要原因。正如一些已经学到行动导图要义的管理层一直在倡导的那样，我们需要从活动的角度而不是从课程的角度来思考如何开展培训。

间隔实践活动会是怎样的

间隔实践活动可以是几天一次，进而几周一次的迷你情境练习，直到学员熟练掌握新技能为止；可以是非正式的午餐会，围绕一些问题展开讨论；可以是经常性地在公共博客或论坛上发表发人深省的帖子，引发众多关注者的讨论。但是，不包括那些旨在简单地让人们重温学习内容的电子邮件，因为这种练习的目的是让人们回想信息或技能。

例如，对于你的受众来说，最好的方式是通过"刚刚好的"活动来学习，就像前面提到的肖恩进行的活动那样。这些活动并不是一成不变的"现在就学习吧"这样的活动，而是在需要的时候可以立即使用，并让人印象深刻的活动。

另一种选择是定期向受众发送实践活动。营销人员使用的电子邮件软件具有在特定日期向人们发送一系列信息并跟踪他们如何处理这些信息的功能。一个好的学习管理系统也应该有这个功能。

你可以一个月上传一次间隔实践活动，然后开展一次现场讨论，帮助人们消化学到的信息。如果你的活动争议较大或令人意想不到，那么它们将特别有效。

周一	1	周二	2	周三	3	周四	4	周五	5
5月									
	8		9		10		11		12
	15		16		17		18		19
	22		23		24		25		26
	29		30		31	6月	1		2

间隔实践对你的项目来说是个好主意吗

因为间隔实践有助于学员学习，所以对于许多项目来说这是个好主意。它特别适用于需要人们独立思考并毫不犹豫地采取行动的任务，如展开艰难的对话或应对复杂紧急的情况。

间隔实践同样有助于实现任何可以从周期性练习中受益的行为，如改变一种习惯，掌握一项复杂的技能，或者记忆信息（如果你确信人们确实需要记住这些信息）。

6. 决定：是否应将所有活动囊括进一门课程或
　　一次活动里（很可能不是！）

你已经考虑了每个活动适用的多种形式以及每个活动的时间安排。如果成功地把"我们一贯的做法"放在一边，那么你应该已经得出了形式和时间安排的组合。如果有人问你："这一组合应该一次性提供给学员吗？"你的回答多半是"不"。

例如，你最终确定的很可能是以下几种活动形式和时间安排：一些可以在公司内网上找到的工作辅助，人们在完成一项任务时可以随时查看；几个自主练习活动，人们在完成某些任务之前可以根据需要随时使用；一系列的迷你情境练习，帮助人们练习有灰色区域以及需要判断的任务，一个月开展一次，并在月底召开网络研讨会，讨论各个迷你情境练习。

你可能最终确定，最好的解决方案不是开展任何主题的培训事件，而是在职实践、工作辅助和按需活动的结合，不必做任何刻意的时间安排。

换言之，你可能不会设计"一门课程"或"一日讲习班"或客户可能期望的任何一次性的、"强心针"式的解决方案，而是设计一整套的活动和其他多种实体形式的解决方案，可以在不同的时间使用。

→ "但是，客户想要一次性培训事件！"

关于这一点，你肯定比客户考虑得多。但是，你才是研究人们学习方式的专家，客户不是。你有责任和权利推荐最有效的形式。

请思考以下客户可能关心的问题，练习如何回答。

- 让人们一次完成所有活动能够产生**认知优势**吗？例如，人们必须同时学习 A、B 和 C 吗？如果某人一天学 A，另一天学 B，会把之前学过的 A 忘记吗？还是说，另一天学 B 会帮助他们回想起 A，从而更好地记住 A？

- 期望人们一次学会一切是否会产生**认知障碍**？（是的，很有可能。当新的事物一次性塞进我们的大脑时，我们无法完全吸收，也就学不好。传统的一次性培训活动纯粹是为了方便培训师和学员跟踪人员，并不是学员。）

- 让每个人一次学会一切是否会产生**成本优势**？例如，将所有活动强制转换为在线形式并融汇成一门课程是否更便宜？这样做真的会比提供 PDF 版的工作辅助（人们可以在工作中学习）、发布乐于解答问题的同事名单，或者在网上发布一些随需随用的活动更便宜吗？

◎ 7. 确定各种形式的最佳组合方式

现在你已经对不同形式的活动和解决方案有了一些想法，并且尝试了多种形式和时间的组合，接下来，你将确定各种形式的最佳组合方式。

请将行动导图作为一个整体来看，考虑以下问题。

- **哪些内容最适合学员的工作流程？** 你可能已经想到使用工作辅助或帮助屏幕，也可能想到采用独立的实践活动，让人们可以在完成现实性任务之前使用。这些内容都可以设计成最适合工作流程的形式，以及最能模拟真实工作环境的形式。

- **哪些活动应该随着时间的推移间隔性地提供？** 如果你正试图改变根深蒂固的习惯或帮助人们学习复杂的过程，请考虑提供间隔实践活动。与其让人们一口气完成所有的活动，不如一点点地补充活动内容和强化信息，让人们每周都做一些练习。同时，要求人们从前一周的活动中总结经验教训，以便在学习新技能的同时回想起学过的技能和信息。

- **哪些活动真正需要以现场讲习会这样的形式开展？** 现场讲习会要想开展得好就需要大量的讨论作为支撑。如果人们正在学习的知识或技能需要主观判断，或者学习的新过程富有争议性，那么人们将从实时观察和评估他人如何完成新任务中受益。如果任何其他类型的（具有挑战性的、深刻的）讨论有助于培养新的习惯，那么也请考虑采用现场的、可以各抒己见的活动形式。

即使你认为现场活动有用，也不要让这个活动包含你想到的一切。你想象中的现场活动的重点应该讨论，而不是讲座这样的信息呈现。例如，你可以先给人们提供一些间隔实践活动，让每个人按照自己的节奏完成，然后举行一次现场讲习会，讨论间隔实践活动中遇到的问题。

- **我怎样才能满足客户的要求，从而给其留下深刻印象？** 这看起来有些愤世嫉俗，但实则是为客户和学员的利益服务。大多数客户都需要在他人面前表现良好，无论"他人"指的是老板还是同事。请思考：在你的导图上出现的活动和材料中，哪些可以合法地提高高端开发的效率，并满足他人的要求？

我不是说为线上活动增加一些毫无意义的东西。我的意思是，如果你想到采用情境练习的形式，那么这些情境练习是否可以以一种看起来专业并支持其目标的方式来开发？例如，在涉及对话和情感的情境中使用定制照片或分支视频，而不仅使用文本或蹩脚的图库照片。或者，如果你认为线上参考有帮助的话，是否可以使用一个有趣的模板来设计它，使其更具吸引力，被使用的频率更高？

这样做的目的是仅用几种亮眼且有益的行动来满足给人留下深刻印象这样的需求，而不是创造出一整套的、花里胡哨的体验。毫无疑问，导图上的一些行动应该比其他行动获得更大份额的开发预算。没有理由把所有的行动都开发到同样的程度。

请在你的导图中添加一些有关形式的想法，但暂时不要把这些想法给客户看。最好等到他们尝试了活动模型之后再提出这些想法，这样他们至少可以看到一个你所说的形式的示例，从而更具说服力。

○ "这是混合式学习，对吧？"

也许吧。但是，我尽量避免使用"混合式学习"（blended learning）这一术语，因为它通常被解释为通过在线学习和面对面课程来推送信息。

你的一位同事会说："你应该让人们在参加讲习班之前先做一些在线模拟，让他们先达到同样的知识水平，然后通过讲习班学习一些更先进的知识。"

这种说法是将培训视为信息展示，并将展示分成两部分，同时，还假设培训事件是必要的。相反，我的建议是，请记住你的主要工作是设计实践活动，而不是信息展示，然后，根据受众、任务和工作选择合适的形式。

请根据自己对问题的分析，向客户提出建议。由于大多数问题需要多种不同的解决方案，因此你提出的建议需要包括多种不同的形式并配合不同的"交付"时间。

正如我反复强调的，课程往往不是最佳解决方案。传统的培训甚至可能不是解决方案的一部分。

> 与其询问哪种技术最适用于学习，不如混合使用多种多媒体手段，间隔性地安排学习活动，提供培训后的绩效支持，并培养同步和异步形式的协作。
> ——摘自露丝·科尔文·克拉克所著的《循证培训法》（2015 版）

○ "你是说课程不好吗？"

当课程不是正确的解决方案时，课程就是不好的选择。为了找到正确的解决方案，我们必须：分析问题，即便没有人愿意这样做；基于从分析中了解到的情况，考虑可以帮助人们改变行为的多种方法。像课程这样的正式活动只是帮助人们改变的一种方式，而且很容易成为效果最差的方式。

这个想法并不是我的原创。多年来，职场发展模式的一些支持者一直在提倡终止通过课程将信息"填鸭"给人们的培训方式，而是着眼于开发更多样的、融入工作流程的、自我驱动的解决方案。

如果你的组织正在实施这些职场发展模型中的一种，那么采用行动导图会有所帮助，原因如下。

- **你不能让客户认为正式培训就是解决方案。** 你不应顺从地按照客户的要求设计培训，而应分析客户的问题并寻找最佳解决方案。基于仔细的分析，你就会发现正式培训只是解决方案的一部分，并且是在它起作用的前提下。

- **你的活动关注的是人们在工作中需要做什么，而不是他们应该知道什么。** 开发培训时，你的材料应当模拟人们在工作中所做的事情。因此，你需要设计的是实践活动，而不是知识检查。

- **你的解决方案能够适应工作流程。** 由于你的分析都集中在工作场所发生的实际行为上，因此，找到适合工作流程的解决方案的可能性极大。例如，你可能确定工作辅助是一种方案，它可以让人们边工作边学习，更重要的是，他们不需要只为了去上一门课而离开工作岗位。再如，你可能确定实践活动是一种方案，并将其开发成随需随用的形式，那么，人们就可以在工作过程中参加实践活动，而不需要在另行举办的培训事件中参加活动。

- **你的解决方案可以包括社交方式**。你的分析是为了找出阻碍绩效提高的因素。当从环境类别的角度考虑问题时，你可以很容易地找出阻止人们共享信息的因素。针对这些因素，你可以建立一个社交平台或知识库，让人们分享信息或补充资源，也可以组织聚会，方便人们分享知识，还可以鼓励管理者采用亲民化管理方法，畅通员工和管理层的沟通渠道，而不是通过培训把这些信息一次性地推送给人们。

→ 小心：模型可能被误用

如果你的组织采用了一种特定的在职学习模式，请确保人们不会认为"学习"可以解决所有问题。

例如，许多研发行业的领导者会说，我们应该支持所有类型的学习，而不仅是正式的、精心设计的培训事件。我们应该认识到并认同这样一个事实，即人们也可以从非正式对话、工作辅助、社交网络、同行制作的视频和无数其他渠道中学到某些知识或某项技能。至少我完全认同。

但是，很遗憾，"我们的工作是支持所有类型的学习"这一说法会鼓励研发人员继续认为我们的工作只是知识转移，而我们只是用他们开发的新模型将知识转移做得更好。

例如，人们会假设，由新型研发模型 X 支持的自我激励的社会学习，将随着信息壁垒坍塌和信息的最终免费流通自行取得进步。这种假设——知识转移必定是解决方案，因而无须仔细研究任何问题——对我们而言何其熟悉。

只有当知识匮乏的确导致问题时，共享知识才是解决方案。专注于知识共享的模式使得研发人员难以扭转传统的培训心态，即人们需要知道这一点并理解那一点。好在他们并没有直接扔给学员一门课程，而是为学员建立了一个在线论坛。

我并不是说那些提倡新模型的人在宣称培训设计师不需要分析绩效问题，也不是说他们在宣称培训设计师应该创造话题，在整个组织中分发"微学习"。然而，人们很容易将模型解读成这些"宣称"的内容，因为他们并不愿意去分析问题。

是的，我们应该支持所有的学习方式。然而，我们的首要责任是，就知识转移能解决问题的假设向客户提出质疑。

这一责任可能与人们是否"理解"某事无关。我们履行这一职责也完全不会影响到成百上千的人没完没了地分享他们所知道的一切。我们必须先研究客户的问题，然后才能确定知识是否应当在解决方案中扮演一定的角色。

如果我们不费心去定义一个比"我们的管理者需要成为更好的领导者"或"我们没有足够的创新能力"更高级的问题，那么，无论我们使用什么学习模型，都不会有解决问题的希望。如果组织中没有其他人提出这些棘手的问题，我们就必须提出这些问题。我们是找出正确的解决方案的最后一道防线。

○ 常见问题

→ 客户已经确定了他们想要的形式

- 暂时忽略客户的需求。很快，你就会以你推荐的形式向他们展示某一活动的模型。他们看到模型之后，自然会改变主意，听从你的推荐。

→ 除了在线学习，你想不出别的形式

- 这是一个常见的问题，要"归功"于在线学习的主导地位以及将所有其他形式的培训视为信息展示的趋势。也许每个人都希望你开发在线学习形式的培训，而你也从未见过其他形式的实践活动，这时，你可以重温第 7 章的内容，了解如何以多种形式设计相同的活动。

→ 你的开发时间有限

- 你在分析过程中应该已经确定了一些技术含量较低的解决方案，如 PDF 版的工作辅助或流程的调整，这些方案通常比在线课程花费的开发时间要少。如果在线活动是解决方案的一部分，那么你可以尝试使用纯文本的形式，如基于文本的迷你情境练习。毕竟小说使用纯文字的呈现形式已有几个世纪了，你也不必非要在情境练习中添加视频或图片。

→ 所有人都期望培训制作精良、花样百出，但你宁愿把预算花在设计具有挑战性的活动上

- 你应当计划设计一个具有挑战性但没有花样繁多的互动模型，让利益相关者看到认知挑战比花样百出更能提起人们的兴趣。
- 当展示模型时，你应当计划向客户指明你提供的材料几乎都是各种各样的挑战，而信息展示则比一般的培训少得多。你应当劝阻利益相关者将你所做的培训与过去他人所做的进行比较。

→ 你的组织没有可以开发（你认为的）最佳活动形式的工具

- 如果可以，先使用某一工具的试用版建模。如果利益相关者达成一致，认可该工具的必要性，你就有更充分的理由投资购买该工具。
- 如果已经确定不可能得到该工具，你就寻找其他方法开发某一形式的最重要方面。例如，如果想要一个自定义的动画绘图用来显示某一插件如何组装，但没有制作这方面的预算，请考虑录制一个简单的视频，并通过常见的视频编辑软件添加字幕。

○ 注释

1. Learning styles: Concepts and evidence by Harold Pashler, Mark McDaniel, Doug Rohrer, and Robert Bjork.Psychological Science in the Public Interest vol. 9 number 3, December 2008, pp. 105-119.

2. From the September-October 2010 issue of Change Magazine, available here: www.changemag.org/archives/back%20issues/september-october%202010/the-myth-of-learning-full.html.

第 9 章

活动设计：选择一个活动，采访主题内容专家

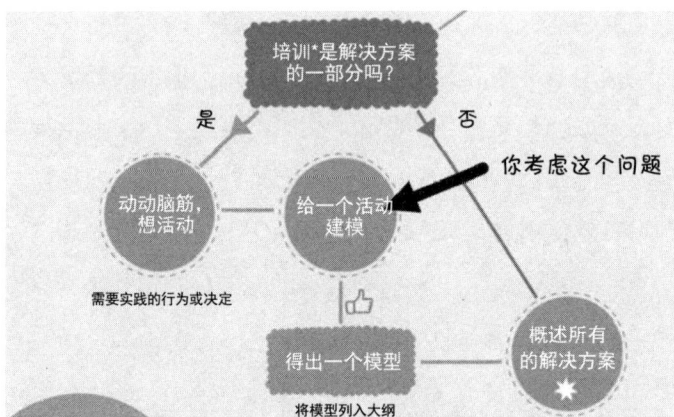

任务内容	任务由谁完成	完成任务需要的时长
选择一个活动想法，将其开发成模型，作为其他活动的模板。 这个活动可以是独立的迷你情境练习，也可以是较长分支情境练习中的一个典型决定点。你可以采访主题内容专家，获取细致入微的见解，用以设计具有挑战性的活动	你自己选择用于建模的活动。主题内容专家帮助你了解任务细节及阻碍任务完成的因素	可能需要几分钟或几小时，时间不等，主要取决于活动的复杂性和你对工作背景的了解程度

工具：活动计划文档（请参见 www.map-it-book.com ）。

成果：你将深入了解人们需要实践的任务，并收集到如下信息：

- 一个详细示例，用以说明人们在执行任务时面临的现实挑战；
- 最常见的错误，人们为什么会犯这些错误，以及由此产生的后果；
- 其他常见错误及其原因和后果；
- 正确的选择，人们难以做出正确选择的原因及其后果。

○ 你已经完成的工作

你已经记录了有关活动的想法，并确定了最适合每个活动的形式。现在，你将选择一个活动，为其建模。

○ 你将要做的工作

你将充实一个活动的细节并为其建模。所建的模型将作为其他活动的模板。由于你对这个活动的设计为接下来更多的活动开了先河，因此这是一个重要的步骤，将占据本书的大部分篇章。

在本章中，你将完成以下工作：

（1）选择一个用以建模的行动；

（2）确保这个行动真的需要练习；

（3）安排与主题内容专家的会议；

（4）期待从主题内容专家那里获取正确的细节（这些细节你可能之前不常得到）；

（5）从主题内容专家那里获取细节（重点是背景、原因和结果）；

（6）仔细询问做出决定需要哪些信息；

（7）记录要点（在随后的章节中，你将用这些要点继续建模）；

（8）写下活动问题和选项；

（9）设计回复；

（10）确定如何提供支持信息；

（11）创建并测试模型。

你依然围绕导图中的"活动"考虑问题，并且只关注一个活动。

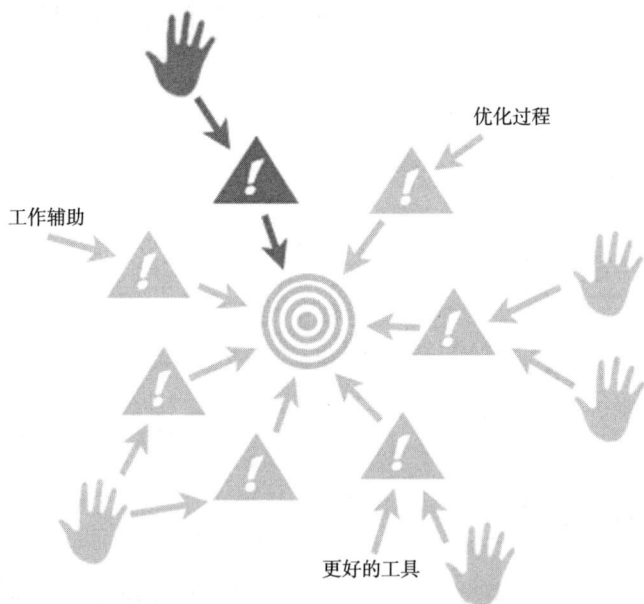

○ 让谁参与

你应当承担编写活动的工作，但是，你需要主题内容专家帮助你确定可以使用的最佳选项并添加真实的细节。相比传统的试题，实践活动需要从主题内容专家那里获取更多的信息。

→ 主题内容专家是否应该编写内容

你所服务的组织中的主题内容专家通常会给你一套幻灯片，包含"他们需要知道的内容"。的确，有些组织会要求主题内容专家编写课程内容并提供给你，然后，你根据这些内容完成教学设计。

然而，你应当尝试将项目的重点从展示内容转移到让人们练习他们需做之事上。此外，由于主题内容专家花时间编写了脚本或设计了幻灯片，因此他们会变得坚持己见，不愿意更改脚本或幻灯片上的内容。

如果你的主题内容专家习惯于编写材料，就不要建议他们编写任何内容。你可以选择一种让主题内容专家感觉更轻松的方式，例如说："我只需对你做一个采访，你不必编写任何内容或制作任何幻灯片。"

如果你的主题内容专家热衷于设计活动，并渴望放弃学校模式，你们就是一支梦之队。在这种情况下，你可以考虑让主题内容专家编写一些活动——在你设计出一个模型之后。你的模型将作为其他活动的模板。

○ 什么类型的活动

我们将设计一个可以以任何形式开展的实践活动，开展的形式可以从在线学习到面对面会议，再到沉浸式游戏。

乍一看，活动好像"只不过"是一道多项选择题，但是，设计它的目的在于模拟人们在工作中必须做的决定。它设定了一个场景，要求学员做出现实性的决定，并提供了精心设计的选项，诱使学员犯常见的错误。

最基本的模式可能是这样的：

> 比尔需要在手术过程中把手术刀递给萨拉。他该怎么做？
> A. 把手术刀放在无菌的、用于盛放肾脏的盘子里，把盘子递给萨拉。
> B. 抓住刀片和刀柄的连接处，把刀柄放在萨拉的手掌里。
> C. 把手术刀放在手术布上，让萨拉自己拿。
> D. 简单包裹后轻轻地扔给萨拉。

你可能会想，"这看起来像在线学习"，但我们将要设计的这种类型的活动可用于任何形式，包括现场培训，正如我们在之前的章节看到的那样。

→ 多项选择题具有规则性

我们使用多项选择的形式来构建对决定及其后果的深入研究。这一形式要求我们分析背景、决定、常见错误、最佳方式，以及——也是重要的——每个选项的后果。多项选择题是一种常用的便捷手段，用以存储关于每个决定的海量信息。

一道设计合理的选择题适用于任何形式，从非正式的讨论到虚拟角色面临挑战的沉浸式世界。由于它存储了很多关于决定和可能后果的信息，从现在开始，它将成为我们的默认活动。以后，你可以把它用于任何你想要的形式。

当为我们所用之时，一道不起眼的多项选择题会变成一个非常强大的分析工具。传统培训所犯的最常见的错误恰恰是缺乏分析，包括跳过对绩效问题的广泛分析，以及没有仔细研究学员在工作中必须做出的决定。缺乏分析正是出现如此多的无聊的培训的原因。

编写一道富有挑战性的、现实性的多项选择题恰恰需要人们经常忽略的分析过程。这就是为什么我们要用几章的篇幅来讲述如何编写一道多项选择题及其相关选项，以及每个选项的回复。你完成这个过程之后，还要重复这个过程以编写其他活动。**你还将得到将多项选择题变成任何其他类型的活动所需的背景和信息。**

→ 一定要编写选项和回复，而不仅是题目

在现场培训中，主持人可能只会提出问题，并不会给出选项。但是，编写选项和回复是必不可少的。

首先，通过编写选项和回复，你将对绩效问题有更深入的了解，这将为你的设计提供更多信息。此外，主持人需要知道哪些是常见的错误，以及每个常见错误会产生什么后果，这样他们才能在学员讨论过程中引出相关知识。

有些人会说，不应该使用多项选择题，因为让人们选择预先编写好的选项会让问题简单化。他们会争辩道："他们应该自己回答问题。"有趣的是，露丝·克拉克（Ruth Clark）在其所著的《基于情境练习的在线学习》（*Scenario-based e-Learning*）（2013 版）中引用的研究表明，至少在在线学习中，"选择预先设定好的回答比自己想出回答所带来的心理负担要小，并且前者已被证实可以带来更好的学习效果"。

这并不意味着你无须在现场会议中提出开放式问题并等待学员回答，这其实是让人们深入思考和消除分歧的好方法。但是，你需要事先设计多种选项，这样你就知道什么是最常见的错误，什么是最好的回复。如果认为提供具有挑战性的

多项选择题会更有效，你也应该坚持己见，不要被利益相关者说服去设计一般的多项选择题。如果一道多项选择题包含了引人注目的干扰因素，那么它实际上比开放式问题能激发更多的讨论。

→ 在线学习：确保你使用的工具能够编写背景回复

如果计划开发一个在线活动，请确保你使用的软件允许你为每个选项编写不同的回复。

大量的问题构建工具只允许你提供两种类型的回复：正确和错误。但是，你需要为每个选项提供不同的回复。此外，你需要设计的回复类型可能比工具假设的更多样。如果工具只提供了一个小小的文本框让你输入回复，你一定会感到沮丧。

如果觉得需要设计一个分支情境练习，请你寻找一个专门设计这种情境练习的工具。Twine 是一个针对交互式虚拟故事写手的开放源代码解决方案。虽然它是免费的，但是和任何一种开放源代码项目一样，它会把具体的编写工作留给你。

→ "但我不想让自己的活动成为一道多项选择题。"

再说一遍，我不是说你最终选择的活动形式应该是一道多项选择题，而是说可以把一道多项选择题应用到任何形式中。编写一道设计合理的选择题是一个很好的方法，可以快速且深入地了解一个决定，并提供关于常见错误及其后果的信息。

另外，如果仔细审视心中所想的最终形式，你就会发现其中往往隐藏着一道选择题。例如，以下这些常见的活动其实就是变相的选择题：

- 分支情境练习：每个决定点都是一道选择题。
- 结构化角色扮演：如果你给角色扮演者一些指导（你应该这样），这些指导就会把人们说的话从"任何事情"减少到"符合这些标准的事情"，这也涉及选择。
- 让人们应用工作辅助的活动：工作辅助减少了一些潜在的行动，从"此时我可以做任何事"到"这个参考说我应该检查 X，然后根据结果，在 Y 和

Z 之间做出决定"。

→ 不要试图让一个活动涵盖所有内容

如果想让一个实践活动"完成整个任务",那么你要求过高了。

举个例子,假设你计划的情境是:打印机维修新手站在故障的打印机前,说"我要维修打印机",这名新手其实跳过了一些步骤。"维修打印机"应当作为一个后续活动,而开展这一活动之前,还应该开展几个重点突出的活动。其中一个活动是回答:"打印机可能进纸出了问题。你能检查出来吗? "新手会得到一份工作辅助,上面列出了诊断进纸问题的步骤。查看各个步骤其实就是一个多项选择活动:新手会想"根据上一步得到的结果,我接下来应该执行哪一步",而不是笼统地思考"我现在该做什么来维修这台打印机"。

这些重点突出、按部就班的活动使得最终的"维修打印机"活动成了一道多项选择题。由于新手需要按照诊断步骤完成一系列活动,因此这些诊断步骤就可以作为多个选项。因此,最终的"维修打印机"活动实质上变成了一道有多个选项的选择题。

→ 分支情境练习呢

模型活动应该是单一场景、单独决定的迷你情境练习,还是有多个决定点的分支情境练习? 我的建议是,先开发只有一个决定点的练习,如一个独立的迷你情境练习:学员做出一个决定→看到产生的后果→活动结束。一旦确定如何编写和开发一个典型的决定,你就可以额外挑战分支情境练习(如果你认为合适的话)。

如果在想到的活动中没有仅存在一个决定点的活动,那么你可以从故事中选择一个典型的决定,仅就此决定开发活动。你还需要为活动的复审人员提供决定前后的故事背景。此时,你的目标是确定如何给出特定的挑战、选项、回复和信息。一旦确定了这些内容,你就可以将其应用到情境练习的所有决定中,并编写故事情节。

◯ 1. 选择一个用以建模的行动

你的模型将作为其他活动的模板，因此，你需要从导图上的众多行动（行为）中选择一个典型行动（行为）。如果预想了多个不同类型的活动，那么你需要为每种类型的活动建模。

◯ 2. 确保这个行动真的需要练习

你应该已经确定哪些行动需要通过实践活动进行练习，哪些行动可以通过工作辅助或程序改进等方式改变。这些都是在分析流程图时确定的。

现在，请重新审视你选择的用以建模的行动，仔细检查它是否处在流程图上的正确位置，以及是否真的需要通过实践活动进行练习。实践活动的目的是帮助人们练习在需要进行判断的工作中做出相应的决定。

例如，你认为下列哪个行动可以证明开发实践活动（我所说的）的合理性？如果实践活动不合适，你可以用什么来代替？

（1）记住（某一药物）用于马时的正确剂量（适用于常治疗猫、狗，偶尔治疗马的兽医）；

（2）采用"艰难对话模型"三步法（适用于经常与团队成员会面的管理者）；

（3）每天都按照这八个步骤安装设备；

（4）在不同的设置下排除打印机故障（适用于前往客户办公室的打印机维修人员）；

（5）当有人打电话找奈杰尔时，请接到 3 号线（适用于接线员）。

以下是我对这些行动的看法：

（1）**记住（某一药物）用于马时的正确剂量**。这不需要记忆，因为兽医只是偶尔治疗马。更好的解决方案可能是智能手机上的参考，因此，这一行动可能不需要通过实践活动进行练习，除非参考的信息难以应用到实际工作中。

（2）**采用"艰难对话模型"三步法**。这是一种复杂的经常性行为，需要做出判断且不能完全依赖工作辅助，因此是一个合格的实践活动。

（3）**每天都按照这八个步骤安装设备**。如果这些步骤不需要判断——只是"按下蓝色按钮，然后上推绿色控制杆"之类的操作，就不需要培训。也许可以在设备旁边的墙上贴个指示牌，列出这八个步骤。

（4）**在不同的设置下排除打印机故障**。这个行动需要进行判断，并且，与大多数涉及诊断问题的行动一样，是开发成实践活动的合格备选。

（5）**当有人打电话找奈杰尔时，请接到 3 号线**。这是一个简单的规则，所以很难确定是否需要培训。如果接线员不必在几毫秒内做出回应，那么可以提供一份员工名单和他们所属的电话线。如果接线员出于某种原因必须记住这些信息，那么可以设计一些简单的记忆练习活动，而不是复杂的决策活动。

我们关注的是需要做出判断的行为，而不是一步一步地机械性完成的行为。所以，要确保你即将开发成实践活动的行为需要通过一些独立的判断来实现，不能用简单的工作辅助来解决，也不能通过练习题来记忆。做决定时存在的灰色区域越多，这个活动的效果也就越好。

○ 3. 安排与主题内容专家的会议

为了更加深入地了解问题，你需要与主题内容专家进行一次对话，而不是来回发送电子邮件或要求他们提供 PowerPoint 演示文稿。请告诉主题内容专家，你需要采访他们，以便了解人们执行某一行动（你选出并计划开发相应实践活动的行动）时发生了什么。

根据你计划开发的活动及其对应的实际任务的复杂性，你们的对话需要花费 15 分钟到一个多小时不等的时间。对话可以采用面对面或打电话的形式。

当你安排采访时，请确保主题内容专家了解以下内容。

- 他们不需要做任何准备，只需要回答你几个问题。这对他们来说很容易。
- 你要谈论的是具体的任务 X——不是整个项目，也不是"课程"。

4. 期待从主题内容专家那里获取正确的细节
（这些细节你可能之前不常得到）

一旦确定一个实践活动是必要的，你就需要收集大量的信息。但是，什么信息最有用呢？

如果使用传统的培训设计方法，你就要问主题内容专家以下问题：

- 在这种情况下，人们应该怎么做？（这将成为"正确的"答案。）
- 他们可能做错什么？（这些会成为干扰你的因素。）
- 是否存在什么规则指导人们如何做出这一决定？（你要在回复中描述规则，当然是在人们回答"正确"或"错误"之后。）

使用这种方法只能设计出带有明确答案和说教式回复的一般性问题。为了增加深度和挑战性，我们需要获取不同的信息，包括：

- 当人们做出这个决定时会发生什么？他们在什么地点做的决定？他们需要和谁对话？
- 为什么难以做出决定？
- 人们常犯的错误是什么？为什么会犯这些错误？
- 当某人犯下每个常见错误时会发生什么？具体后果是什么？
- 人们应该做什么以避免犯下常见的错误？为什么？
- 当人们做出最佳决定时会发生什么？具体后果是什么？

我们使用传统方法时常忽略的三类信息包括：决定的背景是什么？每个选择的后果是什么？为什么人们一开始就在挣扎？

这只是我们需要收集的一些信息。但获取这些信息的最佳方法是什么？让我们看一个例子。

示例：阿诺和"值得信赖的顾问"

想象一下，你和我在一家绩效改进公司工作，为各种各样的客户分析和解决问题。

　　还记得第 4 章里鲍勃和鲁伊莎的项目吗？他们帮助插件销售人员学会倾听客户的意见，并为客户找到最优插件。结果，他们的项目很成功，以至于竞争对手威伯插件公司感受到了威胁。

　　现在，我们在和一位来自威伯插件公司的管理者阿诺开会。

　　"我们正在改变自身的品牌个性，"阿诺说，"我们希望与客户建立情感联系，而不是像大多数插件公司那样专注于产品功能的优异性。我们希望成为客户值得信赖的顾问，为他们的各种需求提供意见。"

　　"值得信赖的顾问？"我问。

　　阿诺解释说："如果只是专注于产品功能，那么各个公司之间只会争先恐后地保持技术上的领先。例如，如果我们生产出了运行最快的插件，那么某一竞争对手将推出一个更快的插件。但如果我们与客户建立了情感上的联系，竞争对手就无法用稍强一点的功能来吸引他们。"

　　"所以，你想改变的是员工如何与客户沟通并如何代表品牌？"

　　"是的，"阿诺说，"他们需要理解何谓感性品牌营销。"

　　在接下来的会议中，我们将阿诺最初的目标——"销售人员了解何谓感性品牌营销"修改为"所有销售人员学会使用值得信赖的顾问销售模式之后，到年底，威伯插件公司的市场份额将增加 20%"。

　　阿诺帮助我们列出了销售人员应当做什么以及他们为什么不做。列表中的行动包括：

- 提出旨在揭示对客户最重要的情感利益的问题（我们将其分解为子行动，针对每个子行动各提一个问题）。

　　强调情感利益对销售人员而言是一种新的行为，一直以来他们并未做过。他们中的大多数人都只在强调技术优势的销售方面有经验，而这种销售往往不会出现情感利益的识别。

- 当客户对插件发热现象表示担忧时，以旨在建立信任的方式做出回应。

　　销售人员认为，行业出版物中对威伯插件公司出品的插件出现发热现象的批评有失公平。因此，销售人员会将客户对插件发热的担忧解读为不公平的批评，并采取防御措施，反驳客户。

在与阿诺会面的过程中，我们初步绘制了行动导图。然后，向他告别，针对那些看起来需要培训的行动，自己动脑筋，构想各种各样的活动。

最终，我们决定，大多数活动应该模拟销售人员和客户之间的对话，因为大多数行动都是在对话过程中执行的。

→ 力求形式灵活多样

阿诺告诉我们，销售人员都是热衷交际的人，喜欢集体学习，但是，他不想支出各地销售人员集中一地进行学习的旅费。如果我们认为一次培训事件是有用的，那么可以让销售人员参加虚拟会议，以共享屏幕的形式实现集体学习。也许，我们还可以让销售人员在一次启动活动中完成一些小组活动，在接下来的几周内独立做一些其他活动，然后再举行一次线上活动，讨论争议点和要点。

我们集思广益得出的各类情境练习可以通过两种方式在实时活动中开展。

（1）主持人展示问题及其选项，学员对选项进行辩论后投票选出一个选项，然后得到选择产生的后果。

（2）主持人只展示问题，不展示选项，让学员进行更开放的讨论。我们保证主持人掌握的活动流程中包含各个选项及相应的回复，以便他知道如何回应学员可能建议的决定。

问题及其选项也可以开发成自主在线学习活动。例如，开发一个实践活动库让销售人员进行间隔练习。

→ 选择一个活动，为其建模

下一步，选择一个典型的活动，为其建模。我们决定建模的活动是可以帮助销售人员应对客户对插件发热现象提出异议的活动。由于我们将大多数活动的重点放在改变销售人员与客户的交谈方式上，因此这是一个可以用来建模的代表性活动。而且，回应异议比向客户提问以获得信息要更加复杂一些，所以，这也是一个很好的挑战。

→ 安排与主题内容专家的会议

阿诺是这个项目的客户兼主题内容专家，所以，我们安排了一次和他的会议来获取活动建模所需的详细信息。给他打电话时，我们明确表示，会议将专注于我们选出用来开发的一种行为。

"我们希望帮助销售人员应对客户对插件发热现象提出异议，"我们说，"你可以抽空帮助我们了解这种情况发生时的细节吗？"

→ 我们需要知道什么

现在，我们在和阿诺开会。

现在，我们应该问什么以获取活动所需的信息？

这个问题怎么样？——"当客户对插件发热表示担心时，你会怎么回答？"

我们可能会从阿诺那里得到这样的回答："我告诉他们，高温是高性能的附带结果，但是无害的。我会向他们展示我所熟悉的插件的工作方式，以及行业出版物对发热现象的看法。"

你能在仅使用上述信息的前提下，编写一个详细的问题，给出至少三个选项，并且每个选项都有回复吗？我不能。

你认为下面的问题怎么样？它们能提供我们需要的信息吗？

- 何时做出决定？做出决定之时发生了什么？
- 为什么难以做出决定？
- 最常见的错误是什么？为什么人们会犯这种错误？
- 错误会导致什么后果？
- 其他常见错误及其后果是什么？
- 人们应该怎么做以避免错误？
- 他们又为什么不这么做？
- 哪些原则或经验法则有助于指导这一决定？

这是一个较长的问题列表。我们应该逐一对阿诺进行提问吗？让我们先演示一下。

"最常见的错误是什么？"我们问阿诺。

他说："他们会就插件发热的现象进行辩解（可能引起客户的反感）。"这是否提供了足够的信息可用于编写一个合适的选项？

如果我们认可他的回答，就可以据此先就活动问题打个草稿：

> "我很担心热量的产生会……"（客户对发热提出异议）
>
> 你下一步怎么办？
>
> A. 进行辩解
>
> B. ……

尽管上面列出的问题可以为活动创造一个良好的开端，但它们太笼统了。笼统的问题得到的是笼统的答案，缺乏我们需要的细节。

贝丝·克兰德尔（Beth Crandall）等人在《工作头脑：认知任务分析实践者指南》（*Working Minds: A Practitioner's Guide to Cognitive Task Analysis*）（2006 版）中写道："这类笼统的问题会造成实践者的知识和技能与他们的生活经验相脱节。"

那么，我们如何获得所需的细节呢？

○ 5. 从主题内容专家那里获取细节（重点是背景、原因和结果）

与其提问笼统的问题，不如鼓励主题内容专家讲述具体的事件，或者让他们在真实的环境中执行任务，并解释他们是如何做出每个决定的。

→ 鼓励主题内容专家讲述具体的事件

上面提到的《工作头脑：认知任务分析实践者指南》一书中介绍了一种称为"重大决定模型"的模型，要求主题内容专家讲述特别难以做出决定的特定时间或做出值得纪念的决定的特定时间。

我们可以问："请你给出一个恰当或不恰当地回应客户对于发热疑虑的例子。"然后，我们会问更多问题来获取所需信息，例如：

- 发生了什么？哪些人当时在场？他们都说了什么？

- 关于客户，你得出了什么结论？为什么得出这些结论？你说了什么作为回应？为什么说这些？
- 回应之后的结果如何？
- 在同样的情况下，新手会做什么？为什么？
- 结果如何？
- 在这种情况下，新手可能常做的另一种决定是什么？为什么做这种决定？决定会引发什么？
- 你是如何做出决定的？基于什么信息？有相关的经验法则吗？

因为阿诺的故事很简单，所以我们的讨论很可能也很简短，不费什么力气，多问几个问题就能很快搞定。

对于比较复杂的决定，如诊断一种疾病，预测天气，或者决定如何应对自然灾害，这种讲述事件的方法的确显示了它的威力。《工作头脑：认知任务分析实践者指南》的作者建议，对于包含这类决定的故事，引导主题内容专家从四个层面讲述。

（1）简要概述事件，这样你就可以了解事件涉及的决定，并确保事件的适宜性。通常情况下，事件应当是一个非常规的、具有挑战性的事件。此外，尽管它非同寻常，但依然能够显示专家如何做出决定以及这些决定有何影响。

（2）建立事件发展的时间线，着重讲述重大决定或领悟发生的时刻。

（3）深挖故事，透过现象看本质。正如《工作头脑：认知任务分析实践者指南》中所写："他们知道什么？是什么时候知道的？是怎么知道的？如何应对知道的内容？"你需要通过以下提问得出细节：他们对每个决定点的关注点是什么？他们考虑了哪些选择？他们在寻找什么信息？他们又在哪里找到的？这是一个引出专家使用的心智模型或经验法则的好时机。

（4）最后提出"如果……会怎么样"这样的问题。例如，"你怎样可以得到不同的结果？如果当时是一个新手负责，会发生什么？什么样的培训（如果有的话）可能有助于你做出决定？"

我建议你阅读《工作头脑：认知任务分析实践者指南》一书，寻找更多思路。这本书以清晰、实用的细节描述了各种由研究支持的方法。

→ **让主题内容专家完成一项任务，同时大声说出自己的思路**

另一个选择是让主题内容专家完成一项任务，同时大声说出自己的思路。这单靠阿诺一个人无法实现，除非可以找到一位对插件发热问题表示担忧的客户，这样才能模拟真实场景的对话。但是，对于许多其他类型的任务，这的确是获得所需内容的有效方法。

例如，如果我要在自己曾经居住过的墨西哥南部城市教别人开车，我就会让他坐在副驾驶座位上，观看整个驾驶过程。我会一边开车穿过一个令人困惑的十字路口，一边描述驾驶过程中的思考。

我会说："严格来说，道路上的各种车辆都具有平等的通行权。但我之所以等公交车，是因为在实际行驶中大车享有优先权。好，现在我们有机会了！我要横跨两条车道，否则下一个十字路口我就没机会左转了。"

一旦安全通过十字路口，你就可以问我，新手会犯哪些常见的错误，为什么会犯这些错误，以及除了"大车享有优先权"，还有什么其他经验法则或原则适用于当前的情况。

另一种方法是将专家执行任务的过程进行录像，然后给他们看录像，让他们解释自己的思路。"你当时在想什么？"你可以问，"你为什么这么做？新手又会怎么做？"

这可能是获得现实性实践活动所需信息的最有效方法。你还需要问几个"如果……会怎么样"这样的问题，以了解常见错误及其后果。

→ **提问很多"愚蠢"的问题**

你可以在讨论中鼓励主题内容专家将可能干扰人们做出恰当选择的信念或假设展示出来。你可以利用局外人的身份来问一些"愚蠢"的问题，以确保主题内容专家能够找出常见的错误。

例如，假设你的客户是一家政府机构，该机构工作人员的任务是接近可能患有精神疾病的无家可归者，劝说这些人将个人物品从露营地搬走，以便某施工单位在此地施工。

主题内容专家讲述了一个成功劝说的故事，故事描述了该机构的一名工作人员独自走向一位沮丧的无家可归者并与之交谈。

"多一位同事一起不是更安全吗？"你问。

专家解释说，如果你单独接近对方，说服力就会更强，因为你看起来不像在欺负他们。最好请一个同事在一旁盯着你，以防万一，但你要单独和他谈。

"完成这一任务时出现的一个常见错误是两到三名工作人员一起出动。"主题内容专家的这一说法为你提供了有用的参考。

主题内容专家自己可能考虑不到这些问题，所以你要毫不犹豫地问他们。

→ 考虑接触更多的主题内容专家

无论使用讲述具体故事的方法还是使用完成任务的方法，你可能都会发现你的主题内容专家缺少某一特定任务或领域的经验。你可以考虑向有相关经验的人寻求帮助，而不是依赖于目前的主题内容专家提供的笼统信息。

此外，有些决定是由团队集体做出的，而不是由专家单独做出的。在这种情况下，你需要采访参与特定事件的团队，以了解各个方面存在的挑战，并收集必要的细节，将其转换为有意义的活动。

○ 6. 仔细询问做出决定需要哪些信息

当确信你对任务和决定理解透彻时，你可以提出如下问题：

- 人们做出这个决定所需的最低信息量包括哪些？
- 他们应该记住什么？他们可以查阅到什么？
- 这些信息现在在哪里？

正如我们在分析过程中看到的，主题内容专家通常会做两个容易产生问题的假设：

- 人们需要比实际所需更多的信息来做出决定。
- 人们应该记住比他们真正需要记住的更多的信息。

以下是帮助主题内容专家避免陷入信息流沙的四种方法。

→ 把信息讨论留到最后

主题内容专家可能想一上来就告诉你人们需要知道的一切。但是，你要反其道而行之，让他们先讲述一个故事或者在完成一项任务的同时大声说出自己的思路，之后才询问必要的知识。这将有助于提醒主题内容专家，项目的目标是帮助人们做出正确的决定，而不是将信息输入他们的大脑。

→ 提醒主题内容专家：本活动将是系列活动之一

主题内容专家可能会关心众多的基本概念和其他先决知识，因为他们认为这些都是人们参加活动、做出决定之前应该掌握的。你需要再次向主题内容专家保证，本活动不是唯一的活动，人们将有足够的机会通过其他活动学习更多的知识。

但是，如果你打算让建模活动成为第一个活动，而主题内容专家列出了一长串人们在做出决定之前需要合法获知的信息，你就需要重新考虑用以建模的活动。你需要组织你的活动，做到：一个初期活动帮助人们学习一个基本概念（或巩固现有知识），多次练习之后，提供需要同时应用多个概念的活动。

也许你的活动模型比想象的更难，因此，应当将其放在简单活动之后，所有材料的中间。也许你的活动模型需要人们应用多个变量或者同时做多个决定，因此你可以考虑降低它的复杂性吗？

→ 使用迷你流程图

如果正在为一个任务设计一个活动，但在最初的分析中没有得到足够的细节，那么你可以使用之前提到的"记忆或工作辅助"流程图，如下。

这也许有助于主题内容专家更清楚地认识到，他们大脑中的专业知识不一定要输入每个人的大脑中。

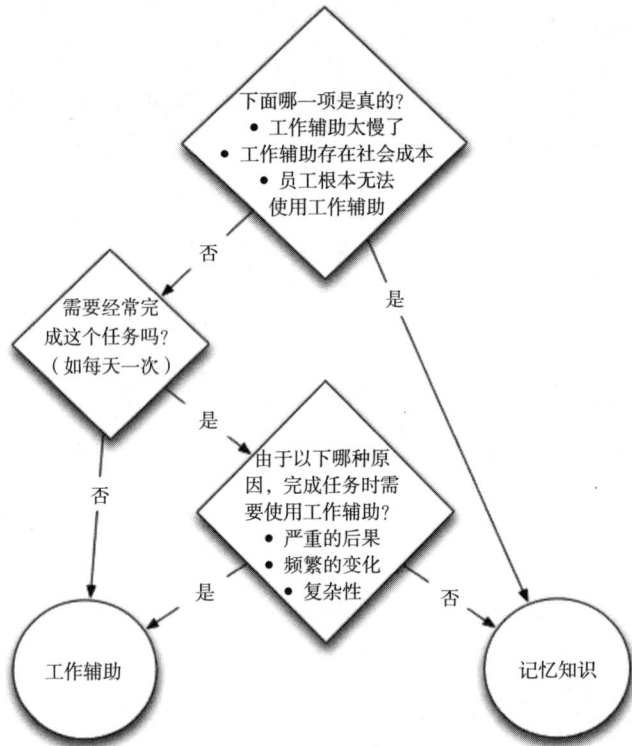

下面哪一项是真的?
- 工作辅助太慢了
- 工作辅助存在社会成本
- 员工根本无法使用工作辅助

否

需要经常完成这个任务吗?（如每天一次）

是

是

由于以下哪种原因,完成任务时需要使用工作辅助?
- 严重的后果
- 频繁的变化
- 复杂性

否

否

是

工作辅助

记忆知识

→ 玩游戏

在《工作头脑：认知任务分析实践者指南》中，作者描述了一个称为"20个问题"的游戏，我认为这个游戏可以用来确定活动所需的信息。它通常被用于理解主题内容专家的想法，其工作原理如下：

（1）给主题内容专家一个需要解决的问题，但提供少量信息或根本不提供信息。

（2）让主题内容专家一点点地向你询问他们解决问题所需的信息。

（3）留意主题内容专家要求的信息以及要求信息的时间，这有助于了解他们如何做出决定。

我们可以调整这个游戏，用以帮助我们找出活动所需信息。首先，我们可以和主题内容专家玩这个游戏。接下来，我们可以和新手玩这个游戏，新手要求的信息可能会比主题内容专家要求的多。通过游戏，我们可以感受主题内容专家和新手的不同，了解主题内容专家已掌握而新手没有掌握的信息。这有助于你确定在活动中应该提供什么信息，并开始确定可能需要记忆的信息。

当然，主题内容专家掌握的信息可能不需要全部记住，所以你可能需要仔细查看上面的流程图，找出的确需要记忆的信息。

○ 7. 记录要点

采访主题内容专家时，请确保你的记录包括以下要点：

- 做出决定的背景，尤其是造成决定难以做出的因素。
- 三个最常见的错误或最具问题性的错误及其各自的后果——这些问题和后果应当是具体的、细节性的。例如，人们在谈话中实际说的话，而不是"进行辩解"这样的模糊措辞。
- 人们犯每个错误的原因，诱人犯错的因素。
- 最佳选择及其后果（需详细说明）。
- 做出正确选择所需的基本信息。

你将在下一章中使用这些记录的内容来编写活动。

另一种方法是记录整个谈话内容，而不是记录主题内容专家讲述的要点，这样做还有一个额外的好处，那就是充分显现该组织中的人是如何交谈的。

→ 示例：记录我们和阿诺谈话的要点

对于开发关于如何回应客户质疑插件发热现象的活动的模型，我们在导图上添加了一些要点，提醒自己注意：常见错误一——"进行辩护"；常见错误二——"用另一个插件分散客户的注意力"，以及正确的回应"愿意坦诚地谈论这个问题，并展示自身在插件领域的专业知识"。

有了这些提醒和更详细的记录，我们就可以开始写活动初稿。感谢阿诺之后，我们开始独立编写初稿，完成的初稿将在下一章中看到。

情境练习：一位消息灵通的客户针对发热现象给出了不好的评价。
选项：辩护；分散注意力；显示专业知识

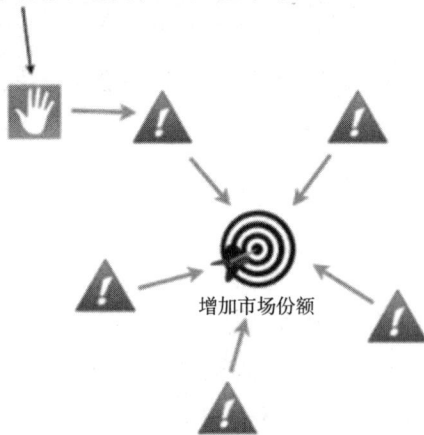

增加市场份额

○ 常见问题

→ **主题内容专家只是不断告诉你人们需要知道什么信息**

- 让他们给你讲一个具体的故事。这些故事可能来自主题内容专家的亲身经验（最好是这样），也可能是组织中其他人做某件事的故事。

- 让主题内容专家完成一项任务，同时，你在一旁观看或录制视频。在任务期间或完成后，询问他们处理关键点的思路以及新手又会如何处理。

- 考虑接触更多的、可能对这种方法持开放态度的主题内容专家，将这一行为定位为"提供尽可能多的观点对设计活动而言是有帮助的"或"提供意见对一个人来说是一项艰巨的工作，需要他人分担"。

→ **主题内容专家只想写一些内容，然后发送给你**

- 你可以建议他们接受你的采访，告诉他们这并不是很大的工作量，并且明确表示你希望他们讲述关于自己的有趣故事，因为大多数人都喜欢谈论自己。

- 如果你怀疑主题内容专家出于准确性的考虑想要主导活动的编写，请提醒他们，他们的职责是审查你编写的每个活动，他们有很多机会找出错误。

- 如果主题内容专家出于一贯做法的缘由向你发送内容，请提醒他们，此项目与以往的项目不同。如果还没有提醒他们，你可以给他们看一些你之前设计的、类似的活动模型。向他们指出，要设计这种类型的活动，你需要使用不同以往的流程并收集不同以往的信息。这就是我强烈建议你从项目开始就请主题内容专家参与其中、一同制定项目目标的原因。

→ 主题内容专家很乐意与你交谈，但没有说任何具体的内容

- 如果使用的是基于故事的方法，那么你不仅要提问"告诉我一个关于……的故事"这样的问题，还要问一些非常具体的问题，如"你此时在想什么？为什么这么想？""此时，新手会说什么你没有说的内容？"等。
- 如果在一旁观看他们执行任务或回看执行任务的视频，那么你可以在必要时请求停止行动，提出诸如"你为什么这样做？""你怎么知道这个插件会摇晃？你看到什么了？你听到了什么？"这样的问题。

→ 主题内容专家对项目的参与度达不到要求的水平

- 理想情况下，主题内容专家会在目标制定和分析问题阶段变得热情起来。如果主题内容专家不是这样的，那么你可以试着向他们展示一些你之前设计的、类似的活动模型（如果你还没有展示）。有时，一位不情不愿的主题内容专家可以从很酷的活动中获得灵感。
- 如果主题内容专家仍然拒绝做出贡献，那么你可以考虑再找一位主题内容专家。把这一行为定位为"提供尽可能多的观点对设计活动而言是有帮助的""提供意见对一个人来说是一项艰巨的工作，需要他人分担"。

→ 主题内容专家不停消失

- 如果主题内容专家对项目的确感兴趣，但迟迟不答应你的采访请求，那么你可以礼貌地指出，及时接受采访对保持项目进度的重要性。如果这不起作用，你就需要跟客户反映这一情况，告诉客户你将无法按时交付相关材料，因为主题内容专家似乎有太多的事情要做，无法为你提供完成项目所

需的细节。这可能足以让客户对接主题内容专家，明确其应当处理的优先事项。

- 如果主题内容专家继续拖延（也可能表面上表现得对该项目充满热情），你就可以考虑再找一位主题内容专家，并把这一行为定位为"提供尽可能多的观点对设计活动而言是有帮助的""提供意见对一个人来说是一项艰巨的工作，需要他人分担"。

第 10 章

活动设计：题干和选项

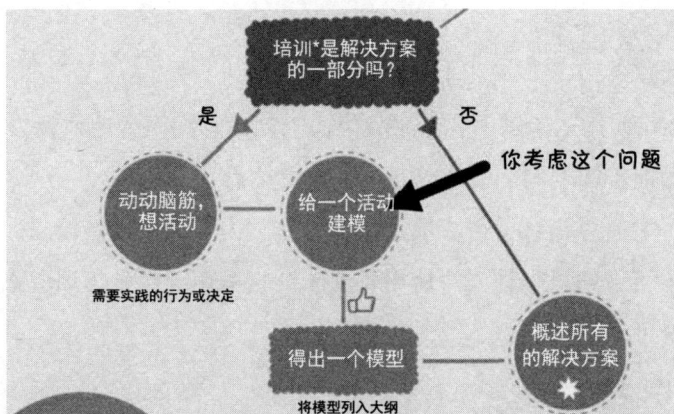

任务内容	任务由谁完成	完成任务需要的时长
为你选出用以建模的活动编写题干（问题）和选项。 题干将： • 给出现的人物取名字或用"你"指代； • 展示，不指导； • 包括各种相关和不相关的细节； • 避免戏剧化。 选项将涉及： • 主题内容专家发现的最常见错误； • 主题内容专家发现的其他错误； • 最佳选项	你负责编写，如果需要更多的信息可咨询主题内容专家	20 分钟？你编写和修改的速度有多快？可能主要取决于你自己

成果： 你编写出一个现实性问题和几个细致入微且具有挑战性的选项。这个问题可以作为一个单独的情境练习，也可以作为分支情境练习中的一个典型决定点。

○ 你已经完成的工作

在上一步中，你从行动导图中选出了一个行动，并为此行动设计了相关的模型活动。你也采访了主题内容专家，获得了编写活动所需的详细信息。

○ 你将要做的工作

现在，你将使用从主题内容专家收集而来的信息为模型活动编写题干（问题）和选项。你暂时不需要写回复（这是下一章的内容）。

记住，你之所以设计一道多项选择题，是因为它是一种确保涵盖主要错误的好方法，而且可以通过多种方式使用或修改。它适用于各种培训形式，从自主在线学习到面对面的讨论。

在本章中，你将：

（1）假设没有信息展示（以后你可以随时更改这一假设）。

（2）编写题干草稿。

（3）给出现的人物取名字或用"你"指代。

（4）展示，不指导。

（5）包括相关和不相关的细节。

（6）避免戏剧化。

（7）编写最常见错误的选项。

（8）编写其他错误的选项。

（9）编写最佳选项。

（10）修改选项，使之更细致入微。

（11）先不要写回复。

○ 让谁参与

你应该负责编写。如果发现从主题内容专家那里获得的关于背景、常见错误和后果的信息不足，你就需要再次咨询主题内容专家。

○ 1.　假设没有信息展示

目前，你在编写活动时应当假设人们会在没有准备的情况下接受挑战。换句话说，你不会把他们需要知道的一切都展示出来，然后让他们在这个活动中"练习如何应用信息"，而是让他们直接参加活动，在挑战中学习。

稍后，你再确定人们在做决定前是否需要为其提供信息或其他帮助。如果需要，你将确定提供这些信息的最佳时机（是活动之前提供，还是活动期间提供）。你现在要把标准定得很高，因为降低高标准比提高低标准更容易。

○ 2.　编写题干草稿

我们将继续上一章与阿诺的合作。我们将编写一个活动，帮助他的插件销售人员应对客户对插件发热现象的不满。

首先，我们要编写一个强有力的题干，也就是背景和问题。我们将把大量精力放在编写题干上，因为一旦有了一个好的题干，编写选项就容易多了。

这是我们的第一版初稿：

> 一个销售人员正在接待一位新客户。这位客户指出，最近的一份评论报告称，J-12 插件在运行过程中会产生很多热量。
>
> 销售人员应该怎么应对？

这个题干有趣吗？你关心其中发生的事情吗？

如果我是一个插件销售人员，我也不会感兴趣。首先，谁是"销售人员"？我不认识也不关心这个人。还有，谁是"客户"？又是一个无名氏。另外，整件事又普通又乏味，听起来像传统培训师写的。

○ 3. 给出现的人物取名字或用"你"指代

首先，让我们给"无名氏"取个名字：

> 销售人员卡拉正在接待新客户拉维。拉维指出，最近的一份评论报告称，J-12 插件在运行过程中会产生很多热量。
>
> 卡拉应该怎么应对？

你注意到名字使人物具象化了吗？我认为我们的大脑中存在一个名字面孔数据库。我脑海中的"卡拉"是一个有着黑色齐肩直发的女人，现在我"看见"她了。

但是我们的销售人员真的在乎这个虚构的卡拉吗？他们最关心谁？答案是：他们自己。

> 你要接待一位名叫拉维的新客户。拉维指出，最近的一份评论报告称，J-12 插件在运行过程中会产生很多热量。
>
> 你会怎么应对？

使用"你"作为称呼似乎属于常识的范畴，因为它给人更直接、更有趣的体验。我建议多用"你"指代人物。但是，在一些情况下，我们可能希望用"卡拉"指代一个人物。

- **形势非常紧张**。例如，Kognito Interactive 公司为归国士兵家庭设计了一个模拟情境。在这个情境中，一对夫妻正在争吵。丈夫是一名军人，患有创伤后应激障碍，头部受伤影响了他的短期记忆。他很容易忘记事情和生气，而且身强力壮。在模拟中，你想让妻子选择化解争论的方式。虽然大多数学员可能是妻子，但这一情境中用"你"来称呼妻子并不适合，我认为最好避免这样做。这样可避免学员情绪负担过重。

- **"你"并不能代表每个学员**。如果资源有限，而客户坚持要设计适用于"每个人"的活动，那么你可以使用卡拉这样的角色避免出现"但我在工作中并不是这么做的"这样的抱怨。（然而，最佳解决方案是设计有针对性的活动，并对哪些学员接受哪些活动有所把控。）

→ **"但用'你'指代是有风险的。"**

很多客户表示："如果他们犯了错误，他们会很难过，用'你'会伤害他们的自尊。"这种担忧来自学校心态，即把所有"学员"都看成大脑空无一物的脆弱儿童。

首先，儿童和成人并不脆弱，他们的自我价值不会因为一个虚构的 20 秒训练活动中的糟糕选择被摧毁。

其次，如果一个错误的选择会摧毁学员的自我价值，那么游戏怎么可能如此受欢迎？在游戏中，你选择的角色可能因为你糟糕的选择而惨死，你则可能只会骂一声"该死"，然后马上再试一次。

犯错的可能性使游戏具有挑战性并让人上瘾，而不是摧毁自我价值。

你需要向客户保证，你会明确告知参加活动的人他们的答案不会被跟踪。如果活动将以现场的形式进行，主持人会明确指出错误其实是值得鼓励的，或者，如果有必要，学员的选择可以通过技术被匿名，如使用点击器投票。

我们的销售情境不是情绪化的，而是目标明确的，所以我们会继续使用"你"作为称呼。虽然给人物添加名字使题干稍微有趣一点，但是它仍然有些无聊。我们还能做什么？

○ 4. 展示，不指导

我们再做一个改变：我们不说发生了什么，而是展示出来。

你要接待一位名叫拉维的新客户。

"我想看看 J-12 插件，"拉维说，"处于 79 兆位时，它有足够的动力快速运转。但我听说它会产生很多热量。"

你会说些什么呢？

是不是发现自己对情境"看"得更清楚了？读着从拉维嘴里说出来的话，我们仿佛看到他的嘴唇在动，就像电影一样。

此外，拉维听起来像个真正的客户。这一场景听起来不再像传统培训师写的，我们最终引起了销售人员的注意。

简单技巧：实现"展示，不指导"的最简单方法就是让人物直接说事情。一旦开始编写对话，你就会自然而然地用到相关的"展示"技巧。

现在编写了一个简短、基础的题干，但我们需要加入一些微妙的细节，以便写出好的选项。

◯ 5. 包括相关和不相关的细节

在这个场景中，拉维说处于 79 兆位时，J-12 插件满足他所需的运转速度。然而，拉维错了：J-12 插件只能达到 60 兆位，不能满足需求。这会把那些执着于功能的销售人员逼疯，而这正是我们想要的效果。

我们在题干中加入了这个细节，因为它会使其中一个错误的选项变得更有迷惑性，从而使这个问题更具挑战性。一会儿你就会明白我的意思了。

◯ 6. 避免戏剧化

让我们看看另一个例子，这是一种编写题干的常用方法。作者为什么要用这种手法？它又会产生什么效果？

> 你负责今天的会议。到目前为止，已有三人到场，且都是男人。你在等最后一个人——罗莉，她是个三十岁出头的女人。
>
> 中年男人拉尔夫一直盯着他的手表。"罗莉又迟到了，"他咆哮着说，"也许她打算用滑稽的高跟鞋声来给我们惊喜。"
>
> 这时，你会怎么说？

这种手法有点过了。作者故意夸大错误的行为，以使活动"有趣"，反而让情境变得难以置信。人们不太可能在工作场所中发表这样的言论，也不太可能会"咆哮"。作者也囿于成见。

题干的初稿通常会过于戏剧化。即使你的题干没有我的例子那么夸张，你也可以重新审视一遍，检查其中是否有不必要的戏剧性成分。你需要检查以下问题：

- 除"说"之外的任何对话动作。杜绝使用"冷笑""哭泣""惊呼"，只用"说""问"。
- 感叹号。
- 刻板印象，如愤怒的男人或情绪化的女人。
- 在一个典型的工作场所，一周遇不到一次的情况，除非该活动的目的是帮助人们应对不寻常的事件。

你不需要虚构戏剧化的场景以让题干变得有趣。你只需要描述学员经常面对并希望更好地处理的微妙而现实的问题。

我们刚刚应用了四个题干编写规则。

> **扎实题干的四个规则**
>
> （1）给出现的人物取名字；
>
> （2）展示，不指导；
>
> （3）包括相关和不相关的细节；
>
> （4）避免戏剧化。

◯ 7. 编写最常见错误的选项

一旦有了扎实的题干，编写细致入微的选项就容易多了。然而，这并不意味着我们就应该一头扎进去，文思泉涌，罗列出所有可能的选择。相反，我们鼓励人们犯一些特定的错误。

我们再次回到阿诺的行动导图，提醒自己下一步该做什么。"选项"的第一个是最常见的错误：辩护。

我们怎么编写选项？阿诺说，销售人员会做的一件事就是告诉客户："公司的研究显示没有任何问题。"所以，我们把这作为选项 A。

情境练习：一位消息灵通的客户针对发热现象给出了不好的评价。
选项：辩护；分散注意力；展示专业知识

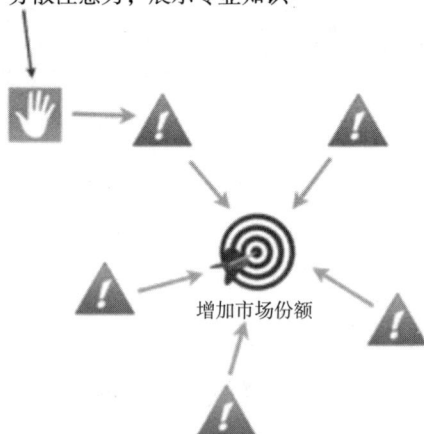

增加市场份额

你要接待一位叫拉维的新客户。

"我想看看 J-12 插件，"拉维说，"处于 79 兆位时，它有足够的动力快速运转。但我听说它会产生很多热量。"

你会怎么回答？

A. "我们的研究表明，发热不会导致 J-12 插件出现问题。你想看看测试结果吗？"

我们给导图上的"辩护"打钩，然后继续编写下一个选项。

情境练习：一位消息灵通的客户针对发热现象给出了不好的评价。
选项：辩护；分散注意力；展示专业知识

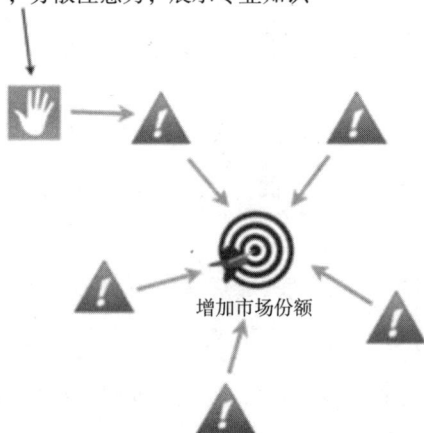

增加市场份额

○ 8. 编写其他错误的选项

接下来是编写"用另一个插件分散客户注意力"的选项。之前我们指出拉维搞错兆位时，就已经提到了另一个插件。现在我们用这个细节来使错误选项更具误导性。

你要接待一位叫拉维的新客户。

"我想看看 J-12 插件，"拉维说，"处于 79 兆位时，它有足够的动力快速运转。但我听说它会产生很多热量。"

你会怎么回答？

A．"我们的研究表明，发热不会导致 J-12 插件出现问题。你想看看测试结果吗？"

B．"实际上，J-12 插件只能达到 60 兆位。如果你要求快速运转，我建议你购买 K-77。"

我们又完成了导图上的一个选项。尽管大多数活动都存在更多的错误选项，我们现在也可以编写，但是为了让实例更简单，我们将继续编写最后一个选项，也就是最佳选项。

○ 9. 编写最佳选项

我们之前说过，正确的回答应该是"展示专业知识"。正如阿诺所说的，正确选项应该体现行业对发热问题的普遍看法。

你要接待一位叫拉维的新客户。

"我想看看 J-12 插件，"拉维说，"处于 79 兆位时，它有足够的动力快速运转。但我听说它会产生很多热量。"

你会怎么回答？

A．"我们的研究表明，发热不会导致 J-12 插件出现问题。你想看看测试结果吗？”

　　B.　"实际上，J-12 插件只能达到 60 兆位。如果你要求快速运转，我建议你购买 K-77。"

　　C.　"你指的是《插件世界》上的测评吗？"

　　显然，这是复杂情境练习的一个场景，但你通过这个示例已经掌握了其中的要义：我们从与主题内容专家的讨论中得出了一些现实的细节，现在需要把模糊的想法变成具体的场景，让现实的话语从现实的人嘴里说出来。我们加入了一个细节，使错误选项更具误导性，还加入了员工在工作中使用的措辞。

　　我们首先编写了错误的选项，因为它们通常是最难写的。但是这不意味着我们应该按先错后对的顺序排列选项，反而应该将其重新排列，甚至可以不让它们出现在最终的选项里，这取决于我们最后如何使用活动。

○ 10. 修改选项，使之更细致入微

　　就像题干的初稿一样，每个选项的初稿同样可能过于简单。如果你设计的选项很容易就被选了出来，首先考虑选项是否包含了足够多的难点，而这些难点来自执行某一任务的现实背景。

→ 在背景中寻找难点

　　人们很容易过于关注决定，却没有充分关注决定的背景，而背景则是增加选项难度的重要因素。

　　例如，在我开设的一门情境练习设计课上，一位学员正在设计活动，帮助西非的助产士学习一种名为"袋鼠式早产儿护理"的新方法。根据这种护理方法的理念，如果宝宝体重低于 1500 克，就不应该用毯子包裹，而应该将其赤裸地放在母亲裸露的胸前，让宝宝从母亲身上取暖，然后再用毯子将二人包裹在一起。

　　我们决定编写一个适用于小组练习的实践活动。初稿是这样的：

你护理的产妇刚生下一个男婴。你已经给婴儿清洗过了，还称过了体重。

> 他体重 1430 克，自主呼吸良好。你给他穿了尿布，接下来该做什么？
>
> A. 给宝宝裹上干净的毯子，让其保暖
>
> B. 把宝宝放在母亲裸露的肚子上，然后将二人一同包裹起来

我们只能想到两个选项：要么采用袋鼠式护理，要么不采用。此时，活动仅仅检测学员是否记得袋鼠式护理的适用重量，因此，这是一个简单的知识检查。

我们反问自己："什么原因会让助产士不采用这种护理方法呢？"袋鼠式护理的适用重量很容易记忆，那么为什么需要对此进行训练呢？

答案是：和完全被动的产妇共处一室的并非只有助产士，很可能还有其他家庭成员，他们和这位产妇很可能会坚持几代人的传统，采用当地长久以来的习俗照顾新生婴儿，但是不包括袋鼠式护理。

因此，难点不在于记住适用重量，而在于在各方都情绪激动的情况下引入一种新的方法——这就是具有挑战性的背景。

首先，我们重写了题干。

> 你护理的产妇是一位叫玛丽的害羞且年轻的女子，她刚生下一个男婴，体重 1430 克，呼吸良好。你刚给他擦洗干净、换完尿布，玛丽的姑妈就高兴地伸手去抱他。
>
> "他这么小！"她说，"让我把他包起来！"她微笑着指着自己带来的毯子。
>
> 你该怎么做？

通过在题干中添加背景信息，我们获得了更多选项设计的可能性。由于我们不是主题内容专家，所以我们的想法肯定有待检查，但多亏有了一个扎实的题干，我们可以进行头脑风暴，快速草拟以下选项。

> A. 把婴儿裹在毯子里，放在玛丽的肚子上，让婴儿与她接触
>
> B. 帮助姑妈正确地用毯子包裹宝宝
>
> C. 说："宝宝在妈妈的肚子上会很暖和，我示范给你看看。"
>
> D. 让姑妈再去拿些温水，趁她不注意的时候，把赤裸的婴儿放在玛丽肚

子上

 E. 说:"X 村的妈妈们发现这么小的婴儿在妈妈的肚子上最舒服。"

同样,我们需要让主题内容专家检查这些选项,但新活动已经比原活动更具挑战性了。它既考察了重要知识(体重低于 1500 克的婴儿需要袋鼠式护理),也让助产士找到了使用新技术的最佳方式。我们的目的是帮助助产士练习存在灰色地带的对话,而不仅是记住一个数字。

→ "我的选项还是太明显了。"

如果你在考虑背景后仍无法编写出细致入微的选项,则可以尝试以下方法:

- 确保你从导图中选择的行动是存在灰色区域的决定。正如我们在上一章所看到的,只需做出简单决定的行动不需要设计相应的实践活动,提供工作辅助即可,无须专门的培训。

- 确保主题内容专家找出几个人们常犯的错误,而不仅是给出正确的做法。这些错误就是你设置错误选项的方向。如果你忘记向主题内容专家询问常见错误,可以再和他们谈谈。

- 再检查一下你的题干。反问自己:能加入一些细节,使其中一个错误选项更有误导性吗?这就是在示例题干中我们让拉维在兆位问题上犯错误的原因。

- 确保你问过这样的问题:"他们为什么不这样做?""这样做的难点在哪里?"并得到比"他们不知道"更详细的答复。考虑再问一遍:在做决定的过程中,是什么让行动难以执行。

- 避免戏剧化。如果一个选项看起来很戏剧化,那么它往往是不正确的。如有必要,向主题内容专家询问编写错误选项的恰当措辞。例如,真的有人会对客户说"不是我的问题"吗?可能不会。

◯ 11. 先不要写回复

你将在下一章编写回复。现在,审视你的题干和选项,并考虑是否还有一些方法可以让它们变得更贴近现实和更具挑战性。请继续阅读下面的内容以获得更多的想法。

除非你的主题内容专家已经表明他们想要摒弃学校模式，设计贴近现实的实践活动，否则现在还不要给他们看你的草稿。

○ 较复杂问题示例：诺亚和布莱恩

让我们来看看另一种更微妙的情况。如何将比较复杂的决定转换为一道多项选择题？

这一次，我们正在研究一个暂定名为"如何管理项目经理"的项目。我们的受众是同时负责多个项目的经理，而每个项目都有一个专门的项目经理。我们想帮助学员管理他们的项目经理，让项目有序运转。

在主题内容专家的帮助下，我们针对即将编写的活动列出了常见错误，同时找到了诱导人们选择错误选项的因素。首先，我们需要写一个扎实的题干，为后续编写细致入微的选项提供足够的材料。

→ 题干

这是一个题干的初稿。它可能激发出什么样的选项？

> 你的团队成员布莱恩偶尔会延迟几天交付任务。今天，他的项目经理向你抱怨布莱恩没有在最后期限之前完成他负责的部分。
>
> 你该怎么办？

如果我们针对这一点编写选项，可能是这样的：

> A. 和布莱恩谈谈，找出问题所在
> B. 请项目经理帮助布莱恩
> C. 给布莱恩发邮件，告诉他要在最后期限前完成任务

单薄的题干最终只能激发单薄的选项。我们几乎不可能针对模糊、笼统的题

干编写有趣的选项。

要想优化题干，首先我们应该给每个人物起名字，展示情节而不是解读故事，并添加一些细节。

> 你的项目经理诺亚今天早些时候给你发了一封电子邮件，要求开一个 10 分钟的会议。现在他来开会了，看起来很苦恼。
>
> "问题出在布莱恩身上，"他说，"他一直是个拖拖拉拉的人，而且现在已经影响我按期交付任务了。三天前，他应该交付第一阶段的任务，当我问起这件事时，他只说，'我还需要多一天的时间'。"
>
> 你该怎么做？

这个题干比之前好多了，但还有个问题。在现实生活中，管理者（"你"）与诺亚和布莱恩之间一定发生过一段故事，影响了决定。如果我们知道这段故事，选项就更有说服力。我们怎样才能简要地插入背景故事呢？

→ 背景故事链接

这是我借鉴互动小说的一种方法。首先，我们可以添加一些重要信息链接，如实时讨论中使用的共享屏幕，或者自主在线学习中的链接。

> 你的项目经理<u>诺亚</u>今天早些时候给你发了一封电子邮件，要求开一个 10 分钟的会议。现在他来开会了，看起来很苦恼。
>
> "问题出在<u>布莱恩</u>身上，"他说，"他一直是个拖拖拉拉的人，而且现在已经影响我按期交付任务了。三天前，他应该交付<u>第一阶段</u>的任务，当我问起这件事时，他只说，'我还需要多一天的时间'。"
>
> 你该怎么做？

以下是你点击"诺亚"后看到的内容：

> 诺亚三个月前调到你的部门，理由是与以前部门的同事性格不合。他为人

可靠，做事踏实。

开会时，他总是很不耐烦，经常看表，当有人提出新的想法时，他经常指出其中的问题。

他似乎致力于实现该部门的目标，并提出了提高效率的改革建议。他是这个项目组的组长。

以下是点击"布莱恩"后看到的内容：

布莱恩已经和你一起工作两年了。他可能是你手下最安静的员工，很少在会议上发言。

在绩效考核中，他很少为自己确定目标，而是征求你的建议。他偶尔会稍微延迟交付，但不会出错。

他最近要求搬到更安静的隔间，远离大声讲电话的同事，你最近注意到他看起来很疲惫。

这个问题变得更加细节化了。听起来可能是性格问题，布莱恩有什么问题呢？虽然我们没有添加大量的细节，但已经有足够的信息激发出比以前更多的想法，供我们编写几个具有误导性的选项。

这些链接是可选的

如果采用自主在线学习的形式，我强烈建议将链接设置为可选的。这样，希望探索更多的学员就会获得更多的信息来支撑他们的选择，而其他人也不会觉得被迫阅读这些信息。

"没人会阅读这么多信息！"

我已经在几次面对面讲习班中应用过这个例子。每次，人们都聚精会神地向前倾着身子读诺亚和布莱恩的故事。他们想弄清楚故事背景，不会玩手机，也不会盯着窗外看。

"学员"不喜欢阅读这样的论断看似很常见，但也很容易被推翻。有的人不愿意在合规培训中阅读超过三个要点内容，但是回家后会上网花几小时阅读政治博客（或同人小说等），显然，他们并不是不喜欢阅读。问题不在于文本信息太多，而在于文本太枯燥乏味。

我们依然只是展示情节而不是解读故事

虽然背景故事中没有对话，但文本仍然应该只展示情节而不解读故事。也就是说，背景故事应该描述诺亚的所作所为，而不是进行解读：诺亚的所作所为让人觉得他有点混蛋。

"第一阶段"是什么

题干中的最后一个链接将发挥不同的作用。如果点击"第一阶段"，你将看到以下内容：

> 你刚刚启动了大客户塔姆公司的第二个项目。你和他们合作的第一个项目超出了预算，以至于给雇主带来了损失。
>
> 如果无法保证这个项目顺利进行，你可能需要将塔姆公司的所有项目移交给你的同事萨曼莎，她似乎很喜欢在各种会议上指责你的团队有拖延症。

这强化了任务的迫切性，使决定变得举足轻重，（我希望）以此让学员更投入。

→ 选项

添加了故事背景后，我们就得到了更多的选项素材。以下是一些想法：

> 你的项目经理诺亚今天早些时候给你发了一封电子邮件，要求开一个 10 分钟的会议。现在他来开会了，看起来很苦恼。
>
> "问题出在布莱恩身上，"他说，"他一直是个拖拖拉拉的人，而且现在已经影响我按期交付任务了。三天前，他应该交付第一阶段的任务，当我问起这件事时，他只说，'我还需要多一天的时间'。"
>
> 你该怎么办？
>
> A. 打开项目的时间表，再次同诺亚确认最后期限

B. 告诉诺亚："我很高兴你向我反映这个问题。我今天就去调查清楚。"

C. 打电话给布莱恩，让他到你的办公室来

D. 问诺亚："布莱恩需要按时交付哪些信息？"

E. 问诺亚："你们两个之间有什么过节吗？"

学员可能一下子看不出来哪个选项明显是正确的。这主要是因为我们增加了故事细节，但也是因为我们保守了秘密。

→ 保守秘密

我们将有关诺亚和布莱恩的情境练习放在培训的初始阶段。活动之前，我们不会列出一些小贴士或提供正确的管理技巧，而是让学员直接开始情境练习，从经验中学习。

我们的秘密在于：目前，负责多个项目的经理对单个项目经理的微观管理使得工作流程变得相当缓慢，而客户希望项目经理更加独立。但是我们没有向学员提及这一点。

再看看那些选项。有些属于微观管理，如打电话给布莱恩或承诺自己解决问题。其他选项则是帮助诺亚提高项目管理技能，如询问他"布莱恩需要按时交付哪些信息"。

在该情境练习中，微观管理选项会引发其他的任务分支，进一步导致拖延和其他问题。相比之下，管理技能提升方案的效果更好。

如果我们先把这一切都告诉学员呢

这个"秘密"——我们不想让经理进行微观管理——让这个情境练习更具挑战性。如果我们改用传统的方法会发生什么呢？

传统的做法是：首先，我们举办一个小型讲座，告诉管理者他们不应该卷入项目经理的项目中，而应该远离细枝末节的内容，帮助项目经理提高技能。我们给出的建议是，"不要充当裁判"，以及"鼓励项目经理找出管理瓶颈"。

然后，再让他们进行情境练习，这样的话，原本有趣的题干和选项现在变得

可预测了。

让学员直接投入活动中是"活动流"方法的一种形式，我们将在后面的章节中对此进行更详细的介绍。我们不应先"教"他们一些知识，而应让他们直接投入活动中，并从中吸取经验。在这种情况下，我们的态度是强硬的：我们不仅没有准备这类讲座，也没有在活动中提供任何提示链接，因为我们的目标是让人们亲身体会到什么样的管理管用，什么样的管理不管用。学员做出决定后才会出现关于"怎么做"的信息，这些信息大部分包含在回复里，一小部分包含在简短的演示或工作辅助里。

"但是他们必须知道一些事情！"

如果不想保守秘密，也不想让你的活动更具挑战性，那么你可以给学员提供一些信息，帮助他们做出正确的决定。例如，你可以提供信息作为可选的帮助，或者你可以在回复中直接告诉学员他们的选择是正确的或错误的，而不是仅仅向他们展示后果。稍后我们将更深入地研究这些技巧。

有些人会争辩说，保守秘密对学员不公平，我们应该让他们在各方面都感到胸有成竹，而不是苦苦纠结于选项。我的回应是，我们可以先用"诺亚和布莱恩"这个活动做个实验。这些学员是有几十年生活经验的成年人，他们可以选择遵循惯常方法（微观管理）或尝试新方法。他们不会因此遭到公开羞辱或者受到惩罚，甚至不会被告知"不正确"。他们只会注意到事情进展不太顺利，然后开始意识到他们的决定和问题之间的联系。他们可以在任何时候重新开始，选择一条不同的道路来验证他们的结论。

重要的是，**我们不是要求学员对自己一无所知的事情做出决定**。他们已经是管理项目经理的成年人，我们只是在帮助他们找到更好的方法。如果我们保守的秘密是他们一无所知的甚至从未听说过的违背直觉的新规则，那么我们的情境练习只会让他们感到沮丧。

在关于提供回复和信息的章节中，我们将更仔细地研究这种技巧及其相关问题。我在这里提及这种技巧，是因为它可以让题干和选项更具挑战性与趣味性。

○ 考虑让他们为自己的选择辩护

对于存在模棱两可情况的情境练习，你可以让学员解释自己的选择，以此直观地看到他们可能应用的概念。

例如，假设一个学员在"诺亚和布莱恩"的情境练习中选择选项 E，问诺亚："你们两个之间有什么过节吗？"这虽然不是最佳选项，但是在告诉学员错误答案之前，可以试图了解他们在想什么。

在我们揭晓结果之前，可以提出另一个问题：

> 你为什么这么说？
>
> A. 布莱恩和诺亚性格迥异，也许我不该让他们做同一个项目
>
> B. 我想帮助诺亚意识到，他能在像布莱恩这样安静的人面前表现得强硬一点
>
> C. 我打算建议诺亚问问布莱恩为何纠结，但首先我要知道他们是否相处融洽
>
> D. 我想知道我是否应该和布莱恩谈谈，以帮助他更好地和诺亚合作

我们可以从多个角度利用他们的回答。这里提供两个角度供参考。

如果我们想要提供指导，不再保守秘密，那么可以在这里提供一些有说服力的反馈。例如，如果学员选择了微观管理的选项，如选项 D，我们可以说，"这不会帮助诺亚成为一个更好的项目经理，只会增加你的工作量"。然后我们可以让他们回到原来的问题（而不是辩护），引导他们根据上述反馈做出更好的选择。

如果我们进行在线学习，那么可以根据学员辩护的内容来定制下一个场景。例如，如果学员说他们想帮助诺亚提升项目管理技能（辩护选项 B 或 C），这正是我们希望学员做的，那么我们可以显示好的结果。如果学员选择了一个微观管理的选项，如选项 A 或 D，那么下一个场景可能会显示糟糕的结果。

如果你采用这种方法，那么题干的情节可能变得非常复杂，因此你可以将此方法仅应用于重要的决定。

○ **避免讲故事**

以下类型的活动很常见。它有什么问题呢？

> 你公司的网站在谷歌"微插件"搜索结果中排名第 147 位。你想尽可能地提升排名，但怎么才能做到呢？为了找到答案，你跳转到"联络大师"网站，找到了搜索引擎优化大师格洛丽亚。
>
> "我很乐意帮忙，"格洛丽亚说，"我知道你想让人们在输入'微插件'时找到你。首先，在搜索引擎优化术语中，什么是'微插件'？"
>
> A. 搜索术语
>
> B. 关键字
>
> C. 目标产品
>
> D. 布尔运算符

乍一看，这和其他活动没区别。我们把学员置于现实问题中，也有带姓名的人物。但这其实是一道猜谜题，要求学员认识或猜出一个术语，而不是做出真正的决定。更夸张的是，我们还设计了一个严肃而烦人的大师。

如果我们继续这样的模式，格洛丽亚无疑会提供一些信息。她可能会说："这里有一个图表，说明了关键词的正确放置位置。"她还可能向你介绍一个满屏广告的普通网站："你应该去 HTML 聊天室学习如何正确放置关键词。"

在下一个场景中，你将在 HTML 聊天室中与 HTML 大师张先生交谈。他会告诉你，"这些是编辑标题标签的方法"，并向你展示一些 HTML 的屏幕截图。在截图中，"微插件"被突显出来。

他还会告诉你："你还需要编辑 ALT 标签。你可以在哪里找到这些？"现在你必须选择一个答案，如"页脚""图像""页眉"。

这不是实践活动，而是包含故事情节的测验题。这种测验题比传统的测试题有趣一点，因为这要求你根据已有的知识来猜测，但本质上它们还是测试题。

设计这种演示文稿通常比设计一个真正的实践活动要容易得多。例如，为了把搜索引擎优化演示文稿转换为真正的实践活动，我们会让学员实际编辑一个模拟网页，并试着把关键字放在正确的位置，这比让虚构的人呈现屏幕截图更棘手。虽然实践活动设计起来会比较困难，但是能够让学员在一个安全的环境进行有价值的练习。此外，在这样一个安全的环境中，他们不会破坏公司的网站，也不会伤害他们的自尊。

○ 常见问题

→ 你的问题太简单了

- 确保你的选项需要学员做出一定的判断。不要让他们选择过于明显的答案，例如，"当一个来电者找奈杰尔时，把他们接到 3 号线"，而是选择存在模棱两可情况的行为。

- 你打算在提出问题之前告诉大家如何回答吗？你的目标应该是让学员在没有准备的情况下开始练习，从而帮助他们学会独立思考，而不是测试他们的短期记忆。你可以随后添加可选帮助。

- 题干是否包含关于背景的真实细节？是否存在各种方面的难点，让决定更具挑战性？

- 选项是否包括最常见的错误？你是否通过在题干中添加细节使该错误选项更具误导性？

- 题干或选项是否过于夸张？例如，人物是否表现出不切实际的愤怒程度？你把情况设计得越细致入微，这个问题看起来就越有挑战性。

- 你在"教"学员一些不同于常识的知识吗？如果是的话，有没有考虑过暂时将知识做保密处理？与其将模型作为可选的帮助，不如考虑让学员在做出决定时发现模型的规则并看到结果。你应该在活动结束后的反馈中将模型解释清楚，我们将在后面的章节中讨论这个问题。

→ 你想不出足够的选项

- 再次查看你的题干。你在问一个"二元"问题吗？例如，测试护士，看她们是否记得袋鼠式护理的适用体重？如果是这样，你应该考虑环境问题，例如，哪些环境因素会阻碍学员应用这些知识？如果环境没有什么问题，也许你就不需要进行实践活动了。工作辅助或记忆活动可能效果更好。

- 让主题内容专家告诉你学员常犯的几个错误，或者询问当前学员或未来学员：什么因素使这种情况变得困难，以及他们在现实生活中尝试过哪些选择？不要让他们局限于描述正确的选择。

→ 没有明确的对错答案，一切都是模棱两可的

- 如果现实情况是模棱两可的，那么你的问题也应该是模棱两可的。这是件好事。但是，你设计的一个或两个选项应该产生一个较好的结果（不管是立即产生，还是过一段时间后产生），其他选项应该导致稍微糟糕的结果。鼓励主题内容专家确定哪些选择能带来较好的结果。

- 如果还没有确定最佳实践，那么你可能还没做好设计培训的准备。但是，你可以将项目作为识别最佳选择的一种方式，使用活动来促进讨论。你甚至可以让一组学员和主题内容专家独立编写活动，讨论如何编写和给选项评分，以此确定最佳实践。

- 如果正在开发在线材料，那么不要使用要求你确定一个"正确"选项的软件。相反，只需使用背景回复（一个选项、一个回复）。如果出于某种原因必须给选项打分，请考虑采用相对分数，例如，有两个选项值2分，有一个值1分，有一个值0分。

- 如果正在设计分支情境练习，那么应当更多地考虑整个结果的影响，而不是单个选项的影响。例如，你应该设计一个"最好"的结果，一些"一般"的结果，一些"糟糕"的结果。你还应该设计一些交叉路径，这样，如果学员走向一个糟糕的结果时意识到问题，可以通过做出更好的决定而走上弥补的道路。如果需要给活动打分，那么给最终结果赋分比给每个决定点的许多选项赋分更容易。

→ 你的问题很无聊

- 你的活动是围绕人们在工作中面临的真实问题，还是虚假的测验问题？如

果这个活动能帮助人们解决他们关心的问题,那么它就不太可能是无聊的。

- 活动中的每个人都有名字吗？他们在直接说话吗？

- 挑战中有情感成分,还是仅仅是逻辑？考虑增加一些非戏剧化的情绪压力。例如,你可以将问题设置于一天的工作快结束时,问题中的"你"只是想回家。这既会增加一些紧迫感,又会诱使人们选择一个不正确但节省时间的选项。

- 你使用的是直接的非正式语言吗？考虑采用口语,而不是文绉绉的措辞,例如说"现在"而不是"在这个时间点"。

→ 你担心文字太多了

- 你可以删除一些描述性文字吗？一个活动的初稿通常比较冗长。建议删除形容词、副词和闲聊,例如"嗨,诺亚,怎么样？"。

- 确保对话的超高效性。通常,人们会通过写一些细节来使对话变得"真实"。例如,"早上好,简,谢谢你来见我。我希望能弄清楚为什么 Pandon 项目似乎跟不上时间节点。你也知道,这个项目对我们来说是非常重要的。"但是,我们建议按照编剧的方法精简对话。他说:"我担心 Pandon 项目失败。现在进度如何？"我们知道在现实生活中通常会有更多的冗余的话语,但学员不想读这些内容。

- 检查你是如何提供背景故事的。是否可以采用可选的链接,就像诺亚和布莱恩的例子一样？你能再精简一下吗？确保每个细节都能提供现实背景,或者让错误选项更具误导性。没有必要描述天气或隔壁同事正在听的音乐,除非这些细节会影响学员的决定。

- 不要向利益相关者展示草稿,等你削减了所有可以削减的内容,也就是定稿以后再展示。最好让利益相关者看到模型活动的文本,而不是 Word 文档,因为你可能正在编写有悖他们常识的内容,他们可能还无法想象。

→ 对话听起来不真实

- 首先,按照电影编剧的方法删除所有闲聊的确会让对话听起来不真实,因为电影对话不是真实生活对话的转录，而是非常精简的版本。

- 让人们用短句说话，即使不符合语法。采用口语化表达。
- 大声朗读对话，或者让其他人读给你听，删除不自然的措辞。
- 如果你不熟悉组织成员的谈话方式，可以考虑参加会议并记录下他们使用的措辞。
- 尽量不要过于戏剧化，这会使对话听起来不符合实际。

第 11 章

活动设计：回复

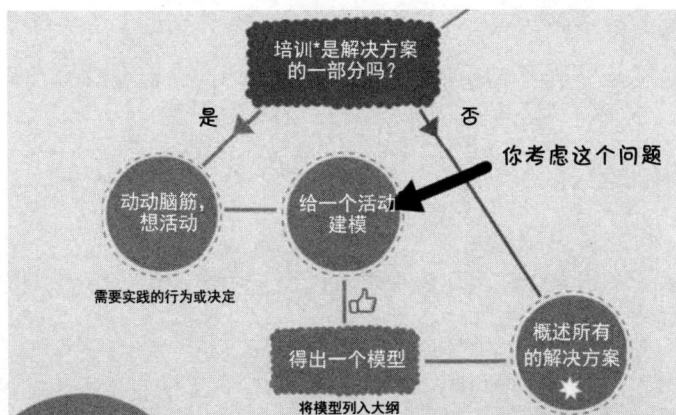

任务内容	任务由谁完成	完成任务需要的时长
为你选出用以建模的活动编写每个选项的一对一回复。回复将： • 展示选择的后果（继续故事）； • 让学员得出结论。 还将： • 提供可选的指导式回复； • 包含工作辅助或其他参考资料； • 为学员提供必要的信息或补救措施	你负责编写，如需更多的信息，可咨询主题内容专家	20 分钟？

⚪ 你已经完成的工作

你正在编写一个活动，它将成为模型活动。你已经与主题内容专家会面，获得了所需的详细信息，并且在上一章编写了题干和选项。

⚪ 你将要做的工作

现在，你将为每个选项编写回复。由于回复和信息密切相关，因此在将你的想法编写成回复之前，你需要仔细阅读本章和下一章。

记住，你的活动需要学员发挥判断力——它应该帮助学员练习在复杂的情况下做决定，这不是一道练习题或一次事实检查。因此，你编写的回复要比往常更细致入微。

为了写出细致入微的回复，你需要斟词酌句，思考各个方面。在本章中，你将：

（1）展示，不指导：你将在每个选项的回复中继续讲述故事，以展示选择的后果，并让学员自己得出结论。

（2）考虑如何回应这个问题："但是我们的学员无法自己得出结论！"

（3）决定回复应该立即给出还是延迟给出。

（4）决定谁（如有）应该提供回复。

（5）如果你计划设计一个较长的情境练习，考虑其结构如何影响回复。

（6）起草回复。

⚪ 1. 展示，不指导

让我们为插件活动编写回复。请看以下例子：

> 你要接待一位叫拉维的新客户。
>
> "我想看看 J-12 插件，"拉维说，"达到 79 兆位时，它依然有足够的动力快速运转。但我听说它会产生很多热量。"

你会怎么回答？

A. "我们的研究表明，发热不会导致 J-12 插件出现问题。你想看看测试结果吗？"

B. "实际上，J-12 插件只能达到 60 兆位。如果你要求快速运转，我建议你购买 K-77 插件。"

C. "你指的是《插件世界》上的测评吗？"

假设一个销售人员选择了一个最常见的错误选项，然后说威伯插件公司的研究显示，发热量不会产生任何问题。我们能提供什么回复？

下面是一种回复。当读到它的时候，你会想到什么？你会进行何种深度的思考？

错误。这种反应会让人感觉你在自辩，使拉维加深怀疑。你最好表现出熟悉业界对插件发热现象的看法。再试试。

这种回复不会触发我的思考。我不需要思考，因为回复里已经有个无所不知的老师告诉我该怎么做。但是，如果我不思考，又能学到什么呢？

下面是另一种回复。这次你想到了什么？

"你的研究确实显示发热不会产生任何问题，这点我没有疑问，"拉维有点恼怒地说，"但是《插件世界》进行了严格和独立的测试，他们发现，发热会产生问题。你能跟我解释一下这是怎么回事吗？"

现在学员的大脑需要开始思考了。他们不仅要思考如何回答，而且注意到自己惹恼了客户，因此要更加注意接下来的措辞。这样，学员更有可能记住刚学到的内容，因为他们不得不思考，而且要考虑情绪因素。

→ 又是"展示，不指导"

我对回复的指导方针和题干的指导方针是一样的：展示，不指导。

显然，上帝视角的回复是一种"指导型"的回复，故而是"不好"的回复。延续故事的回复可以展示拉维的反应，是一种"展示型"的回复。

在教学设计领域，指导型和展示型分别被称为"教育型"和"内发型"，但意思是一样的。指导型回复只是简单地将知识灌输进学员的大脑或者告诉他们该做什么（这就是为什么它被称为"指导型"）。展示型回复则是让学员从后续故事中汲取经验。

正如朱莉·德克森（Julie Dirksen）在《认知设计：提升学习体验的艺术》（2011版）一书中指出的那样，展示型回复会产生有趣的碰撞。"这是我倾向于选择展示型回复的重要原因之一，"她说，"尽管指导让学习变得很顺畅，但展示才会有碰撞，因为它需要学员自己建立一些联系来解释正在发生的事情。"这种碰撞有助于学员学习。她补充道："学习是杂乱的，与之互动并梳理这种杂乱有助于长期记忆。"

> 我们很容易陷入一种误区，认为学习越容易越好，但研究表明，情况恰恰相反：只有在大脑工作时，学员才能更好地学习。
>
> ——摘自彼得·布朗等人所著的《认知天性》（2014版）

→ 将训练"辅助轮"调高

如果借助辅助轮练习过骑自行车，你就会记得一种感觉：自行车快要倾倒的时候，就算你自己不会处理，辅助轮也会触碰地面，让你不会摔倒。

一开始，你会把辅助轮调得很低，就算最轻微的倾倒，它们都会支撑住你。当摇摇欲坠的时候，你常常感觉到它们在支撑你。随着技术的提高，你会把轮子调高。这可以提升你的技能，让你在意识到自己失去平衡的时候，懂得自行调整。

训练中的回复应该像这些辅助轮。

当学员还是一个刚刚找到平衡的新手时，回复应该随时待命，给他们提供支持。但是，随着他们的技能不断地得到提升，回复应该逐渐隐退。应该让他们更经常地感受到那种即将翻车的感觉，因为在现实世界中最好的技能提升方法就是**注意到你可能会犯错，并做出相应的调整。**

"指导型"回复：永久辅助轮

很多培训，特别是在线学习，只会立即提供指导型回复。他们在学员开始犯错时就告诉他们："不正确，现在要这样做或者那样做，才可以纠正错误。"

而且这种回复从不逐渐隐退。不管学员提升了多少，这些回复永远不给学员机会，让他们意识到错误，也永远不会让他们主动想出解决方案。它们只会不断地打断学员，"纠正"他们，就像唠唠叨叨的父母。

如果学员接受的是这种训练，他们怎么能够独立完成工作呢？

"展示型"回复：让学员察觉错误并自行调整

"展示型"回复能够让学员察觉到错误。这种回复写得很仔细，还暗示学员应该做些什么来纠正错误。

下面是拉维的回答。它如何暗示错误并让学员做出更好的选择呢？

> "你的研究确实显示发热不会产生任何问题，这点我没有疑问，"拉维有点恼怒地说，"但是《插件世界》进行了严格和独立的测试，他们发现，发热会产生问题。你能跟我解释一下这是怎么回事吗？"

我们没有指导学员，而是让拉维自己表达出来，他们的选择会"加深拉维的怀疑"。当拉维有些恼怒时，学员可以感觉到自己的错误。此外，我们也没有指导学员，而是让拉维提出来，他们应该解释发热问题。

> 我们的回复可以帮助学员感觉到自己的错误，并自行纠正。

→ 实时训练：通过讨论展示和指导

在实时活动中，展示与指导该如何交互进行呢？

在"动动脑筋，想活动"一章中，我们讨论了一种在实时培训（不管是现场实时还是在线实时）中开展有关针头安全活动的方法。现在我们再看看这个活动。回复是如何提供的？是展示型的，还是指导型的？

> 你告诉学员："假设一位名叫玛格达的临床医生从病人动脉上取下针头，不小心扎伤了自己。她第一步应该做什么？"
>
> 让学员说出或输入他们的建议，然后从中选择一个给出回复。你会选择性地听到关于使用必达净的建议，这是最常见的错误。
>
> "好吧，玛格达用必达净洗伤口，"你说，"病人得了丙型肝炎，玛格达现在感染的概率有多大？"
>
> 如果学员没有就后果进行讨论，那么你可以直接告知他们后果："玛格达会在意想不到的情况下感染丙型肝炎。"
>
> 最后，你问他们："在她做出决定之前，她应该看看什么？"这个问题可以起到提醒他们查看工作辅助的作用。

通过讨论，你帮助学员看到了他们选择的后果——这就是展示型回复。正确的程序，也就是指导型回复，以工作辅助的形式提供。这是一个提醒学员使用工作辅助的好时机。

示例：纸上的分支情境练习+提词卡上的问题

对于复杂的情况，在回复讨论中需要应用更多的技巧。这里有一个例子。

我参与了一个项目，帮助 B 国士兵适应中东地区的文化差异。我们主要是设计课堂讨论，因为这是学员喜欢的形式。这些课堂讨论是文化差异长期课程的一部分。

以下是一次典型的讨论：首先，将士兵组成小组，在他们没有准备的情况下进行分支情境练习。这些分支情境练习被印在纸上，士兵以小组为单位讨论每个选择。

其中一个场景是：在 A 国，一位 B 国军官担任 A 国指挥官的顾问。当地的某些人发动了一场小规模的袭击。这似乎是组织之间长期摩擦的一种表现。

这位 B 国军官迫切想找到袭击者。他建议 A 国指挥官立即采取行动。但是，当地人习惯于使用缓慢、互相合作的方式来解决问题。A 国指挥官对这位 B 国军官的迫切要求置之不理。

学员要扮演 B 国军官的角色，尝试在确保不损害两国关系的情况下停止袭击。主持人不会给出指导型回复；学员只会看到自己的选择产生的后果，不同的选择最终发展出不同的结局。

小组讨论完分支情境练习后，主持人组织了全体讨论。主持人的提词卡上列出了一些问题助其引出方案设计的要点。

下面是讨论的一个片段。首先，你将看到主持人提出的问题，接着在讨论中引出要点。**主持人并不只是宣读这些要点**，而是试图引导讨论，让学员自己提出要点，然后予以肯定。

> **如果 B 国一个城镇里的一些人对另一些人发动了袭击，当局会做何回应？**
> 立即设法公开指认袭击者并阻止他们。
> **为什么 A 国和 B 国的做法如此不同？**
> B 国是低语境文化，而 A 国是高语境文化。
> 在高语境背景下，团体间的关系和面子很重要，因此解决方案需要更多的团体成员参与，并不是那么干脆利落。
> A 国的组织之间的问题由来已久，错综复杂。
> **当 A 国人工作进展缓慢时，这位 B 国军官应该如何控制好他对答复的紧迫需求感呢？**
> 认识到他的需求源自他的文化背景，而他周围的人并没有同样的紧迫感；逼迫他们只会破坏人际关系。
> 承认 A 国人可能已经在用他不知道的平静而微妙的方式解决问题（这就是现实生活中发生的事情）。
> 请翻译帮助他了解可能发生的事情，以及他应该如何应对，记住翻译可能偏袒 A 国。
> 问问 B 国协助 A 国的士兵，他们有更多经验，也许可以提供有效的建议。

主持人还展示了一张幻灯片，上面写着关于 B 国人如何在不同文化中管理自己的紧迫感的提示。

主持人说，当时下课铃声响了，学员还不想走，他们希望继续讨论这一情境练习及其引发的问题。

如果我们采用传统的活动设计方案，先呈现信息，然后给出指导型回复，效果会怎么样？我们可以试一试。下面是相关的教案。

传统教案

（1）呈现带有术语定义的幻灯片，包括"跨文化能力""高语境""低语境""模糊容忍度"。解释一下 A 国是高语境文化，B 国是低语境文化，指出 B 国人对模糊的容忍度低，因此想要立即解决问题。

（2）呈现关于"做"和"不做"的幻灯片，说明作为成长在高语境文化中的 B 国人如何应对故事中的问题。指出常见的错误是：迫使当地人果断采取行动，但是当地的文化要求使用多人协商的方式。

（3）以全员为单位讨论整个情境练习。为每个决定点提供指导型回复，例如，"这不是最好的选择。你不能指望你的翻译是客观的。你还应该收集其他观点"。经常性指导学员下一步应该做什么，让他们在必要时参考"做"和"不做"的幻灯片。

（4）下课铃一响，学员匆匆离开。

我们越少否定学员，就越显示我们对他们智力的尊重。他们越被"允许"自主思考，就越投入其中。

当然，我们要避免让新手负担过重。你需要测试模型活动的原因之一就是，确保你的挑战有趣但不令人受挫。你也可以决定提供其他类型的帮助，我们将在下一章中介绍这些帮助。

同时，我们也不想冗余地呈现学员已经知道的信息。这就是为什么在最初版本的教案中，主持人没有向学员灌输"高语境/低语境"的概念，而是希望学员主动解释它们的含义。学员正在为出国工作做准备，已经花了很长时间接受相关培训，因此已经学会了这些概念。

◯ 2.考虑如何回应这个问题："但是我们的学员无法自己得出结论！"

即使你认为你的受众会接受展示型回复，你的主题内容专家或客户也可能对此表示担心。他们仍然受学校心态的束缚，把成年学员当作毫无头绪的孩子。

这就是你开发模型活动的一个原因。你需要对学员进行测试，然后自信地说，学员确实是大脑正常运转的成年人，他们可以从拉维的恼怒中看出自己做了一个糟糕的选择。

→ 先展示，然后指导

然而，即使基于模型活动的结果，也可能不足以消除利益相关者的担忧。这里有一个可以令双方都满意的解决方案：

> 首先展示故事情节，然后提供可选的指导型回复。

如果需要让学员中的一些人具备一定的专业知识，如让一些新手获得清晰和明确的知识，你需要提供指导型回复，这也是一个稳妥的方法。

下面是这种方法的最基本形式，以插件销售为例。

> "你的研究确实显示发热不会产生任何问题，这点我没有疑问，"拉维有点恼怒地说，"但是《插件世界》进行了严格和独立的测试，他们发现，发热会产生问题。你能跟我解释一下这是怎么回事吗？"
>
> 这种反应会让人感觉你在自辩，使拉维加深怀疑。你最好表现出熟悉业界对插件发热现象的看法。再试试。

以下是另一种适用于在线学习的教育程度更低的示例：

> "你的研究确实显示发热不会产生任何问题，这点我没有疑问，"拉维有点恼怒地说，"但是《插件世界》进行了严格和独立的测试，他们发现，发热会

产生问题。你能跟我解释一下这是怎么回事吗？"

为什么会出现这种情况？

点击"为什么会出现这种情况？"链接后，会显示指导型回复。我有时会在分支情境练习中使用这种方法。默认的回复只是继续故事，但是困惑的学员也可以看到可选的指导型回复。

当然，展示型回复可以以多种形式出现，而不仅是作为故事中的一个场景。例如，在软件训练中，最合适的回复是对学员的命令做出响应，无论是完成计算还是删除数据库中的所有记录。

◯ 3. 决定回复应该立即给出还是延迟给出

你应该立即给出回复，还是应该让学员先纠结一会儿再给出？

前面提到的协助 A 国的 B 国军官的情境练习会给出两种类型的回复：立即回复和延迟回复。在故事中的每个决定点，士兵都看到了他们的决定所带来的后果。直到全员问题讨论结束后，他们才得到纠正性的指导型回复。

让我们看看另一个例子。导师应何时提供即时回复，何时提供延迟回复？延迟回复有什么影响？

示例：插件诊断

你正在现场课堂上学习如何诊断插件抖动现象。插件在运行时本应处于静止状态，但偶尔会产生抖动。是什么原因造成的？你如何解决这个问题？

导师在你面前放了一个插件。当启动它时，它就会出现抖动现象。

"这里有一张症状原因对应图，"导师说，"让我们看看你能不能用这张图来诊断这个插件抖动的原因。"

如果不确定第一步要做什么，你可以检查插件的支架是否完好无损，并且连接牢固。

接下来，你拿起插件并轻轻摇动，看能否听到嘎嘎声。会听到嘎嘎声吗？你不确定。图上没有提到嘎嘎声。

你拿出螺丝刀，打开插件的主体。当你要把手伸到里面时，导师突然拍拍你的肩膀。

"等等！"他说，"插件还插着电。你确定要把手伸进去吗？"

你迅速拔掉插件的插头，然后转过身来询问导师下一步该做什么，但他正在与其他人交谈。

图中显示，松动的风扇外壳会使插件摇摆，所以你小心地摇动风扇外壳。风扇外壳似乎连接牢固。

你继续查看插件，比照图上的内容，并暂时松动一根电线，最后，你注意到插件外壳松动了。你拧紧螺丝，把插件插回去，重新测试它，抖动就消失了。

导师再次拍拍你的肩膀，让你描述刚刚经历的步骤。

"你检查的方面都是有用的，"他说，"但你本可以更快地发现问题，而不必打开插件。我看到你检查了支架。你原本还可以同时检查什么？"

你意识到原本可以把插件放在桌子上，试着扭动它，以确保它的外壳是连接牢固的。然后，你把这个想法告诉了老师。

"对，"他说，"你应该在打开插件之前检查所有可以检查的东西，因为打开插件可能会有风险。"

当每个人都诊断出插件的问题后，导师将带领大家讨论所学到的主要经验教训。学员以小组为单位改进了诊断图，按顺序列出所有要检查的症状，巩固了他们刚刚学到的知识。图成为他们在工作中使用的工作辅助。

以上是即时回复还是延迟回复

在大多数情况下，导师提供的回复是延迟的。他会让你缓慢地完成整个查看过程，而不是在你每次犯错时拍肩膀纠正你。

然而，当你有可能电伤自己的时候，他提供了即时的回复。

这是一个提供即时回复的例子，因为这些错误可能使学员严重地偏离正轨，但是对于其他错误，可以延迟回复。出于以下几个原因，当你指导颇具经验或能够独立学习的学员时，我建议你采用上述方法：

第一，从经验中学习的教训可能更深刻。你从插件诊断活动中得到的主要教训是，"在诊断插件问题时，检查完所有外部可能性之后再打开插件"。如果导师一直站在你身边，从你拿出螺丝刀开始就频频打断你，你还会得到印象深刻的教训吗？"不行，先别那么做！"他可能会说，"在打开插件之前，你应该检查外部的部件。"

导师的立即纠正只能减弱教训的深刻性。相反，如果你在错误的步骤上纠结一段时间，然后才意识到这是一个错误，那么这种认识会更加难忘。你会反思风扇外壳摇晃以及所做的其他检查，再加上触电的危险和撞松的电线，从而意识到这些都是可以避免的。"我再也不会一上来就打开它了！"你发誓。

第二，如果进行每一步都得到即时回复，你会有什么感觉？如果导师一直站在你身边，每当你开始做某事就打断你，让你去做别的事，那会怎么样呢？我会觉得自己身边站了一个控制狂，或者至少怀疑导师以为我是个孩子。

让学员犯一些小错误，然后帮助他们改进——这样的做法可以增加他们的学习动力，因为这让他们感觉到了自主权，从而进一步提升技能。根据几位研究人员和作者的研究［包括苏珊·福勒（Susan Fowler）所著的《这样的激励才有效》（*Why Motivating People Doesn't Work ... and What Does*）（2014 版）］，关联性、自主性和能力是产生动机的三种心理需求。如果独自与某件事做斗争，然后征服了它，我就会感到动力十足和自豪。相反，如果有人手把手、事无巨细地教我做一件事，我就不会有自豪感，也不觉得被尊重。

另一种类型的延迟回复：比较法

如果学员在活动中完成了一部分工作，就可以将他们的工作成果与主题内容专家的工作成果进行比较。例如，在插件诊断活动中，可以让学员先进行诊断并解决问题，然后将他们采取的步骤与主题内容专家采取的步骤进行比较。

→ 考虑学员的专业水平

显然，回复的时机应该与学员的专业水平相匹配。新手会喜欢更频繁的回复。有一定经验的人会更倾向于延迟回复，从而给他们留下更深刻的印象。

在考虑专业水平的同时，也要考虑主题。正如我之前提到的，很多企业培训的内容并不难理解，其中大部分都是常识，或者说大多数成年人只要稍经提点就能自己做出的决定。

因此，即使这个话题对学员来说是新的，如果培训只是希望纠正理性的成年人稍经提点就能完成的事情，那么他们可能不需要即时回复或其他帮助。

> 我见过的大多数企业培训都低估了学员的智力，高估了挑战的难度。

另外，我们还要考虑到学员会在培训过程中提高专业知识。如果你展示的是全新的具有挑战性的材料，那么学员会更喜欢即时回复。随着他们专业知识的提升，延迟回复可能更合适。

○ 4. 决定谁（如有）应该提供回复

现场培训通常会有主持人在场协调活动，而线上学习的回复者可以是以下角色之一。你认为哪种回复者（如有）是有用的？

- **全知者**。在大多数在线学习中，它是身份不明的虚拟人士，说出的回复掷地有声。此回复者没有个性或性别，除非你用旁白功能，如果这样的话，我会说："你为什么要用旁白？"
- **虚构的主题内容专家或导师**。这是一个图库照片或插图人物，他声称是一个组织的雇员，但他完美到难以置信。这个人会在活动期间提供有力的回复，或者随时准备提供帮助，只需学员点击一下他的头像。他们通常没有个性，除了热情得令人讨厌。
- **巫师、超级英雄或其他典型的救世主**。这通常是一个插图人物，几乎都是男性，他们的出现会"让事情迎刃而解"，同时也会告诉你哪里做错了。

你会发现我并不倾向于这些方案。那么有什么替代方案？

- **现实生活中无所不知的人**。在材料的开头，明确说明回复是一个有名字的真人写的，可能是主题内容专家（如果他们愿意），也可能是你。例如，我针对自身业务设计的情境练习会告知学员我是提供回复的人。回复需要偶尔使用"我"来指代，并且应该听起来像某人说出的原话，这样才能起作用。另外，题干应该总是用"你"来指代人物。

- **现实生活中的主题内容专家**。与其使用过于完美的图库照片，不如为现实生活中的主题内容专家拍摄照片（如果他们愿意的话），并且像上面一样清楚地表明他们是提供回复的人。

- **故事中的人物**。如果采用分支情境练习或一系列基于相同角色的单一情境练习，那么你可以在需要时（并且只在需要时）赋予其中一个角色足够的专业知识，让他来提供指导型回复。例如，在前面描述的协助 A 国的 B 国军官的情境练习中，一位在邻近城镇工作的、更有经验的军官可以在自主活动版本中提供指导型回复。

在我开设的一次情境练习设计讲习班上，一位学员提出了一个有趣的方式：在一个分支情境练习的末尾，让正在与你互动的角色稍微脱离他们的角色，告诉你为什么他们会对你的选择做出这样的反应。

如果你决定在学员需要做出决定时提供可选的帮助（下一章内容），那么提供回复的"人"同时也可以提供帮助。例如，如果想在跨文化类情境练习中提供可选的帮助，我们可以让一位有经验的官员在提供的回复中包含对于决定点的提示。

主题内容专家也可以展示他们如何解决问题，或者提供帮助，或者在你向学员展示选择产生的后果后，提供指导型回复。例如，如果你让学员尝试维修一个发出噪音的插件，那么可以让他们先自行尝试，然后再向他们展示主题内容专家是如何做的，这样他们就可以将自己采取的步骤与主题内容专家的步骤进行比较。或者，你可以在活动中提供可选的帮助——主题内容专家展示如何诊断出类似问题，给学员一个可遵循的模型。

○ 5. 如果你计划设计一个较长的情境练习，考虑其结构如何影响回复

如果正在设计一个分支情境练习，那么你会发现自己正在考虑的两种基本结构采用了不同的回复方式。

→ 教学情境练习：大量的指导

最简单的结构就是我所说的教学情境练习。它似乎是一个分支情境练习，但根据我的定义，它并不是一个真正的情境练习。

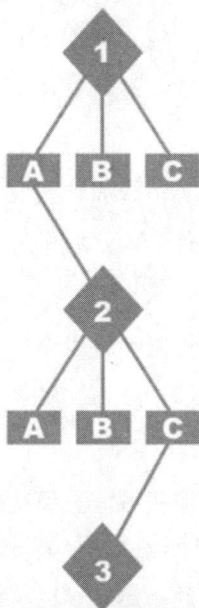

教学情境练习通常是这样的：你看到故事的第一个场景，选择一个选项，例如 B，然后你会立即看到回复，告诉你 B 是错误的，应该选 A。然后，你返回这一场景，顺从地选择了 A。

接着，你看到第二个场景，重复同样的过程。如果你选对了，故事就继续推进；如果选错了，重新返回，直到选对为止。

与真正的分支情境练习不同，教学情境练习没有不同的故事线。每个人都会看到相同的场景。这是因为设计师采用指导型回复来说明观点，而不是通过故事来展示观点。

拉维和插件的活动就可以作为教学情境练习中的第一个场景。当学员犯了一个错误——采取辩解态度应对拉维对于发热现象的质疑，大多数使用这种结构的设计师会立即提供指导型回复，例如：

错误。这种反应会让人感觉你在自辩，使拉维加深怀疑。你最好表现出熟悉业界对插件发热现象的看法。再试试。

学员被不断地要求返回同一场景，直到他们选择正确的选项 C："你指的是《插件世界》上的测评吗？"然后他们终于看到了下一个场景，拉维说："是的，《插件世界》说发热相当明显。这对快速运转有什么影响呢？"接下来，学员继续选择接下来的对话内容，如此反复。

对这种方法的小改进是在回复中添加一些说明。正如我们在本章前面所看到的，你可以先向学员展示发生了什么，然后告诉他们做错了什么，让他们回去重做一次。

然而，整个结构是如此具有控制力，以至于整体体验就是不断被告知该做什么。这就是为什么我称其为教学情境练习，或者当我脾气不好的时候，称其为控制狂情境练习。

尽管它给人以控制的感觉，但我可以想象这种结构在什么情况下会有用。如果你正在向初学者介绍一个微妙且违反直觉的过程，那么这种不断修正的结构可能是一种很好的启动方式。在这种情况下，教学情境练习可以作为一系列复杂度递增的情境练习的第一个。在后续的情境练习中，随着学员不断获得专业知识，回复可以延迟。

另外，如果你不愿意设计分支情境练习，那么这种结构可能是一种折中方案。如果写得好，它会比信息演示文稿更吸引人、更令人难忘。为了不让学员感到过于受控，我强烈建议你以展示型回复为主，以指导型回复为辅。

我知道有时你会考虑这种结构，但是，请不要低估受众的能力或高估材料的难度。在多数需要做出多个相关决定的情况下，分支情境练习可能更有效、更有趣。

→ 分支情境练习：大量展示，延迟回复

教学情境练习通过指导型回复来说明要点，它要求学员重做每个做错的决定。相反，真正的分支情境练习向人们展示了什么可行、什么不可行，不同的选择导致了不同的道路，而指导型回复通常出现在故事的结尾。

你可以通过情节图快速识别出分支情境练习，因为它有不同的故事线。每个人看到的场景不尽相同，一些人看到的场景而另一些人看不到，因为他们选择的故事线不同。

在下面这个简单的例子中，一些学员直接从场景 1 到场景 4，而另一些学员则只看到了场景 2 和场景 3，可能永远看不到场景 4。

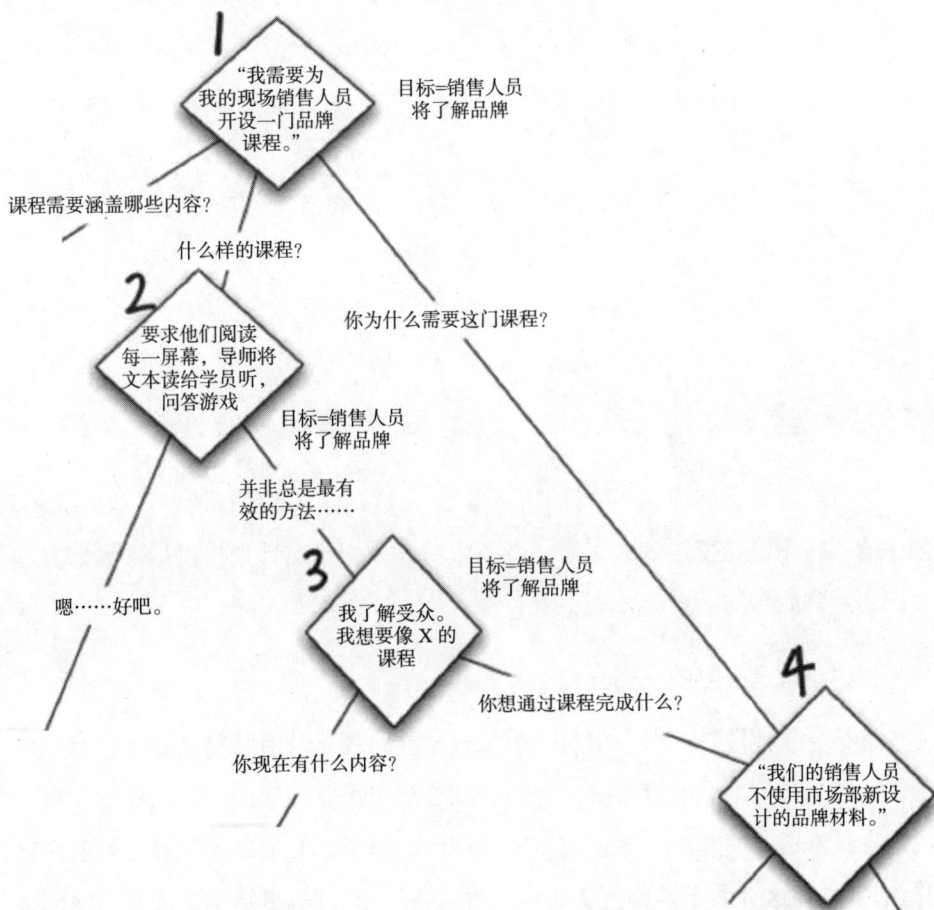

回复通常都是展示型的：学员做出选择，然后立即看到一个新的场景。新场景显示了选择的后果，将故事向前推进，并触发新的选择。选项既有可以帮助学员纠正错误并走上更好的道路的，也有让他们误入歧途的。

让我们回到拉维担忧插件发热这一问题。这是学员在选择"我们的研究表明，发热不会导致 J-12 插件出现问题。你想看看测试结果吗？"之后所看到的回复。

> "你的研究确实显示发热不会产生任何问题，这点我没有疑问，"拉维有点恼怒地说，"但是《插件世界》进行了严格和独立的测试，他们发现，发热会产生问题。你能跟我解释一下这是怎么回事吗？"
>
> 你该怎么说？
>
> A. "J-12 插件的运行温度确实比其他一些插件更高，但是如果我没记错的话，《插件世界》委托的测试人员并没有发现发热会影响性能。你对发热现象还有其他方面的担忧吗？"
>
> B. "J-12 插件的运行温度确实有点高，但如果你要求快速运转，可能应该选择 K-77 插件。它也是业界性能最强的插件之一。你想看一下吗？"
>
> C. "所有插件都会产生热量，这要归因于可诱导性的变形。然而，这种热量并不影响性能，额外的陶瓷减热器只会增加成本。我能问一下你们的预算是多少吗？"

这里没有指导型回复。我们相信我们的学员，他们都是有销售经验的成年人，会注意到拉维已经变得恼火，需要调整方法。我们确实计划提供指导型回复，但会把它留到故事的结尾。

故事结构是回复的一部分

进行分支情境练习时，学员能够知道某些路径比其他路径更好。当意识到自己走上了一条不太好的道路时，他们会试着想象最好的道路是什么样的，然后寻找走上最好道路的方法。这往往需要高层次的思考，而不是简单的指导型回复，并且，我认为这有助于学员更全面地理解问题。因此，"故事结构是回复的一部分"。

这是分支情境练习的一个很棒的特性，但是这需要更仔细的规划，因此，这里有一些提示。此时，尽管依然专注于为一个决定点建模，但是你还需要考虑围绕该决定点的更大背景。

当想要设计一个分支情境练习时，你首先使用流程图软件或在交互式虚构工具（如 Twine）中输入注释来**编写剧情**。当编写概括性情节时，请记住以下几点：

- **最好的路径是什么**？先把它编写出来。

- **常见的错误有哪些**？每个常见错误都可能是故事的一条主线。例如，除了最好的路径分支——"值得信赖的顾问"，还可以设计一个"辩解"分支和一个"用另一个产品分散他们的注意力"分支。

- **结局是什么**？你可能想写一个"最好"的结局，几个"一般"的结局，几个糟糕的结局或快速失败的结局。

- **分支是如何连接的**？学员应该能够从一个分支跨越到另一个分支。这让他们能够弥补错误，并防止分支发展失控，难以弥补。

例如，如果学员最初对拉维采取辩解措施，但意识到它不起作用，在稍后的场景中就应该提供"值得信赖的顾问"选项，供他们选择，以此跨到更好的路径。这种交叉路径是分支情境练习的巨大优势之一——学员可以练习认识错误并弥补错误。

指导型回复放在最后

在真正的分支情境练习中，我建议将指导型回复放在情节线的结尾，以免打断故事。

最简单的方法是写一个回复，说明学员是如何到达这个结局的。你不需要软件来跟踪每个选择，你只需要构建分支和连接，然后在每个故事线的结尾提供有意义的回复。

终点应该是故事情节的最后一幕，为故事画上句号，接着出现指导型回复，或者可以让学员选择是否查看指导型回复。

当为在线情境练习设计结尾时，我经常描述最后的场景，然后附上一个链接，名为"为什么会发生这种事情"。当点击它时，人们就会看到他们如何到达这个结局，以及有效的建议。

明确地给结局贴上标签（如"你达到了一个好的结局，但不是最好的"）是个不错的方法。下面是插件销售情境练习故事结尾的一个示例。

> "好吧，我选择 Q-35。"拉维说着拿出他的信用卡。

> 三个月后，拉维回来了。"我之前买的 Q-35 似乎耗能很厉害，"他说，"你说过它满足高速运转的最佳型号，但是阿克姆插件公司说它尺寸太大。现在我不知道该相信谁了。"
> 你达到的结局很一般。为什么会出现这种情况？

如果学员在故事中犯了严重的错误，如电击了自己，那么你需要考虑让这些错误发展出快速失败的路径。向他们展示结尾的场景，提供指导型回复，让他们明白做错了什么，并鼓励或要求他们再试一次。如果你让严重的错误持续出现几个场景，他们就不太可能重新开始并走向成功。

当设计快速失败故事线时，你没有必要说"失败"，因为结果已经不言自明了。

持续回复：让它成为故事的一部分

如果有充分的理由认为学员在整个故事过程中都需要进行小小的纠正，那么你可以考虑提供露丝·克拉克所说的"隐形回复"。这在在线学习情境练习中最容易实现。

我见过的最常见的版本是心灵感应：你正在和某人谈话，但你不确定对方对你的言论有何反应。这时，你可以点击这个人的头部，会出现一些"思想泡泡"，让你读懂他们的想法。

另一种技巧是使用仪表。例如，在销售情境练习中，仪表可以显示对方对你想要销售的产品有多"热情"。

我不是非常赞同这些技巧，因为我们希望学员练习察言观色。在现实生活中，我不可能点击你的头部查看你在想什么。我需要解读你的肢体语言和话语。所以，在练习如何与人交谈时，学员也应该练习如何解读对方的行为和言语。

然而，如果你采用在线学习的方式，而且没有预算来制作能反映真人反应的产品，同时你对自己的故事线索也没有信心，那么我认为心灵感应和仪表的方法是有用的。与指导型回复相比，它们对故事的干扰程度较低。

可选的帮助或轻微提点

如果分支情境练习要求学员应用新的复杂技能，那么你可以考虑在有帮助的地方提供可选的背景帮助。

我所说的"背景"指的是有助于学员做出决定的一些帮助，而不是一般的操作指南，这将在下一章中讨论。

例如，在关于协助 A 国的 B 国军官的情境练习中，学员可以选择军官向翻译征求意见，得到的回复是：翻译说军官不应该要求确认袭击者的身份。此时，出现了一个链接，显示："你应该相信他吗？"学员点击后会弹出指导型回复：翻译可能是袭击者的同伙，所以军官在权衡他的建议时应该考虑这点。

◯ 6. 起草回复

注明你在模型活动的回复中想展示什么，以及想要说明什么（如果有的话）。将主题内容专家在访谈中描述的后果作为回复选项。确保为每个选项编写一一对应的后果，而不只是"错误"或"正确"。

由于回复经常提供或链接到支持信息，因此你可能会在下一章对回复进行调整或添加。

◯ 常见问题

→ **你担心学员在未被告知该怎么想或该怎么做的情况下无法得出正确的结论**

- 你应当计划在回复中先展示学员的选择产生的后果，再提供可选的指导型回复。不要强迫学员查看指导型回复，可以先让实际学员练习模型活动，根据他们的实际需要提供回复。

- 你将在下一章添加可选信息，所以现在不要告诉学员太多信息。

→ **你怀疑利益相关者会希望所有的回复都是"指导型"的**

- 如果你怀疑主题内容专家或客户希望给予每个学员指导型回复，那么建议他们等一等，看看模型活动的测试结果如何。另外，不要向利益相关者展示你的活动草稿，而要设计完成模型活动，让他们看到回复是如何提供的。

→ **你担心如果你让学员犯错，他们只会记住错误的选项而不是正确的选项**

● 《认知天性》（2014 版）中总结的研究表明，当人们犯错并得到纠正性回复时，他们不会从错误中吸取经验教训；当人们不断试错时反倒可能更好地学习正确的方法。

第 12 章

活动设计：添加信息

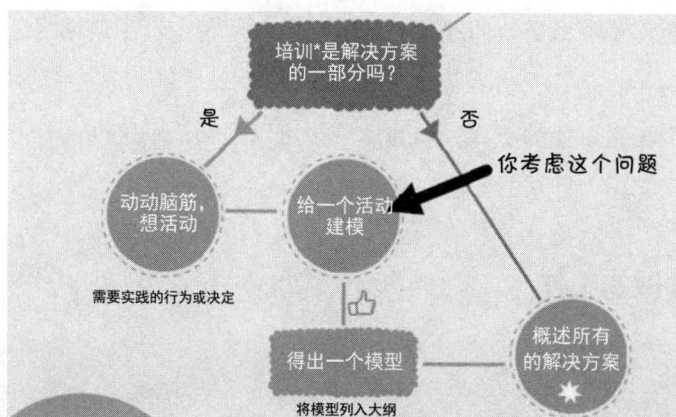

培训*是解决方案
的一部分吗？

是　　　　　否

你考虑这个问题

动动脑筋，
想活动

给一个活动
建模

需要实践的行为或决定

概述所有
的解决方案

得出一个模型

将模型列入大纲

任务内容	任务由谁完成	完成任务需要的时长
针对你选出的用以建模的活动，确定如何提供所需信息，用以做出正确决定。 建议： • 只提供绝对需要的信息； • 把信息分为"可查看"和"必须记住"两类； • 对于链接到活动中的信息，不要自动展示，而是让人们在需要的时候自行点击查看； • 计划逐渐增加活动难度； • 计划询问执行任务情况，帮助人们了解总体性概念	由你完成。主题内容专家、当前或未来学员可以帮助你确定提供信息的最佳形式	所需时长将取决于当前信息的状态。 例如，如果已经存在一个合适的工作辅助，你只需要花费很少的时间。如果你需要从头开始设计一个参考，则需要更多的时间

成果：设计一个链接到所需信息的独立活动，并作为**系列活动**之一。

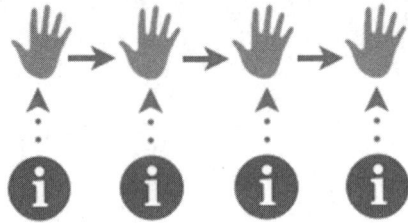

◯ 你已经完成的工作

你已经起草了模型活动的题干、选项以及对应每个选项的回复。现在，你将考虑如何提供人们完成活动所需的信息。

这是一个相当重要的步骤，因为这一步可以影响活动之间的相互关系，以及活动如何适应你正在计划的任何培训事件。

◯ 你将要做的工作

你将要完成以下工作：

（1）从三种提供信息的方式中选择一种。

（2）确认模型活动真正需要的信息。

（3）将所需信息分为"可查看"和"必须记住"两类。

（4）将信息添加到导图中。

（5）将"可查看"信息添加到工作辅助或其他参考资料中。

（6）计划将"必须记住"的信息输入人们的大脑。

（7）计划提供循序渐进的活动。

（8）考虑包括工作实例。

（9）决定何时提供信息。

（10）考虑如何减少帮助。

（11）决定如何帮助人们看到总体性概念。

（12）选择提供信息的形式。

你依然专注于设计模型活动，但此时你要将重点转移到导图中代表"信息"的图标上。

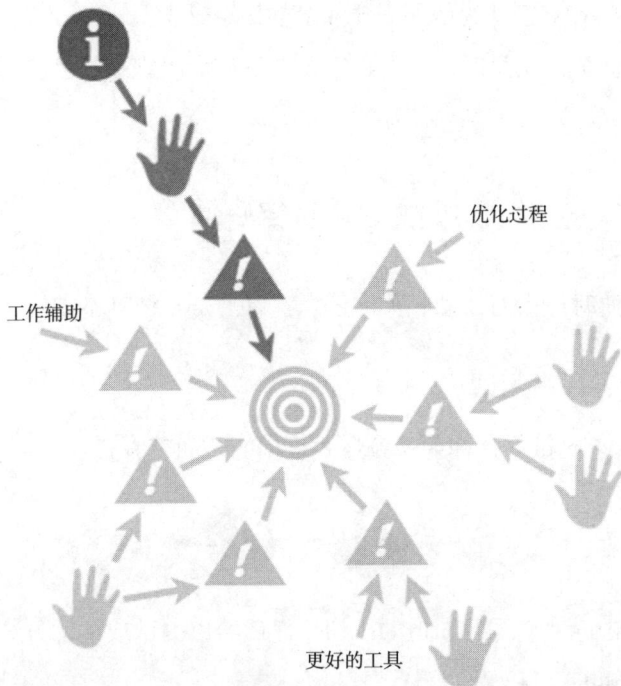

◯ 我们为什么把信息留到最后考虑

当设计过程接近尾声时，我们才着手研究大多数设计师开始就使用的材料：信息。我们终于要告诉人们他们需要知道的内容了。

大多数设计师通常会先收集所有内容，然后设计传递该内容的活动。然而，我们是在设计活动之前，提问"他们应当做什么"并围绕这个问题设计活动，直到最后阶段才考虑如何提供信息。我们为什么把信息留到最后考虑呢？

这样做有几个优点：

- 确保设计活动能够为人们的实际工作提供支持。而基于内容的设计往往忽略了人们真正在做的事情，因为设计师被人们应该知道的内容分散了注意力。

- 设计活动能够明确什么是人们真正需要知道的。如果活动是现实性的，那么人们需要的活动信息就是他们在现实工作中需要知道的信息，而且可能比主题内容专家认为他们需要知道的信息量少。

当考虑如何提供信息时，我们还需要考虑如何组织项目。我们需要考虑可能的项目组织方式，以及信息如何穿插其中。

○ 1. 从三种提供信息的方式中选择一种

如何以及何时提供与活动相关的信息？以下是三种基本方式。

→ 先指导，后测试

"先指导，后测试"这样的学校模式采用的是如下方式：

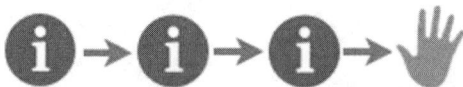

首先，你告诉他们需要知道的一切，然后给出测试或活动，这样他们就可以应用你刚才告知的信息。

如果以这种方式重新设计针头安全课程，演示者将给出以下幻灯片：

> 幻灯片：被受感染的针头扎伤带来的危险；可能感染的疾病列表。
>
> 幻灯片：在医院检测这些可能感染的疾病所产生的费用。
>
> 幻灯片：列出被针头扎伤时的"应做之事"和"不应做之事"，以及提醒查看墙上的工作辅助。
>
> 演示完幻灯片之后，给出的活动不包含可选帮助，因为人们刚刚被告他们需要知道的一切，演示者只想查看他们是否"记住"这些信息。

大多数使用"先指导，后测试"方式的设计师给出的活动并不包括可选的帮助，因为他们只是将活动视为一次测试，用以检测人们是否记住了已经被告知的内容。所以，他们会首先告诉人们一切，然后设计出如下版本的"玛格达活动"：

玛格达从病人动脉上取下的针头，不小心扎伤了自己。
她第一步应该做什么？

☐ 任由伤口流血。
☐ 用注射器吸伤口流出的血。
☐ 往伤口上倒必达净。
☐ 向感染控制小组报告受伤情况。

上一章介绍的为士兵设计的传统教案也是一种"先指导，后测试"的方式。主持人首先告诉学员他们需要知道的所有文化概念，但并不关心他们是否已经通过其他渠道学习过这些概念。接下来，主持人描述了应当如何解决他们即将遇到的问题。最后，让他们回答一道带有情境的问题。如果他们回答错了，就会被打断并被告知应该怎么做。这种指导型回复是"先指导，后测试"方式的天生合作伙伴。

"先指导，后测试"的一个变体是"指导→展示→完成"。首先，你告诉学员要完成什么任务；然后，你展示任务应当如何完成；最后，你让他们自己完成。当人们最终开始尝试完成这项任务时，他们更依赖于短期记忆，而不是更深层次的任务处理技能。他们只是在模仿刚刚看到的一切。而且，在大多数应用这种方式的情况中，每个人都必须坐着听完同样的指导和展示，而他们已有的知识并不被考虑。

"先指导，后测试"是目前在职培训最常使用的方式，但并不是最佳方式。这种方式之所以常见，是因为它基于人们熟悉的学校模式，但这种模式假设学员不具备任何知识，也没有思考的能力，只要面临一点点挑战，就会败下阵来。

这种方式假定学员无知，甚至愚蠢

支持这种方式的主要论据是，它可以减少挫败感。学员在被要求尝试某件事情之前已经做好了充分的准备，从而降低了他们犯错的概率，也就相应地减少了挫败感。

具有讽刺意味的是，这种方式实际上会增加挫败感。事实上，企业培训很少教授有关火箭科学的知识，相反，培训的内容通常是常识性的，或者只需要成年人对自己决定做的事情做一些小的调整。

对于以数据隐私或友好相处为主题的典型企业培训，"先指导，后测试"的设计只是在告诉你，设计师认为你很笨。尽管你是一个有着几十年人生经验的成年人，但是设计师依然让你去听一些已经知道或者可以在短于演示时间内领悟到的内容。如果这样，你只会感受到侮辱和挫折，这显然不是学习的最佳心态。

即使你对这门学科一无所知，需要很多信息，"先指导，后测试"的方式也会延迟新知识的应用。设计师想要在你尝试之前告知你需要知道的一切，这意味着在你做任何事情之前，都会永久性地失去一段时间。此外，你通常也很少或根本无法控制信息传递的速度，不能在设计师告知你信息时选择"快进"。

这种方式只是玩弄我们的短期记忆

大多数"先指导，后测试"的培训都是先在我们的大脑中输入一些事实，然后让我们几分钟后再提取出来。鲜有培训试图让我们对重要信息形成长期记忆，或者让我们以任何可能牢记信息的方式处理这些信息。间隔练习倒是可以帮助我们形成长期记忆或者牢记信息，因为这种练习让我们在几周之内反复回想这些信息，不断加深记忆。

→ 先测试，后指导

如果我们把"指导"放在后面，就得到了"先测试，后指导"的方式。这可能是最容易得到的不同于"先指导，后测试"的替代方案。你可以先给出活动，再提供信息。

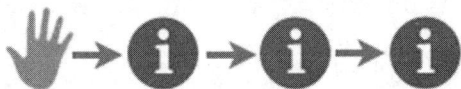

以针头安全培训为例，我们可以将关于玛格达的情境练习作为开场，并将其

视为一个提高积极性的活动——通过活动，人们可以了解自身的知识缺口；如果他们选择错误，这将是他们接受培训的动因。

这种方式可能是这样的：

> 活动：玛格达做出决定（可能不会提供可选信息，因为这些信息将在几秒钟内呈现）。
>
> 幻灯片：玛格达冒着感染以下疾病的风险：可能感染的疾病列表。
>
> 幻灯片：在医院检测这些可能感染的疾病所产生的费用。
>
> 幻灯片：列出被针头扎伤时的"应做之事"和"不应做之事"，以及提醒查看墙上的工作辅助。
>
> 活动：介绍下一个主题的另一个活动。

对于大多数设计师来说，这一改变很容易实现，因为他们仍然能够以熟悉的方式（包括幻灯片和讨论）呈现信息，唯一的区别是信息呈现放在活动之后，而不是之前。

这种方式的一个优点是，它不仅测试学员的短期记忆，而且，通过把活动放在首位，它要求学员回顾以往的经验教训，以此评估已有知识是否适用于当前的情况。如果他们提取的知识不正确，就可以意识到自身的知识缺口，从而更容易接受即将看到的信息。即使这种微小的改变也会让利益相关者感到紧张，因为这种改变要求人们在被告知如何做某件事情之前先做这件事情。这些利益相关者往往会抗议："你故意设局让他们失败。"但是，你可以给出简单而有效的反驳："人们在活动中遇到一些困难，会提高他们对之后教学的积极性。"你仍然能够保证，信息会被大量地呈现，知识仍会如大家所期望的那样从天而降。没有人会长时间地感到挑战或沮丧。

缺点

虽然改变微乎其微——只是把活动放在信息之前，依然能够"感觉到"培训发生了明显的不同，并且更吸引人。然而，这种方式有一些缺点。

首先，经过训练，人们反倒可能不努力思考。一旦学员注意到每个活动之后都会得到大量的信息，他们就开始变得不在意这些活动。他们会想，既然我做出选择的那一刻会被告知应该知道的一切，我为什么还要绞尽脑汁做正确的决定，只要随便选个选项就可以了嘛。

其次，如果活动不能起到过滤信息的作用，学员只会采取玩世不恭的态度。假设在一次网络研讨会上，主持人发布了一个活动，让学员为自己的选择投票。但是，选择的对错无关紧要，主持人只是利用这个活动提高学员信息转储的积极性。主持人不停地讲述学员已经知道的信息，学员在活动中做出正确的选择只是证明他们知道这些信息。很快，学员就不再专注于研讨会，而是打开另一个窗口，观看一只弹钢琴的猫。

用活动过滤信息

避免上述玩世不恭的态度的一种方法是把活动当作一次摸底考试。如果人们做出了正确决定，就表明他们已经掌握了这部分知识，可以继续下一个活动。如果人们没有做出专业的选择，那么他们在继续下一个活动之前会得到更多针对这一活动的信息。

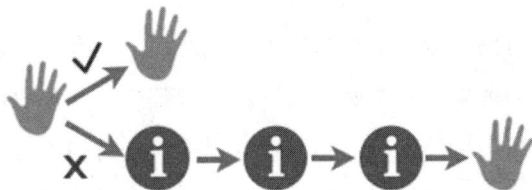

如果活动以在线学习的形式开展，应用上述方法则很容易；如果活动以现场培训的形式开展，应用上述方法则很难。因为现场培训的主持人通常会说："B 是正确答案，选 B 的人可以做其他活动，没有选对的人需要跟我一起讨论。"这种分批指导会影响现场培训的进度。

针对这一问题的一个解决方案就是第三种方式：设计系列活动，活动选择性地包含必要的信息，并让学员根据需要不同程度地提取信息。

→ 系列活动

这是最具挑战性的设计方式，但又是可以创造出最佳活动体验的方式。这种方式不是将活动开展与信息展示交替进行，而是在活动中提供必要的信息，让人们根据需要提取信息。

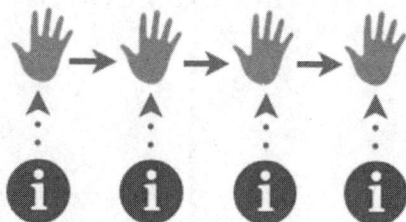

在活动中提供这些信息的方法有很多种。其中一种就是之前在针头安全课上用过的。课上，我们并没有展示任何信息，只是让学员直接进入活动中。在活动中我们会提供他们做出正确选择所需的信息，但是，他们可以选择性地获取。我们会给出实际工作中使用的工作辅助，供他们在做出决定之前先行查看。

做出选择后，我们会给出选择产生的后果，并且回复页面上还包括他们需要查看的工作辅助。

在决定阶段，我们可以选择性地提供信息，并快速在回复中确认决定正确与否或更正错误的决定。此活动会与另一个活动紧密相连，其间没有信息显示，因为信息已经包含在活动中。

玛格达往伤口上倒了必达净，但还是感染了丙型肝炎。

<u>再试一次。</u>

针头刺伤处理办法

1. 让血流出来，不要吸!
2. 用肥皂和水清洁伤口。

3. 晾干，并涂抹防水敷料。
4. 填写事故表格，向感染控制小组报告受伤情况。

需要帮助吗？

标准操作程序

如果活动以现场培训的形式开展，该如何进行？

　　在活动中提供信息的现场版本可能是下面这样的。我们假设这次活动是一次无多媒体手段的面对面研讨会——在一间空荡荡的房间里举办，没有幻灯片，也没有笔记本电脑，这是最具挑战性的情况。

　　在房间的墙上，主持人贴了一张在医院的每个房间都会出现的标志，这个标志告诉你如何处理受污染的针头造成的刺伤。

　　主持人并没有列出"应做之事"和"不应做之事"，只是提到，当人们不确定该做什么时可以查看这个标志。

　　然后，她描述了关于玛格达的活动："假设一位名叫玛格达的临床医生从病人动脉上取下针头，不小心扎伤了自己。她第一步应该做什么？"

　　学员提出了他们的建议。他们中的一些人先查看了标志，一些人则没有。

　　主持人听到了最常见的错误，即使用必达净，然后她把这个选择筛选出来进行了深度讨论。

"好吧，玛格达用必达净清洗了伤口，"她说，"但病人患有丙型肝炎，那么玛格达患丙型肝炎的可能性有多大？"

如果学员没有就后果进一步讨论，主持人就会告诉他们选择的后果："尽管玛格达还没有意识到，但她刚刚已经感染了丙型肝炎。"

最后，主持人问："在她做出决定之前，她应该查看什么？"

让学员意识到可以从工作辅助上找到答案之后，主持人立即给出另一个挑战："我需要给昏迷的病人打一针。假设他就躺在那里，我应该先做什么？"

对于这一活动，可选帮助的提供方式可以是向学员的智能手机上发送的参考，供他们快速查询。这样，在回答这个问题之前，他们可以先查看手机上的参考。

尽管在现场培训中，活动很难充当知识的过滤器，让回答正确的人跳过信息展示的步骤，但通过这种形式，至少可以实现：信息呈现被减少并置于学员的控制之下，并且在上面的例子中，"回复"是以讨论的形式而不是信息转储的形式出现的。

我们刚刚看到的例子只是简要说明了这种方式是如何操作的。我们将在本章余下的部分讨论更多的方式，但首先我们要考虑为什么要使用这一方式。

系列活动的优势

学员掌控一切

通过上面描述的前两种方式，我们将信息"填鸭"给人们。无论"填鸭"发生在活动之前还是之后，我们都需要打断活动，正式停下来，说："大家听我说。"

然而，通过系列活动的方式，我们鼓励人们"提取"信息，让人们自主确定用以解决问题的所需信息，并提供对应的选项。

已经具备一定专业知识的人不需要提取任何信息就可以做决定，而经验不足的人会在做决定之前查看所有信息。

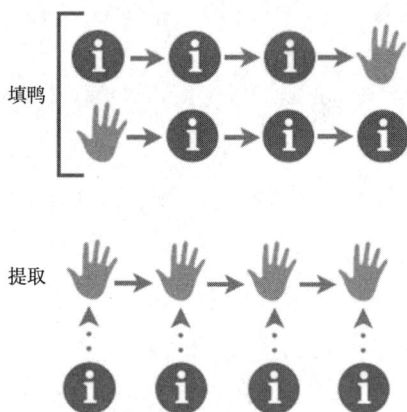

这意味着，专业水平稍有不同的人可以完成相同的活动，不需要有人告知那些他们已经知道的信息，只需要快速确认他们选择的正确性。经验较丰富的人能够确定自己可以做出某个决定，而经验不足的人在做出决定之前，或通过学习他们需要知道的知识，或通过犯错重选，或通过犯错后查看补救信息，赶上经验较丰富的人。

我并不是说我们应该为公司的每个人（从新手到专家）设计同样的活动——我希望这点显而易见，而是说我们的培训应该针对特定的群体。每个群体都存在既存知识的差异以及对冒险的不同偏好，我们可以通过让人们确定用以做出决定的知识来适应这些差异。

我们应当对学员说："我们知道你们都是具备成熟思维和生活经验的成年人。"我们应当避免提供扼杀积极性、一刀切的信息展示。

归根结底，自主就是选择和动因。有意识地选择做什么和如何做的能力是个人独立概念的核心。动因则是更深层次的内容的核心。动因是这样一个概念，即我们可以有意识地做出决定，从而引发希望的结果——本质上，我们可以决定自己的命运。我们并非确定性系统的一枚棋子，并非无法决定我们最终的归宿。

——摘自特雷西·梅利特（Tracy Maylett）和保罗·华纳（Paul Warner）所著的《魔法：开启员工敬业力量的五把钥匙》（*MAGIC: Five Keys to Unlock the Power of Employee Engagement*）（2014 版）

系列活动更具挑战性

正如我们前面提到的诺亚和布莱恩的示例，如果学员没有事先被告知所有的"应做之事"和"不应做之事"，那么这个活动就更具挑战性。同样的活动，放在信息展示之后会感觉过于简单，但放在信息展示之前就变得更具挑战性。之所以更具挑战性，是因为我们并非简单地提取短期记忆，而是通过挖掘先前的知识，评估它是否适用，从而建立或加强知识和实践之间的联系。

许多设计师关心的是如何让培训变得"有吸引力"。在寻求参与度的过程中，他们经常会选择花里胡哨的在线学习工具或让人畏缩不前的游戏。但我们不应该娱乐学员，而应该让他们动脑筋。挑战就是提高学员的积极性以及提升他们的参与意识的一种方式。

> 人们渴望这样的工作体验：工作能挑战他们的思想和技能，能激发他们的智力，能让他们有机会适应高压状态，甚至表现得出类拔萃……通常，人们不仅想要挑战——他们**需要**挑战。
>
> ——摘自特雷西·梅利特和保罗·华纳所著的《魔法：开启员工敬业力量的五把钥匙》（2014 版）

让学员自主控制具有挑战性的活动表明我们对他们应对挑战的能力有信心。我们的期望越高，就能让他们表现得越好，正如尼克·金利和什洛莫·本·胡尔在《改变员工行为：管理者实用指南》一书中所说的："本质上，我们对员工的期望越高，并向他们表明我们对他们的信心，他们就会做得越好。"

挣扎引发更深入的学习

如果使用系列活动的方式，则在活动之前不会展示很多信息。我们只是开始活动，而学员根据自己的需要提取信息。这意味着他们在选择时会先经历小小的挣扎，然后寻求帮助。他们的挣扎程度取决于我们提供支持的多少，但挣扎与活动紧密相连。

"让他们直接参加活动是不公平的！"一些客户会这样说，"你这是故意让他们失败！"事实上，我们也许是在故意让他们成功。

如果在被教授解决问题的方法之前就试着去解决问题，即使在尝试的过程中出错，也会带来更好的学习效果。
——摘自彼得·布朗等人所著的《认知天性》（2014 版）

针对"生产性失败"的研究表明，当人们并未做好百分百准备之前就要求他们解决问题时，他们不仅能找到解决当前问题的方法，而且能进一步发现如何解决不同但相关的问题。他们似乎比那些已经被告知如何一步步地解决问题的人更了解一些隐含的概念。

这种类型的转移是职场学习所需要的。我们希望人们不仅知道如何解决一个具体的问题，而且希望他们能够自信地解决其他不同但相关的问题。

为了实现这一点，人们应该有足够的先验知识能够作为"如何解决问题"的参考。本章后面所述内容表明，他们可以通过一系列越来越具有挑战性的活动，而不是通过接受信息展示，或者通过在活动期间得到的帮助，来获取这些先验知识。

我们还应该确保人们最终能够发现正确的解决方案以及如何操作这一方案。解决方案可以作为可选帮助提供（这取决于你对问题难易程度的认知），并且（在我看来）肯定应该在回复中提供。举个例子，如果我经历了小小的挣扎，发现做 B 之前需要先做 A，我就会想要在回复中看到这样明确的确认：是的，应该在做 B 之前做 A，这是因为……

有些客户担心，如果我们让人们做出错误的选择，他们就只会记住错误的选择，而不会记住更好的选择。如果学员不明白为什么他们的选择是错误的，以及更好的选择是什么，而且他们从来没有机会弥补错误，那么这种担心可能真的会发生。但是，我们将提供丰富的背景回复，而不是只说"错误"。当人们做出选择或要求提供正确的解决方案时，我们将向他们清楚地展示解决方案。

当学员先犯错误，然后得到对错类回复时，他们就不会从错误中吸取经验教训。与提供对错类回复的被动学习策略相比，即使采取极有可能导致错误的策略，如要求某人在被告知如何解决问题之前尝试解决这个问题，也能产生更明显的学习效果，并加深对正确信息的记忆。

——摘自彼得·布朗等人所著的《认知天性》（2014 版）

在互联网上搜索关键词"生产性失败"，可得到此方式相关研究摘要的链接。你还可以浏览提及学习"必要难度"的出版物，并在露丝·克拉克所著的《基于情境的在线学习》（2013 版）以及彼得·布朗等人所著的《认知天性》（2014 版）中查找到有用的研究摘要。

最后，如果还有利益相关者说："这不公平！"你可以问他们以下哪种情况对学员更公平。

> **公平吗？** 让所有人坐下来观看同一个演示文稿，不管他们是否已经知道某些信息。然后，问他们一个问题，让他们依靠对这些信息的短期记忆做出回答。不给他们机会证明自己已经知道这些材料，甚至不给他们时间回想已有的知识。把他们都当作无知的孩子，强制性地告诉他们该怎么想。

> **公平吗？** 立即挑战人们，让他们做出有趣的决定。让他们不受干扰地思考以前的经验和现有的知识。让他们自由地提取所需的信息，不强制信息量的多少。向他们展示选择的后果，以便他们亲眼看到自己是否"掌握"了某些信息，同时，结合他们的需要，让他们获取更多的信息。让每个人以最适合他们的方式来应用他们的经验。

拥有更多的开展选择

系列活动的方式将支持和信息嵌入活动中。因此，你的活动可以独立进行，无须频频打断冗长的信息展示。活动的独立性给了你更多的开展选择。

正如我们在前面关于形式的部分中看到的，你可能想问这些活动是否真的需要作为培训事件开展。除了培训事件的形式，也许它们可以按需提供，作为执行实际任务之前的简单练习；也许它们可以在一段时间内小批量地通过电子邮件发送，将学习和实践间隔起来。

如有必要，我建议按背景对活动进行分组，并询问活动进展情况（如下所述），以避免出现彼此不相关的零散学习。但是，即使出于这一考量，设计独立的活动也打开了许多可能性。

激发更深入的讨论

我们可以通过坦尼娅和工资数据的示例发现这一点。如果我们先告诉每个人把数据带回家的最安全的方法，然后问："什么是把数据带回家的最安全的方法？"不会激发任何讨论。相反，如果我们不先把所有的信息都呈现出来，而是直接问问题，会激发学员进行更多的讨论，从而引发更深入的学习。

→ 选择你的方式

我们刚刚研究了三种组织信息和活动的方式，也许你可以猜出我更喜欢哪一种。如果你已经对使用系列活动的方式有了初步的设想，我强烈建议你现在就试试。

在接下来的步骤中，你将决定需要哪些信息以及如何提供它们。

○ 2. 确认模型活动真正需要的信息

查看你在面试主题内容专家时做的笔记。他们曾说过哪些信息是需要的？既然你已经编写了活动，你对主题内容专家所说的所需信息有何感想？他们说的信息是全面的、不全面的，还是过量的？如果你不确定，就听听另一些人的看法。

你可以找一个与主题内容专家相比稍显业余的人，听听他的想法，但他应当是经常按照要求的标准完成此任务的人。最有帮助的人士可能是最近学过如何完成这一任务的人，因为他们会更清楚：是真的必须从一开始就要记住一些信息，还是因为太频繁地使用这些信息而最终记住了它们？

一定要提问当前学员一些关于概念的问题。例如，是否存在一种特殊的、总体性观点能够帮助他们记住如何做出决定？什么样的经验法则或原则可以起作用？

○ 3. 将所需信息分为"可查看"和"必须记住"两类

当确信已经确定了真正需要的信息时，请将信息分成两类：

- 任务前或任务期间人们可以在工作中查看的信息；
- 人们确实必须记住的信息，以便在工作中做出正确的决定。

在采访主题内容专家的过程中，你可能已经通过一幅小的流程图决定了哪些信息可以在工作辅助中查看，哪些信息需要被记住（如第 6 章所示）。（如果你跳过了这一步，请返回！）如果你和一位当前学员进行了交谈，你就会调整之前的划分，就会将更多的信息放在"可查看"类别中。

○ 4. 将信息添加到导图中

最好在导图中添加关于信息的注释，这样你就可以集中得到项目中应当包含的所有信息。如果使用的思维导图软件允许你链接文档或网页，你就可以使用该功能链接实际工作中的参考。

下面是一幅模糊的概括图，显示的是我绘制的关于"如何使用行动导图模型"的导图上的一个行动。从左到右分别是：

- 深灰底文字：主要行动（"对于可以从实践中获益的行动，动动脑筋，想一想可以以任何形式开展的实践活动。"）。
- 白底文字：回答"什么让这些行动难以执行"的记录。
- 深灰底文字：子行动。深灰底文字的下面是关于非培训解决方案的记录。
- 浅灰底文字：活动想法。
- 斜体文字：信息。

下面是稍微清晰的概括图，显示的是信息和活动的关系。

暂时忽略客户的需求　　⊙　你是研究人们如何学习的专家，你将推荐活动的形式

专注于想法，而不是形式　⊙　你如何以 X、Y 和 Z 的形式来开发这个活动想法？　以不同形式开展同一活动的示例

动动脑筋，想一些现实性的活动，　这些例子属于实践练习还是知识测验？为什么？　示例和带说明的非示例
帮助人们进行实践练习而不是让
人们参加知识测验　　　你如何为这项任务设计实践活动？　提示如何做：找出人们不得不做的决定；让人们练习做这些决定

　　　　　　　　　基于问题的学习或发现式学习这样的时尚可能会被误用；常常过分
不要被教育领域的潮流所干扰　关注吸收信息；没有提供足够的进阶练习
学习和发展部门领导：明确设计师的工作是找到解决绩效问题的最
佳方案，而不是单纯地设计信息类的课程

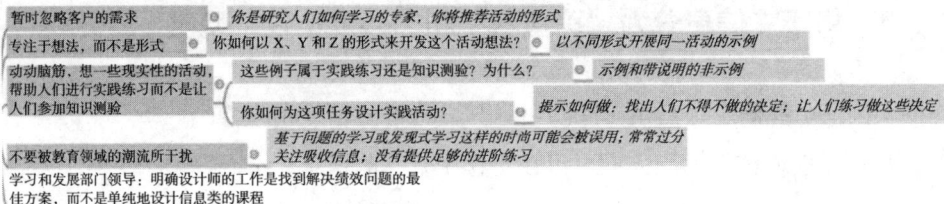

　　有些行动只需提供一些信息，无须设计对应的活动。在这个项目中，这类行动是我们希望学员听到的一些启示，它们并不是活动。我们可以通过小组讨论引出这些启示，或者可以通过活动来传递这些启示（并且用一条线把它们与相关活动相连）。

　　有些行动则需要设计对应的实践活动，这些活动将链接到斜体文字的信息。

5. 将"可查看"信息添加到工作辅助或其他参考资料中

　　帮助人们做出正确决定的信息可能已经存在于工作辅助或其他参考资料中。如果该工作辅助需要改进，添加新的信息，那么请与其所有者一起设计新版本。

　　如果不存在工作辅助或其他参考资料，你可能会想自己设计一个。理想情况下，你会设计出可用于实际工作的辅助，或者至少设计出内部网上的公开资料，供其他人使用，并将其包含在你的活动中。

→ 确定工作辅助的最佳形式

　　我所说的"工作辅助"是以任何形式呈现的参考或提醒，有助于人们遵循正确的流程或将概念应用到工作中。以下是一些例子：

- 软件中的帮助屏幕；
- 总结流程的"小抄"；
- 标准操作程序；
- 检查表；
- 决策表；
- 提示表；
- "要说之事"清单；

- 需要时弹出的提醒；
- 墙上的标志；
- 政策，最好易于理解；
- 设备上的标签、箭头和其他指示；
- 电脑上的便笺；
- 嘀嘀声，用来提醒你系好安全带。

设计工作辅助不在本书的讲述范围内。我推荐你阅读艾莉森·罗塞特（Allison Rossett）和丽莎·谢弗（Lisa Schafer）所著的《工作辅助和绩效支持》（*Job Aids and Performance Support*）。

你的主要目标应该是设计可在现实世界中使用的工作辅助。一旦设计完成，你就应当将其包含在活动中或在活动中设置链接。你在解决现实世界需求的同时，也在设计有用的培训材料。

→ 将工作辅助包含在活动中

你的活动关注的是人们在工作中必须做出的决定。你的工作辅助包含的是有助于他们做出决定的信息或提示。理想情况下，你会按照实际工作中使用的形式将工作辅助包含在活动中。

例如，在针头安全示例中，实际工作中的工作辅助是墙上张贴的一个标志。那么，如果活动采用现场培训的形式，就可以把这个标志贴在训练室的墙上；如果活动采用线上学习的形式，就可以为这个标志拍照并创建相关链接。这样可以避免重新设计标志，也可以节省时间。

你可以将工作辅助设计成可选的参考。但是，我建议你一定要把它包含在回复中。例如，在展示选择的后果之后，截取工作辅助的适当片段作为纠正性或确认性回复来提供。此外，工作辅助也可能出现在事后检视中，这是在完成几个活动或一个大型复杂活动之后进行的，我们稍后将看到。

→ 必要时压缩信息

你的支持信息应该简洁，仅提供人们解决问题所需的信息。例如，与其提供长达 10 页、冗长难懂的《反骚扰政策》，不如与该政策的提出者合作，设计一个简明、可扫描的版本，包含在你的材料中，并作为工作中的参考。你并不希望人们浪费时间和脑力搜索信息。

○ 6. 计划将"必须记住"的信息输入人们的大脑

如果主题内容专家和当前学员让你相信人们确实需要记住一些信息，你就要做一个决定：通过单独的记忆练习记住信息，还是通过在实践活动中使用信息从而记住信息？选择哪种方式取决于信息的数量和性质以及信息在工作中的使用方式。

→ 示例：学习基本的超文本标记语言

假设你公司的一些营销人员需要学习足够多的超文本标记语言（HTML）来改变现有网站的文本，从而不必依赖速度缓慢的外部公司的网站。主题内容专家为你提供了一个 HTML 和 CSS 代码列表，员工需要每天多次输入这些代码并进行故障排除。注意：列表只列出最常用的格式化代码。

你的客户希望你设计可按需使用的线上活动。这样，如果外包工作逐渐由内部完成，员工就可以在开始在线编辑之前学习必要的技能。你会如何设计线上活动呢？

如果你知道基本的 HTML，我敢打赌你的学习过程和我的一样：编辑或创建一个简单网页时经常查看代码参考。尽管没有单独的记忆练习——你可能没有制作关于 HTML 的抽认卡，但是，你的确在用心学习这些代码，因为你要经常用它们来设计一些对你重要的东西。

针对上述的 HTML 项目，我建议尝试同样的方式：设计一个参考，说明如何使用最常用的格式化代码，然后让人们在安全范围内练习使用这个参考。

首先从简单的活动开始。例如，让人们输入代码以加粗普通文本，并让他们先依靠工作辅助来学习代码。在回复中，显示错误输入代码的后果，如整个段落被加粗，并指出工作辅助中显示的正确格式代码。

然后增加活动的复杂性，直到活动要求人们完成需要在工作中完成的编辑。因为他们经常在之前的活动中使用这些代码，所以他们自然会停下当前的工作，查看相关参考，自行开启训练过程。如果需要的话，他们仍然可以在实际工作中使用参考，并且已经习惯了这种使用。

在本例中，我们在活动期间提供了参考，并在回复中显示了适用的参考片段。我们没有进行单独的记忆活动。

当然，我们完全可以跳过培训，只需在实际的网站上提供参考，但是，他们的错误可能会导致重大问题。如果我们让他们先在虚构的网站上练习，他们就不会造成重大损失。

→ 记忆练习有用吗

设计师很容易跳过设计我刚才描述的背景活动而采用记忆练习的方式，因为记忆练习更易于设计。他们完全可以购买一个在线记忆练习模板，填写诸如"哪个 HTML 代码可创建换行符"这样的问题。如果人们真的需要记住大量的数据，如学习一门语言需要记住大量的词汇，记忆练习则是有用的。

然而，在企业培训中，人们通常不需要记住大量的信息。记忆练习流行于企业在线学习的现状反映的是我们对信息的不健康痴迷，而不是对记忆的广泛需求。

例如，我们可以用一个游戏测验来查看人们是否知道反骚扰法是哪一年通过的。然而，使用测验工具就可以轻易设计这种游戏测验并不意味着我们的学员需要记住通过的日期。

记忆练习对于嵌入必要的知识，从而实现技能自动化很有帮助。例如，如果你学习一门外语时记住了 1000 个最常见的单词，你的对话就会流畅得多，因为你不需要时不时地查词典。问题是许多设计师止步于记忆练习，不去进一步设计有助于人们应用已记住的知识的活动。

一种解决方案是混合记忆练习和背景实践活动，如下例所述。

→ 示例：技术规格

假设威伯插件公司的制造厂经常从不同的供应商那里购买 loribdenum——

种含有不同量 xypheon 的天然产物。对于制作插件而言，loribdenum 中的 xypheon 含量越高，需要购买的 loribdenum 就越少。但是，xypheon 的百分比与价格则正相关。

loribdenum 的销售人员会记住一些计算和技术细节，这样他们就可以不间断地与买家交谈，而不必因为需要在智能手机上查找信息而付出社会成本。

例如，潜在客户可能会说："我们计划生产能够运行至 3000 兆位的插件。我们不希望每个插件中的 loribdenum 的重量超过 200 克，并且每个插件中的 loribdenum 的 xypheon 含量至少达到 76-filot（等级）。你能给我的最优惠价格是多少？"

因为销售人员已经记住了许多规格和公式，所以他们可以快速使用任何计算器来确定需要哪种级别的 loribdenum、客户需要的量以及需要的成本，无须查找相应的值和计算公式。

为了培训这些销售人员，我们可以将记忆练习与背景实践活动相结合。例如，我们可以先用一个游戏来帮助他们根据 xypheon 的含量记忆 loribdenum 的不同等级。然后我们可以让他们在简单的模拟对话中练习运用这些信息，这些对话中的问题集中在 loribdenum 的等级上。例如，"我需要最高等级的 loribdenum，里面含有多少 xypheon？"

我们可以继续混合记忆练习和实践活动，增加活动的复杂性，直到销售人员能够回答现实生活中出现的问题。我们可以通过间隔练习来形成长期记忆，间隔练习可以是定期交付的新活动，也可以是销售人员在与客户会面之前复习的已经练习过的活动。

○ 7. 计划提供循序渐进的活动

"循序渐进"是指随着学员技能的发展，设计更加困难的活动。这可能意味着让每个活动都变得更加困难，也可能意味着一点点去掉一直提供的帮助，也可能意味着两者的结合。

就像逐渐调高自行车的辅助轮，循序渐进的活动有助于学员牢固信念，认为

"我能做这件困难的事"而不是认为"这是不可能的"。

循序渐进的活动既可以减少学员的挫折感，也可以让学员感受到挑战。与之相比，减少挫折感的传统方法根本不让人们感受到挑战，例如，"先指导，后测试"方式就是一个例子——在要求他们尝试任何事物之前，告诉他们需要知道的一切。

通过系列活动的方式，我们想让人们应对最多的挑战，但接受最少的信息展示，从而使他们意识到自己的能力，自信地进入下一个活动。要做到这一点，需要仔细组织活动，提供适当数量的可选帮助，并设计简洁而周密的回复。

如果想尝试系列活动，你就需要问自己一些问题。

- **我应该如何安排活动？** 你可以从一些不太难的活动开始，为以后更困难的挑战打下基础。loribdenum 的销售活动就是这样一个例子。最早的活动只是要求学员正确推荐 loribdenum 的等级，而后来的活动要求学员在计算中结合该信息和其他数据来回答更复杂的问题。
- **活动期间，我应该提供多少可选帮助，以何种形式提供？** 这种帮助通常与传统培训师在活动前提供的信息相同。它可以是现实的工作辅助，也可以是分发的材料或材料的链接，还可以是简单的提示，如"如果你遇到困难，请举手示意，我会来帮助你"。
- **人们应该单独还是成组尝试这些活动？** 如果正在设计一个让团队工作变得容易的现场活动，那么你考虑让人们分组尝试这一活动。他们将结合各自不同的知识进行活动，他们的讨论还可能激发更深入的学习。
- **可选帮助和回复如何相互关联？** 前面介绍的针头安全活动给我们提供了一个例子。活动的可选帮助是现实的工作辅助，回复则强调了工作辅助中涉及正确答案的部分。可选帮助是全面的，显示了整个工作辅助，而回复只引用了可选帮助中与题干最相关的部分。

→ **示例：学习 Zeko 语**

假设我们的受众对这个话题一无所知。事实上，他们要学习的是一门我刚编好的语言。我们不可能指望人们在没有任何准备的情况下使用他们不知道的语言。或者，我们可以？

我们的（虚构的）学员就职于一家新闻机构，经常穿梭于数个国家。当到达一个国家时，他们需要迅速导航到发生灾难或其他有新闻价值的事件的地点。导航的翻译并不是随时可用的。因此，学员需要知道基本的导航术语，如"左"和"右"，以及"是"和"否"。

我们的学员想在业余时间学习一些 Zeko 语的导航词汇，这样他们就可以随时准备好在 Zekostan 完成工作任务。他们想使用自主在线学习的形式。如果采取传统的方法，我们会怎么做？

下面是一种典型的方法，我使用过的多种语言学习程序都采用这种方法：

（1）屏幕上显示几个 Zeko 语词，每个词都有对应的汉语词。学员点击 Zeko 语词可以听到它的 Zeko 语读音。

（2）使用游戏类记忆练习来测试学员是否记住了这些词。首先显示 Zeko 语词，要求人们选择对应的汉语词。然后显示汉语词，让人们选择对应的 Zeko 语词。

（3）接下来，给他们一些音频练习。读一个 Zeko 语词，让学员选择对应的汉语词。最后，读一个汉语词，让他们只根据读音选择 Zeko 语词。

（4）练习结束！

下面就是我们所做的：

- 我们通过孤立的知识点唤起学员的短期记忆。屏幕上会依次闪现"右""你好""汽车"。
- 我们把存储抽象信息的任务留给了学员。我们希望他们重新打开软件，再次进行这种记忆练习。
- 我们训练受众在他们的大脑中对词进行翻译，这是低效的。例如，他们学会 Zeko 语中的"左"的唯一方式就是将其与汉语中的"左"对应。

我们不妨尝试另一种方法。如果我们不教人们任何 Zeko 语，只是让他们去解决一个必须用这种语言解决的问题，会发生什么？如果我们连字典都不给他们呢？我设计了一个短的分支情境练习来检验这个想法。

你刚刚到达 Zekostan，这次任务是报道一个坠毁的不明飞行物。你必须先于竞争对手到达导航显示的坠毁地点，导航上显示的是你以前没有学过甚至听过的 Zeko 语词。如果可以的话，现在就试试。

这个情境练习是一个模型活动，而不是一个成熟的活动，因为成熟的活动至少可以保证所有的 Zeko 语词都有音频发音。后面更高级的活动会附带视频或者至少附带音频，以帮助人们减少对文字的依赖。

我设计这个活动是为了回应那些批评人士的观点，即让人们在没有事先被告知所有需知之事的情况下应对一个挑战是"不公平的"。我想表达的是，这不仅是"公平的"，还更加有趣和难忘。

我还想探究如何帮助人们像在现实世界中那样通过观察、尝试和犯错来学习词汇。我想做的是：

- 通过将词与特定场景和情感联系起来，使其更加难忘；
- 通过在上下文中明确词的含义，而不是仅仅将其与汉语词联系在一起，避免在大脑中进行无效率的翻译。
- 让学员尽快在（一定程度的）现实性场景应用新词，因为与现实世界相似的背景有助于回想练习的发生。
- 在故事结尾，给出一幅略图，直观地提醒学员几个词的意思，以巩固所学的内容，并提供另一种非翻译的方式来存储单词。

为了避免非常低效的教授大量词汇的方式，我们会从这样的现实性情境练习开始，然后使用更有效的活动来教授更多的词汇，然后再进行更高级的情境练习，等等。那些更有效的活动会是什么样子的呢？

我依然会使用这个故事情节，但会用一种更简洁的方式。例如，我们可以在情境练习的结尾处绘制一幅草图，显示整个坠毁现场。Zeko 语的标记只用来识别有用的项目和概念，如"山""上""下""小汽车""公交车"，以及指示四个方向的指南针。如果使用相应软件绘制，还可以点击这些标记，听到发音。

然后，以故事结尾处的略图为可选参考，学员可以浏览故事的另一章，应用略图中的新词、前一章已经学到的词，以及更早前看到的一些词。

这样，Zeko 语词就一直出现在上下文中，可以持续性地强调即时应用，并为人们提供记忆单词的多种选择，而不仅是抽象翻译。

当然，在现实世界中，我们可以提供大量的工作辅助，包括智能手机上的便捷参考，供记者随身携带。除了传统的字典应用程序，还可以尝试使用可视化的便捷参考（如坠毁点的草图），同样会很有趣。

许多设计师都会在情境练习中为学员提供这些工作辅助。这样的话，人们就不必在阅读故事的过程中借助上下文猜测某词的意思，只需查看工作辅助就可以了。然而，我想测试一种更"纯粹"的方式，通过谨慎地将新信息引入故事实现"循序渐进"。我还认为，那些需要借助上下文猜测某词意思的人与它建立的联系，比那些立即拿起词典查询这个词的人与它建立的联系更紧密。

关于 Zeko 语的活动简单而易于开发。

○ 8. 考虑包括工作实例

工作实例展示了主题内容专家如何一步一步地解决某一问题。这是一种非常有效的学习方法，可以减少你需要的活动数量。

工作实例可以是作为可选链接提供的简单演示，也可以是更复杂的内容。它可能展示某人如何完成整个任务，也可能展示某人如何完成某一任务的前几步，然后让学员自行继续后续的步骤。

如果你要帮助人们学习一个更长、更复杂的过程，那么可以考虑将一个例子贯穿于所有活动中。例如，我开设的情境练习设计课程包括一个虚构的项目和一位虚构的主题内容专家。在课程进行过程中，人们可以用虚构的项目做练习，并看到我如何完成各个步骤。这其实是建议性模型的应用。然后他们应用学到的技术去完成现实中的项目。

露丝·克拉克写道，这些实例发挥着强有力的作用，可以减少你需要的实践活动。

当工作记忆容量被用来解决问题时，留给学习的容量就变少了。但是，如果你只是复习一个工作实例，而不是解决一个问题，你的工作记忆就可以用来仔细研究这个实例并从中吸取经验教训。事实上，以实例为模型，学员有机会基于实例构建自己的心理模型。

——摘自露丝·克拉克（Ruth Clark）所著的《循证培训法》（*Evidence-Based Training Methods*）（2015 版）

○ 9. 决定何时提供信息

如果采用系列活动的方式，那么你有三种方法来存储支持信息。

A. 活动期间提供的可选信息

B. 回复或事后检视中的确认信息或纠正信息

C. 事后检视中提出的原则和总结性概念

如果想让活动更具挑战性，你可以跳过 A，专注于 B 和 C。例如，在 Zeko 语的活动中就没有提供可选帮助，而是根据你所说的内容，提供确认或纠正回复（B），并在活动结尾的事后检视略图中总结了新词（C）。

如果采用 A 并在活动期间提供信息，则该信息可能与你以 B 存储的信息重叠。例如，人们在做出决定之前查看的工作辅助（A）也可能出现在回复中（B）。

我强烈建议你不要跳过 B。在展示选择的后果之后，你应该以某种方式确认选择的正确性或纠正选择的错误。这些信息可能是可选的指导型回复，也可能是通过故事传递的展示型回复，还可能是延迟到故事结尾的事后检视，但是，这些信息一定要为需要的人提供。

推荐方式：对于大多数项目，我建议你尝试设计系列活动，而不是被偶尔的活动打断的信息展示。针对每个活动，你可以考虑以下面的方式提供信息。

- **决定点**。有选择地提供信息，如现实性的工作辅助。这些信息可以在决定点提供，人们根据需要获取。

- **回复（每个选项都要有一个独一无二的回复）**。首先显示选择的后果，然后提供纠正信息或确认信息。这些信息可能是工作辅助中相关的部分，也可能是以谦逊的方式或以小组讨论的方式提供的指导型回复。我建议将这种确认信息作为可选信息，但是，你可能会被忧心忡忡的利益相关者或用户测试说服，将这种确认信息作为显示选择的后果后自动提供的内容。

- **一系列活动或复杂分支情境练习之后的检视。** 提供检视，以便人们看到联系各个活动的原则或概念。如果人们正在学习如何处理模棱两可的情况，那么现场讨论可能是最好的方式。如果不能开展现场讨论，就试着在检视过程中提出发人深省的问题，而不仅列出各个要点。

◯ 10. 考虑如何减少帮助

在整个项目过程中，信息应该一直提供给学员，还是应该逐渐减少信息的提供，从而使学员不得不依赖他们的记忆？

如果这些活动让学员使用的是他们在实际工作中也能使用的工作辅助，就没有理由让他们记住这些信息。学员甚至可以在评估类的活动中使用工作辅助，如下所示。问号代表一个活动，而文档标志代表现实世界的工作辅助。它会一直被提供，就像在现实世界中一样。（活动顺序是先左边一列，后右边一列。）

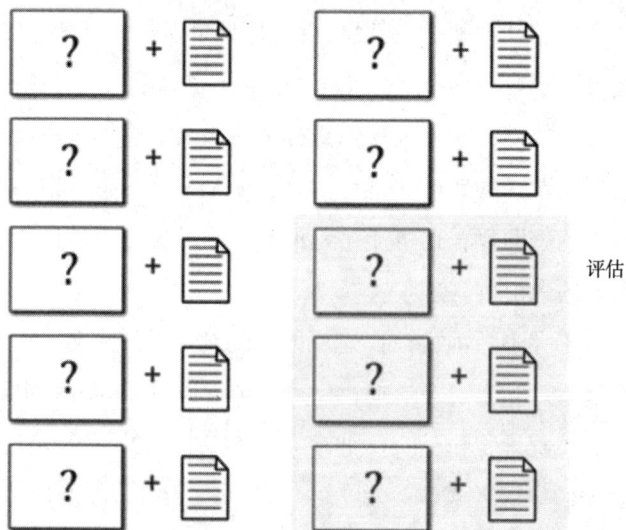

换句话说，如果支持信息最终应该被学员记住，那么可以在活动的过程中逐渐撤出（"淡化"）帮助。例如，如果帮助是一个工作实例，那么实例中展示的完

成步骤应当逐次减少，直到学员能够自己完成整个任务的所有步骤。

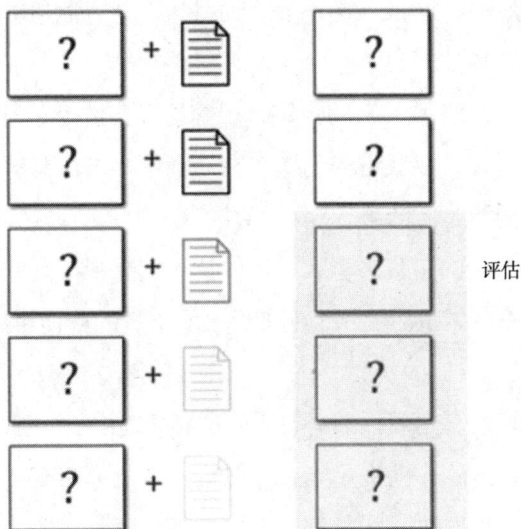

评估

○ 11. 决定如何帮助人们看到总体性概念

我们一直在关注做出正确决定所需的信息，因而很容易把注意力集中在细节上，如某一程序的各个步骤，但是，也很容易忽略学员需要掌握的基本原则、经验法则，以及其他非数据。

为了避免提供过量的信息，我们必须对需要人们记忆的信息做出一些艰难的选择。如果学员只能记住下列信息之一，你会选择哪个？

A."我们需要避免不道德行为的出现。我们应避免采取标准上正确但容易被误解的行动。"

B."我们应该拒绝价值 50 欧元及以上的礼物。"

如果只能选择一个来记忆，我会选择 A。这个原则比特定的规则更普遍适用，况且规则会偶尔发生改变，还容易以偏概全。另外，那些只记住规则而忘记原则的人会发现自己面临这种情况：

"休，竞标这个项目的另一家公司投诉了你，因为他们的竞争对手给了你一块手表。"

"但他们说这是一块 48 欧元的手表！低于 50 欧元的限额。"

"它看起来不像一块 48 欧元的手表，而且，在各方竞争如此激烈的情况下，你根本不应该接受礼物。"

由此可见，应用"50 欧元"的规定时很容易以偏概全，但应用特定的原则就不那么容易犯错，所以，在我看来，应该在培训中多加注意有关原则的信息。不幸的是，记忆练习的流行意味着 50 欧元的规定成为人们记忆的首选信息。

正如我们已经看到的，我最喜欢采用的让人们重视原则的方法是：首先进行一系列实践活动，然后做事后检视。例如，之前讲过的培训协助 A 国的 B 国军官的例子。

另一种方式是将概念学习提前，如活动本身的提示。针对协助 A 国的 B 国军官的活动，我们可以印刷一些提示卡，每张提示卡上都印有一个适用的原则或经验法则。在活动的任何时刻，学员都可以停下来，随意提取一张提示卡。提示卡上的信息可以包括：

- 在高语境社会中，即使军事领导人也需要服从集体的意志，等待集体做出决定。
- 哪种方式更可能奏效：让你身边的每个人改变他们原有的决策方式，或者你去适应他们的决策方式？
- 你的翻译可以帮助你了解当地文化，但他首先效忠的是他自己的组织。

虽然这些技巧没有上下文支撑——不是针对某个特定的决定点量身定做的，但它们有助于学员从不同角度考虑决定，并着手学习他们在该领域需要的更高层次的原则。

→ 事后检视可以把多个活动联系在一起

你采用系列活动的方式时，设计出的独立活动能够以多种方式开展，包括在线、自主、面对面等。这种灵活性有很多优点，但也很容易使我们设计出一个看似随机的、毫无关联的挑战集合。这就是为什么我强烈建议你在系列活动或整套活动之后，进行一次事后检视。

事后检视有助于人们看到连接活动的更高层次的概念——让人们从具体现象得出抽象概念，再从抽象概念回归具体现象。

例如，在第 11 章所述的协助 A 国的 B 国军官情境练习中，主持人开展了一次事后检视讨论，鼓励人们找出该情境练习旨在引出的文化概念和基本建议。讨论把焦点从具体的故事转移到了更具全球意义的抽象概念上。

对于较为简单的针头安全课程，我们可以先进行几个做决定的活动，然后要求学员找出错误背后的常见情况或失误。例如，我们可以让学员指出，在其中三个活动中，情境练习中的人物犯了错误是因为他们分了神，跳过了过程中的一些步骤。

事后检视的形式

精心引导的讨论有助于事后检视发挥良好的功效，但讨论并不总是可行的。

例如，对于自主在线学习的形式，事后检视可能仅限于一段简短的文字演示，强调活动隐含的概念或更高层次的经验。对于针头安全课程，事后检视可能是对特定错误所隐含的常见失误的极其简短的总结。相比而言，较好的方式是提出开放式问题，引导人们说出一些概念，然后在学员点击"答案"时给出对于这些概念的总结。

对于在线学习的形式，另一种形式是鼓励学员参与异步讨论论坛。你可以在这个论坛上提出问题，让人们自行总结从活动中得出的概念和结论。你提出的问题越有争议性，就越有可能引发更多的参与和思考。

邀请他人评论活动

如果你使用一个复杂的分支情境练习活动或者一个简短但有争议的活动，一个确定会引起讨论的方法就是让人们对设计提出反馈意见。例如，你可以问："目前，你希望有哪些选择？""你认为设计师为什么把这些选择排除在外？"

让学员设计或改进工作辅助

如果让学员在活动期间使用工作辅助或其他参考，那么你可以在事后检视时询问他们的意见。你甚至可以为活动提供不太完美的工作辅助，因为你知道这样可以促使学员改进它们。

更进一步的做法是，在活动期间不提供工作辅助，并要求学员在完成活动以后自行设计一个。当然，使用这一做法时你一定要慎之又慎，或者学员应当具备足够的专业知识，且在完成活动的过程中不会产生严重的挫败感。此外，你还应将设计工作辅助的行动定位为"你如何帮助实打实的新手做你刚才做的事"。

确保工作辅助包括某一程序的各个步骤隐含的经验法则或其他原则。

○ 12. 选择提供信息的形式

我们想要提供的信息包罗万象，从具体的程序步骤到高级的概念。如果想设计系列活动，我们应该以什么形式提供这些信息呢？下面给出了很多种可能性。

→ 工作辅助

正如我们所看到的，如果工作辅助对实际工作有利，就应当把它包含在活动中。设置现实性工作辅助链接或分发现实性工作辅助可能是最有效的信息提供形式，无须针对活动本身重新设计工作辅助。

→ 工作实例

工作实例展示了主题内容专家是如何解决某一问题的。对于展示的形式，可以展示几个步骤用以引导人们着手完成任务，也可以仅仅展示一些复杂的步骤，还可以展示整个过程。看到工作实例比聆听培训师描述如何做要有效得多。理想的提供方式是学员根据自己的需要决定查看示例中解决方案的某一部分以及决定何时查看。

→ **提示**

提示可以采用多种形式。工作实例或工作辅助可以作为一种提示。上面我提到的提示卡也可以作为一种提示，尽管它们不具备背景信息。

背景提示提供了学员在某一特定时刻需要的帮助。例如，当往数据库输入信息时，在一个字段处我被卡住了，不知道应该输入什么，这时出现的背景提示就是针对该字段的提示。

→ **根据重新调整用途的幻灯片制作的迷你信息演示文稿**

如果客户已经制作了一组幻灯片，如传统讲习班使用的幻灯片，用于解释如何执行任务，那么你可以在活动中将其作为可选帮助或补救信息进行回收利用。

例如，如果在一个网络研讨活动中我不确定应当做什么，那么我可以点击活动中提供的链接，看到一段简短的信息展示——告诉我需要知道什么。

如果你的某位利益相关者对于没有采用传统培训而焦虑不安，那么这有助于缓解他们的焦虑。他们习惯看的幻灯片还在，只是不会强迫每个人看。当人们要求幻灯片出现时，或者当人们在活动中做了错误的选择时，它们才会出现。

由于幻灯片是可选的，且幻灯片只围绕活动本身，因此人们会希望少一些花里胡哨的修饰。例如，当动画真的有助于理解活动中的情形时才应当被保留，如果它们只是用来让无聊的内容变得更"有趣"，则可以删除。

如果参加面对面活动的学员带着自己的笔记本电脑，或者培训教室的每张桌子上配有电脑，那么你可以在线提供迷你信息演示文稿。由于大多数传统幻灯片只是文本文档，因此你可以将它们打印出来，放在每张桌子上，作为必要的参考，不过，最好还是设计更易于浏览的传统文档。

→ **对等生成的内容**

论坛、内部博客、演示如何做某事的短视频——所有这些由学员同事创建的内容都可以为你所用。链接到特定的项目有时会出现问题，因为这类材料往往很快就被删除，但如果内容是按主题组织的，你最起码可以将有用的信息整理之后发送给学员。如果链接到特定的项目难以实现，这就是你发挥主观能动性的机会——你可以研究并提出解决方案，并推动其实施。

→ 手册、书籍和其他出版物

任何类型的出版物都可以用来支持活动，从短小的文章到整本书。

如果你想教授一些深奥复杂的内容，如培训设计，那么一本书可能是最好的选择。本书就是这样一个例子，我常用它作为我的课程和讲习班的支持信息。

在我写本书之前，客户希望我能在一天（或一小时）内"教会他们行动导图模型"。他们想要的是传统的"一剂强心针"式的培训方式，因而我试着在讲习班上展示尽可能多的信息。这样做的结果当然不是我所希望的活动丰富的培训。但是，当你单独提供出版物时，不管是一本书、一个组织完善的网站，还是其他形式，你就可以专注于设计一些实践活动，把重点放在有挑战性的领域，让出版物解决其余领域的问题。出版物可以作为活动期间的可选帮助，供人们在活动结束后阅读，以便让人们更清楚地看到他们在活动期间看不全面的大局，也可以在活动前分发，为活动做材料上的准备。

当然，这样做的缺点是，对于为期一天的讲习班或短课程，学员必须阅读更多的内容。这可能有悖于他们日常的习惯。然而，我认为，许多讲习班或课程之所以都停留在"高级概述"阶段，正是因为它们试图提供应该在课外单独提供的信息。如果我们"翻转"培训，使信息从培训事件中分离出来，就可以利用培训事件深挖实践活动，学员也可以按照自己的节奏浏览其他材料。

→ 让研究指导你的信息设计

在本书中，我们主要关注的是活动设计。信息设计是另一个庞大的主题，需要在另一本书中讲述。幸运的是，已经有几位作者写了相关图书。

我建议你找一些有研究支持的出版物，如露丝·科尔文·克拉克、理查德·梅耶、康妮·马拉默德和艾莉森·罗塞特的著作。

你没有时间读整本书吗？那么，可以在网上搜索"多媒体设计原则"，你就会得到相关研究的总结。这些研究不仅涉及在线学习的信息呈现，还涉及任何形式的信息呈现。这些都是很多设计师从未学过的重要原则，因此值得花 30 分钟仔细阅读。

○ 系列活动方式的原则

这里总结了指导系列活动方式的原则。

系列活动方式的原则

（1）活动应当有助于人们在现实性背景下练习他们将来在工作中需要做出的决定。

（2）活动应当针对常见错误，并支持旨在实现项目目标的行为。

（3）活动应当针对特定的工作角色和不同的专业水平，不应当对所有人一概而论。

（4）设计师应当让人们自主地提取信息，而不是"填鸭"信息，也就是说，活动之前不提供大量信息。信息应当作为活动期间提供的可选帮助，或者作为活动后提供的反馈，或者结合二者。

（5）活动应当模拟真实世界中信息的使用。例如，如果工作辅助在现实世界中经常被用到，那么，它将作为可选信息包含在活动中。不要要求人们记住工作中不需要记住的信息。

（6）回复应当首先显示选择的后果。每个选择都对应独一无二的后果。

（7）若选择的后果是确认选择的正确性或纠正选择的错误，则提供指导型回复，内容包括支持信息的相关部分，如工作辅助的一部分。指导型回复可以立即出现，也可以延迟出现，而且是可选的。

（8）早期活动应当旨在发展可在后期活动中使用的基本技能。

（9）复杂活动或成组活动之后需要进行事后检视，让人们看到活动之间的联系和活动可以引申出的概念。

（10）活动设计应当体现灵活性，可以在不同的时间以不同的形式开展。活动可以包含在一次培训事件中，也可以按需使用，还可以在一段时间内间隔提供，等等。

○ 项目示例

下面是一些虚构项目和真实项目的例子，展示了如何应用上述原则。当阅读每个例子时，考虑一下它是否涉及了所有原则，又跳过了哪些原则。

→ 针头安全

我们已经在针头安全课程中讨论了一个虚构的例子，其中包含了作为可选帮助的现实性工作辅助。可选信息是循序渐进地提供的。

工作辅助的一部分将显示在回复中，以确认选择的正确性或纠正错误。这样，回复中既可以显示发生了什么（玛格达被感染），也可以告诉我们应该做什么（工作辅助上被标记的地方）。

项目中的其他活动遵循相同的形式：以实际工作辅助或程序的形式提供的可选信息，用来支持做出决定。回复显示决定的结果，以及工作辅助或参考的相关部分。

如果我们将这些活动作为一次培训事件（如在线课程）开展，那么可以让学员先应对比较容易的挑战（如玛格达的活动），然后逐渐增加挑战的复杂性。或者，我们可以根据概念对活动进行分组，如将所有出现干扰因素的活动分成一组，从而帮助人们看到活动间的联系。无论采用哪种方式，学员都可以专注于适合他们工作的活动，我们会在课程结束时做一个总结，突出相关要点。

一开始，客户对原则 10（活动设计的灵活性）不感兴趣，只想要一门正式的在线课程。但是，随着课程效果的不断显现，他同意以独立活动的形式提供间隔性的实践活动。

→ 插件销售

让我们重新回到我们与阿诺的项目，这个项目的目标是让销售人员成为插件购买者的"值得信赖的顾问"。我们要设计一个活动，帮助学员应对客户对发热现象提出的反对意见。我们可以通过什么样的方式将支持信息包含在活动中？

我们不打算在这个活动之前展示"应做之事"和"不应做之事"。我们会在活动之前提供一条简短而鼓舞人心的信息，告诉学员他们的目标应当是成为"值得信赖的顾问"，以及这对销售人员有益的原因，然后再开展活动。人们完成系列活动时会学习相关的技巧，而活动之后的事后检视环节会将这些技巧串联起来。

首先，假设我们采用的是在线学习的方式，因为这最容易展示说明。下面是活动的起始状态。我们如何循序渐进地帮助毫无准备的销售人员选择"值得信赖的顾问"选项，而不是选择常见的错误呢？

你要接待一位叫拉维的新客户。

"我想看看 J-12 插件，"拉维说，"达到 79 兆位时，它依然有足够的动力快速运转。但我听说它会产生很多热量。"

你会怎么回答？

☐ "我们的研究表明，发热不会导致 J-12 插件出现问题。你想看看测试结果吗？"
☐ "实际上，J-12 插件只能达到 60 兆位。如果你要求快速运转，我建议你购买 K-77 插件。"
☐ "你指的是《插件世界》上的测评吗？"

一种简单的方式是创建一个提示列表，帮助销售人员从对产品性能的关注转向对更感性的概念——"信任"——的关注。该列表将成为可用于实际工作的复习辅助，帮助人们记住该做什么，并且，我们还将在活动中设置相关链接。

我们如何确定回复中应该出现的信息呢？一种方式是显示"提示"文档的适当片段。我们既可以将其设计成可选的（我建议这样做），也可以让其在回复屏幕上自动打开。

你要接待一位叫拉维的新客户。

"我想看看 J-12 插件,"拉维说,"达到 79 兆位时,它依然有足够的动力快速运转。但我听说它会产生很多热量。"

你会怎么回答?

- ☐ "我们的研究表明,发热不会导致 J-12 插件出现问题。你想看看测试结果吗?"
- ☐ "实际上,J-12 插件只能达到 60 兆位。如果你要求快速运转,我建议你购买 K-77 插件。"
- ☐ "你指的是《插件世界》上的测评吗?"

提示

"你的研究确实显示发热不会产生任何问题,这点我没有疑问,"拉维有点恼怒地说,"但是《插件世界》进行了严格和独立的测试,他们发现,发热会产生问题。你能跟我解释一下这是怎么回事吗?"

- ○ 表现出你对业界的这个说法了如指掌。
- ○ 乐意讨论对自家产品的批评。
- ○ 不要用自家的研究直接反驳客户确信的内容。

再试一次

提示

由于这次培训的重点是改变品牌特性,因此我强烈建议将面对面会议纳入项目,最好是间隔性地多次进行。"一剂强心针"式的在线课程或者为期一天的讲习班不太可能有太大的效果。

现场版本

我们如何在现场培训中使用同样的方式?

让我们以最困难的情况为例——为每位学员定制信息:由一名主持人和几名学员组成的面对面会议。

所有销售人员都聚在一个房间里接受"培训"。他们意识到自己应该调整目前的工作方式，但还没有得到确切的指导。如果不提前展示所有的"应做之事"和"不应做之事"，我们该如何在活动中提供可选帮助呢？

许多培训师会选择角色扮演的方式。我们可以先尝试这一方式。你觉得以下角色扮演的想法怎么样？

> 学员两两成组。一名学员扮演担心 J-12 插件会发热的客户，另一名则扮演销售人员，他们需要使用打印出来的提示页上描述的"值得信赖的顾问"模型来应对客户的担忧。好，表演开始！

角色扮演会发生什么呢？这些虚构的对话会向各个方向发展，因为假扮的客户和销售人员都在从无限的选择中做出选择，然而，这些选择无法构建我们的观点。

如果我们不去限制"客户"说的内容，并且没有告诉他们对话的重点，那么他们会想到什么说什么。原本，我们所做的一切分析都是为了找出常见的错误、这些错误造成的后果以及最佳选择，但角色扮演让我们无法实现上述三点。由于对话的无限可能性，我们最终可能根本得不到明确的观点。

对此，一种解决方案是设计附带有限选项的情境练习，这些选项旨在展示最常见的错误，然后分发或共享情境练习，并讨论选项。在讨论过程中，有些人可能会查看提示列表，有些人可能不会。

那些使用可选信息并因此主张不同选择的人，可以向其他人解释他们为什么做出这样的决定，这既加强了他们自己对提示的理解，又在整个小组对提示进行了宣传。

进行几次结构完整、重点突出的活动（这样的情境练习）之后，再进行自由的角色扮演可能更合适，因为人们此时已经对自己的目标有了更清晰的认识。

　　在之前我们曾研究过的另一家插件公司的例子中，他们的销售人员就是经过了几次分支情境练习，并就练习进行了异步讨论之后，才聚在一起进行角色扮演的。角色扮演时，我们为每位假扮的客户提供了一份文档，文档里描述了他们的需求、他们之前使用插件的经验以及他们愿意支付的价格，从而使对话重点突出。

→ 诺亚和布莱恩

　　前面我们研究了一个在决定过程中故意不提供帮助的活动——"如何管理项目经理"，这个活动旨在帮助学员停止微观管理，并培养他们作为项目经理应当具备的相关技能。

　　在第一个分支情境练习中，我们保守了一个秘密——不告诉学员我们希望他们改变之前的工作方式，直接给出了一个情境练习，旨在诱导他们进行微观管理。针对练习，我们给出了几个微观管理选项以及一个偏技能培养的选项。

　　在大多数情境练习中，学员得到的唯一回复是他们选择的后果。在故事情节结束之前，不会出现任何指导型回复，如下面的情节图所示。

　　每个菱形代表情境练习中的一个决定点。每个决定都会导致一个新的决定点，该决定点描述上一个决定的后果，并要求做出下一个决定。每段故事情节结束之前，不会出现指导性信息。

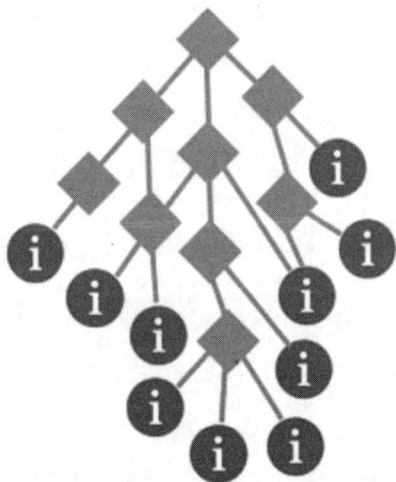

诺亚和布莱恩这一故事的情节在某些方面是相互关联的：选择微观管理选项的人得到的后果是他们的项目延迟交付。他们有机会意识到自己走错了方向，从而开始选择偏技能培养的选项。当我说分支结构是回复的一部分时，这就是我的意思——人们知道故事进展不顺利，但有更好的发展路径，所以他们开始选择不同的路径，试着到达那个更好的发展路径。

在故事情节的最后，我们描述了最后的场景，给出了最后的指导型回复。下面就是一个例子。在描述了一个糟糕的结局——项目延迟以及诺亚和布莱恩之间的摩擦之后，我们提供了一个链接：为什么会发生这种情况？ 下面是点击链接之后展示的信息。

> **为什么会发生这种情况？**
>
> 你两次介入诺亚和布莱恩之间，为的是让他们知道你愿意做他们的裁判。结果，他们不断向你反映他们本应该能够自己解决的问题。你也给诺亚留下了这样的印象：他不必亲自与人打交道，只要坚持要求人们按时完成工作就可以了。这无助于他在未来的项目中取得成功。
>
> 然而，你本可以培养诺亚的技能，让自己从纷争中解脱出来。了解更多。

点击"了解更多"之后，会简明扼要地展示某一模型，突出了模型的几个要点。然后，另一个情境练习开始，旨在说明前几个要点。一个个情境练习让我们一步步深入了解模型——了解更多关于它的知识，并将其应用到更多的情境中。

几次情境练习之后，我们会开展一次事后检视（最好以现场讨论的形式开展），帮助人们消化所学，讨论情境练习的发展细节，并考虑如何将模型应用到他们的项目中。

为了加强学习效果并提供更深入的学习，我们偶尔会向学员发送额外的情境练习，或者利用定期会议开展实时情境练习，并以模型摘要作为支持。

→ 跨文化项目

我们还研究了"士兵面临的跨文化问题"培训。该项目中的活动以分支情境练习的方式开展，且每个活动均不提供可选帮助或指导型回复。回复和信息均被延迟到事后检视中提供。你觉得我们为什么选择延迟？

一个原因是延迟回复会让情境练习更逼真。当你在现实生活中与人交谈时，没有人会打断你，告诉你做错了。

我们之所以选择这种方式，也是因为它符合士兵的喜好。我们采访他们时，他们明确表示：他们喜欢分组学习，从其他士兵身上学习经验，他们不喜欢外人告诉他们该怎么做。我们就是"外人"，所以最好让其他士兵提供信息或回复。

结果，这些情境练习只显示了推动故事发展的回复，信息和强调相互关联的概念则依靠士兵主导的讨论与事后检视来提供。没有外部专家给士兵讲课。

本项目中的情境练习曾用于远程课堂培训。我建议客户扩展对情境练习的使用，可以在士兵部署期间以现场或在线的形式提供，以加强学习效果并充当即时实践。例如，一位官员第一次与部落首领会面之前，可以进行类似的涉及原则 10 的互动练习。

→ **练习：你会怎么做**

下面是两个项目，分析表明，通过一些培训会对项目有所帮助。你将如何组织活动和信息来应用系列活动原则？

（1）在一个深受性旅游者欢迎的地区，来自一家连锁酒店的客户希望酒店员工认识到并适当应对可能发生的贩卖儿童事件。由于这些酒店分布的区域很广，彼此相距较远，客户需要一个在线解决方案。为了简化材料管理，他们希望为所有员工开设同一门课程，涵盖家务、接待和安保等工作。你将设计什么类型的活动和信息，以及如何涵盖如此多的工作角色？

（2）来自一家体育用品连锁店的客户希望管理者更支持他们的团队成员。客户希望管理者使用一种新的管理模式，还希望结合在线学习和面对面讨论两种形式。你会提出什么样的解决方案？

首先，在这两种情况下，我们都会与客户一起制定一个项目目标，列出人们需要做的事情并确定这些事情的优先顺序，并查找他们不做这些事情的原因。然后，**对于可以通过培训改善的行为**，我们可以采取以下方式。

（1）**认识到并应对可能的贩卖儿童事件**。在这个现实性项目中，我们设计了一套迷你情境练习。每个场景都描述了可能出现的可疑情况，例如，一男性外国人与一名当地女孩一起入住酒店，该女孩可能超过或不超过承诺年龄（可以结婚或进行性行为，而不触犯法律的最低年龄）。学员必须决定情况是否可疑到足以采取行动，以及应该采取什么行动。当需要采取行动时，通常很简单：告诉你的老板或拨打救助热线。

根据客户的要求，这些活动被打包到一门在线课程中。课程的第一个屏幕并没有显示信息，而是激励人们接受应对贩卖儿童的挑战。学员从简短的列表中选择各自的工作岗位，然后立即开始进入与他们的工作岗位相适应的情境练习。

一些情境练习可应用于多个工作岗位。例如，酒店管家和保安都可以看到走廊上的可疑行为，因此这两个工作岗位都可以使用走廊情境练习。其他情境练习是用于特定工作的，例如酒店管家在一个房间里看到了大量的儿童照片，这显然不正常。

情境练习之后的检视强调了练习阐明的原则，并鼓励学员采取适当的行动。

我建议，课程结束后，每隔一段时间发送额外的情境练习，以提醒人们注意这些原则，并把关于原则的信息呈现在他们面前。基于真实事件设计情境练习，展示学员同伴所做决定的真实结果也可能会对项目的效果有所帮助。

还有一些环境问题需要克服，如不愿意挑战酒店客人的文化。除了确保管理者支持打击贩卖人口，还有一种方式是让一名曾经被贩卖的儿童描述其如何得到愿意采取行动的酒店员工的帮助。这可以是课程的一部分，也可以是事后检视的一部分。这种方式可以通过激励性的文字描述呈现，也可以通过让儿童在面对面会议上亲自讲述实现——这将更令人难忘。

（2）让商店管理者更加支持自己的团队。我做过类似的项目。这类项目的最突出问题是员工提交了伪造的绩效报告。在分析过程中，客户认识到，员工这样做是为了在竞争文化中生存，而在竞争文化中，他们很少得到管理者的支持。客户决定尝试通过让管理者更加支持自己的团队来改变企业文化。

一些管理者不存在是否支持团队的问题，而另一些管理者存在这类问题。客户采访了一些管理者，目的是找出成功的管理者在管理上有何不同之处。利用这些信息，客户编写了分支情境练习，旨在让所有管理者了解他们支持团队成员与否将产生何种后果，并让他们应用新的管理模式。他们还为管理者安排了面对面讨论，将出席人员限制在特定角色上，以确保敏感问题可以被自由讨论。

我建议让管理者开展面对面讨论之前，先进行一次持续时间较长、题干条件理想且富有争议的分支情境练习，而不必对新的管理模式有任何了解。这种情境练习将有助于激发和组织管理者面对面讨论竞争文化问题，并改变自身在竞争文化中扮演的角色。

在随后的现场讨论期间，管理者可以分成人数较多的组再次进行之前的情境练习，或与之类似的情境练习，这次可以在做决定时应用新的管理模式。这将有助于他们认识到该模式推荐的选择，并了解选择产生的结果，同时给他们机会讨论应用该模式时面临的任何阻力。

然后，我把管理者分成四人一组，在笔记本电脑上共享或者打印到纸上分发另一个情境练习，并为每个小组准备新管理模式的摘要作为参考。我还借鉴了"士兵面临的跨文化问题"项目中使用过的一个很有效的想法：让每个学员使用一个选择，并且一直为这个选择辩解，不管他们是否同意选择的内容。举个例子，史蒂夫要一直尽可能地为 B 选项辩护，不管 B 选项的内容是什么。

要求人们为"不好"的选择辩解，有助于开启更深入的讨论，揭示影响决定的容易引发问题的观点。这也有助于专业人士换位思考，提高他们帮助同事的能力。

我建议进行一次大群体的事后检视，在检视过程中，每个人都可以讨论新的情境练习出现的问题，新的管理模式应用于情境的方式，以及情境与学员在工作中面临的挑战有多大程度的相似（或不相似）。接下来，可以进行小组讨论，让人们分享他们目前面临的挑战，然后进行结构化角色扮演，让他们练习将新模式应用到这些挑战中。我还建议他们在定期区域会议上继续开展几次新的情境练习（间隔练习），然后进行更多的面对面讨论。在这些会议上，公司领导要明确表示他们支持管理者改变管理方法。

○ 常见问题

→　**你的客户或主题内容专家期望得到传统的"先指导，后测试"培训**

- 暂时忽略他们的期望，不要向仍在使用学校模式的任何利益相关者展示你的活动草稿。用你设计好的模型活动试探他们的反应。

→　**你担心学员的文化背景或组织文化会使活动优先的方式失败**

- 具有某一文化背景的人的确不愿意在没有准备的情况下尝试新的活动，特别是在公开场合，因此这是一个合理的担心。然而，在让这种假设限制你的想法之前，你可以先设计一个模型活动并对其进行测试。

→　**你确信利益相关者会坚持让所有人都能接触到这些信息**

- 如果你百分百确定你将被要求"向"人们"披露"特定信息并跟踪信息的披露情况，并且这种确定是基于你已经邀请利益相关者参与了问题分析的过程，且已经确定"信息披露"不可能是解决方案，那么你可以考虑采用我在本书开篇部分提到的安娜所采用的方法。每当学员选择如何处理针头之后，出现的回复不仅显示了选择的后果，还显示了正确做法的信息。这样，每个人都"接触"到了所有信息，只是接触信息的方式并非观看传统的信息演示文稿，而是在做出选择后看到回复中显示的正确做法。

- 根据信息的类型，另一种方式是将所需信息放入简单的参考文件中，如 PDF 文件。如有必要，让学员签字确认或点击确认，表明他们已经恰当地接触了信息。当活动要求人们在现实性的情况下应用信息做出决定时，提供该参考作为可选帮助。这样，你就不必用华丽的装饰或训练性游戏让信息展示变得具有趣味性，从而可以专注于设计让人们应用信息的活动。

第 13 章

建模并优化模型

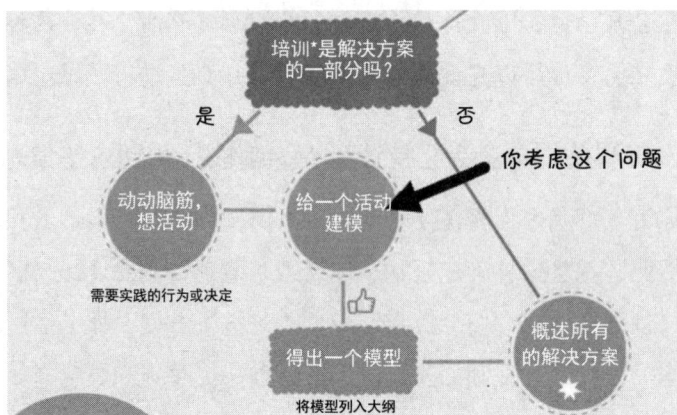

任务内容	任务由谁完成	完成任务需要的时长
使用最少的图形，不用多余的装饰，设计出可用的模型活动。 让主题内容专家检查模型活动。 了解客户对模型活动的意见。让学员测试模型活动	你自己完成建模或监督模型活动的完成。请主题内容专家、客户和未来学员对模型活动提出反馈意见	所需时长取决于模型活动的复杂性以及需要的返工量

成果：通过创建一个非常简单的模型，你将：

- 让学员专注于认知上的挑战，而不是表面的装饰；
- 让利益相关者自己发现，根本不需要浪费时间去设计多余的装饰，依旧可以实现挑战的趣味性。

你已经完成的工作

通过前几章，你已经了解了如何设计一个具有代表性的活动。现在，你将把该活动转换为实用的模型活动，以你认为的最佳形式（无论是在线学习、现场培训还是其他形式）进行测试。

一旦模型活动得到优化和批准，你就可以用它作为编写和制作其他活动与材料的指南。

你将要做的工作

你将要：

（1）完成模型活动的设计（即使面对面活动的模型）；

（2）准备好回答主题内容专家和客户提出的问题；

（3）让主题内容专家检查模型活动；

（4）了解客户对模型活动的意见；

（5）确保不需要其他人批准活动；

（6）让学员测试模型活动。

让谁参与

你需要以下人员的配合：

- 客户和主题内容专家；
- 任何可能对你的想法拥有否决权的人；
- 少数学员；

- 开展最终的活动会用到的技术或环境（如笔记本电脑、培训室等）。

○ 1. 完成模型活动的设计

在本书中，我重点阐释了带有多个选择的决定活动，所以，你很可能设计出一道多项选择情境练习题。在本章中，你将设计它的实用初稿，初稿的形式与之前讨论确定的活动形式相同。

模型活动是你认为对学员有帮助的活动类型的工作实例。它看起来像一个初稿，但当作实际活动开展。我强烈建议你为所有类型的活动建模，即使你正在计划设计一些多媒体使用量少的活动，但自我感觉这些活动的差异不大。

当提及"模型活动"时，大多数人都会想到在线学习。在线学习模型活动是最终活动的一个非常基本的、实用的版本，没有分散注意力的颜色或装饰，如下面的在线学习模型活动。在此模型活动中，可以点击最终活动中所有可单击的内容。你可以在 PowerPoint 中设计它，也可以在 Balsamiq 这样的模型工具中创建一个图像，然后在 PowerPoint 中添加图像按钮。这里显示的示例是我使用 Balsamiq 和智能手机上的快速绘制草图软件设计出来的。为了让它具有互动性，我会使用幻灯片设计或在线学习工具覆盖透明按钮。

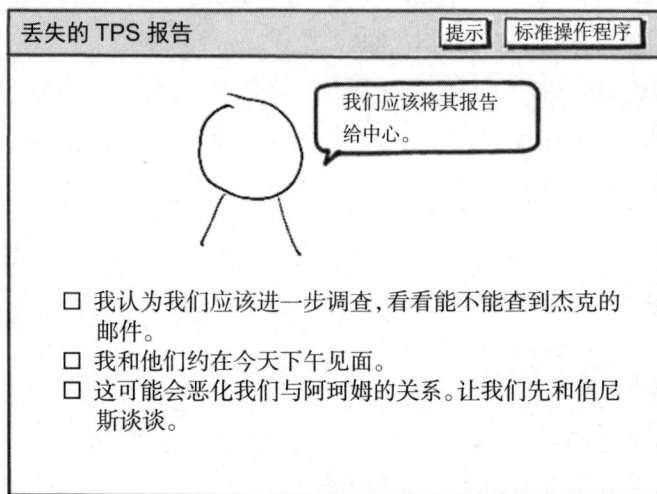

→ 模型活动并非仅限于在线学习的形式

正如我们之前看到的，你可以设计一道多项选择题，并将其用于面对面培训、实时在线研讨会或自主在线学习等多种形式。在本章中，你将测试所选的形式。

除了上述形式，还有一种形式是将问题的选项转移到主持人的台本上。这样，在现场讨论会中，主持人可以先提出问题，引发开放式讨论，再使用台本上的选项将讨论引向常见的错误及其后果。

→ 模型活动很管用，但不好看

你的目标是设计活动的工作实例版本，并且，显然这个版本只是一种初稿。

即便你用到了幻灯片或其他视觉手段，依然要让它看起来像一幅黑白素描。这样，我们就会关注于挑战本身、信息的提供方式以及回复的给出方式。这让我们少走弯路，无须费时讨论一些与活动本身无关的问题。例如，"你必须把这个蓝色改成品牌的蓝色——那种蓝叫什么，天蓝还是……？而且标志应该更大，而且……"

如果你的活动只是讨论，请为主持人准备一份提示台本或详细的讨论要点。

如果你正在设计在线学习活动，请设计可点击的幻灯片，以便复审人员能够体验如何请求帮助，点击某个选项时会发生什么，以及他们是否可以返回重选。同样，这些幻灯片也应该看起来像黑白草图。

我见过设计师使用剪贴画网站上的免费照片或卡通形象制作模型活动。但是，在本应具有挑战性的专业活动中看到一张俗气的股票图片只会分散人们的注意力，所以我建议你坚持使用白底黑字和线图。

→ 考虑单独获取视觉创意的反馈

如果你使用视觉媒介开发活动，请考虑设计一些情绪板，显示不同的颜色以及"感觉"到你正在考虑（某事）。在复审人员体验过模型活动后，可以向他们展示情绪板并了解他们的意见。

一个典型的情绪板就像一幅拼贴画，展示各种插图或照片风格、颜色和字体，也许还展示你正在考虑使用的布局。之所以称其为"情绪"板，是因为所有这些元素放在一起会产生情绪反应。你可以从网上或杂志上找到相应的例子。情绪板并不是你想要创造的真实图像，只是展示相同的"感觉"。你可以将它们随意地排在海报或虚拟图板上，每个情绪板对应一种"情绪"。

例如，如果你计划设计一个视觉内容丰富的分支情境练习，你就可以设计两到三个情绪板，展示视觉设计的不同方式。一种会以柔和色调的连环画风插图为特色，而另一种会展示明亮色调的真人照片。你应当考虑听取利益相关者和未来学员对这些情绪板的意见，并向他们明确，这些只是对外观和感觉上的想法，而不是你真正期望使用的内容。

当设计情绪板时，请认真考虑视觉风格传达的信息。例如，企业在线学习的一种趋势是使用明亮色调的卡通人物或成人图库照片，照片中的成人会展示滑稽的极端情绪。设计师试图为活动注入乐趣，但使用这些图片等于对学员说："我们认为应该像对待儿童一样对待你们。"

如果客户明确要求这些潜在的问题风格之一，那么你可以顺从地设计情绪板，并且设计更微妙的"成人"板，然后看看学员更喜欢哪种。我在讲习班期间所做的非正式调查表明，学员更喜欢连环画风图片，其次是孩子气的卡通画，最后是情绪表现过度的图库照片。

→ 不要害怕使用文字

如果正在开发可用于在线学习的活动，并且开发预算有限，请你考虑设计纯文本模型活动。当人们完成挑战后，问他们是否注意到活动中没有出现图片。如果这个挑战很有趣，人们通常不会注意到有没有图片或者不关心有没有图片，因此，你可以考虑最终开发纯文本情境练习。

通常，客户是期待图片和装饰并假设学员会拒绝文本的人。如果你的客户就是这样，你可以让他们观察学员测试模型活动的整个过程，这样他们自己就能听到学员其实并不在乎活动是否是纯文本。

本章会对制作材料做更多的讨论。目前，你正在设计的是相当精简的模型活动，不应该在如何添加图片上花费太多时间。

○ 2. 准备好回答主题内容专家和客户提出的问题

如果一直在应用本书中的想法，那么你开发的活动可能与主题内容专家和客户习惯接受的不同。因此，你需要针对他们关心的问题准备一些答案。

例如，如果猜测客户或主题内容专家会担心你不公平地让"没有任何知识准备的人参加活动"，那么你可以计划向他们描述关于生产性失败的研究发现，列举我们之前在关于设计系列活动的章节中谈到的研究。你还可以计划向他们说明活动中提供的可选帮助，并解释为什么以某种方式提供帮助。

○ 3. 让主题内容专家检查模型活动

在向客户展示模型活动之前，先让主题内容专家检查。这样，客户就不必担心内容的正确性，从而可以专注于活动是如何开展的。

通常，最好安排一次与主题内容专家的面对面会议，或者至少是在线会议。会议有两个目标：

- 让他们纠正内容；
- 让他们对活动如何开展给出意见。

如果开发的活动与他们过去接受的活动有很大不同，那么你可以先向他们展示另一个项目的类似示例。假设使用的是系列活动方式，你同样要向他们明确在活动之前没有信息显示，因为这对他们而言可能是一个全新的、令人担忧的想法。

然后，让他们以学员的身份完成你的活动。你的主要目标是让他们自己体会到以下内容：

- 他们可以在没有事先信息转储的情况下解决问题；
- 直接参加一个具有挑战性的活动更具吸引力；
- 显示后果的回复更令人难忘；
- 当他们被允许按需获取信息时，他们觉得自己的智力受到了尊重；
- 他们确信自己可以直接参加下一个活动，无须费时观看宽泛的信息展示。

如果内容有问题，主题内容专家就会先关注内容方面的问题，因此，如果可能的话，在会议期间就着手编辑模型活动。只要主题内容专家对内容满意，他们就可以将更多的精力放在实用性上。

一定要把握好主题内容专家的期望值。例如，如果你计划让主题内容专家有所期待，你就会说"已完成的活动中将会出现照片"，但是，请不要让主题内容专家假设已完成的活动中将会出现成堆的照片。与主题内容专家习以为常的活动相比，你会将更多的预算花在设计挑战上而不是设计呈现效果上。

如果主题内容专家对你设计的某个方面严肃地提出了反对意见，那么请让他们了解，你已经了解了他们的担忧，但是，在客户看到模型活动之前不要向主题内容专家承诺你会对活动进行修改。

○ 4. 了解客户对模型活动的意见

一旦主题内容专家确认内容准确无误，你就可以让客户体验模型活动，并给出反馈意见。如有必要，先向他们展示其他项目的模型活动，指出该活动缺少信息转储，并准备好回答他们最可能提出的反对问题。

如果运气好，客户会说"让我们随后听听学员的想法"。如果运气不好，客户会坚持让你在学员测试之前对模型活动进行改动。如果改动很大，如把活动变成信息展示和测验，你就要试着说服客户先让学员测试活动，然后再根据他们的想法进行改动。

"应当让学员拥有最终的决定权"，这样说的原因有很多：他们的人数远远超过客户，他们最清楚自己喜欢什么，他们将不得不使用你提供的材料。

○ 5. 确保不需要其他人批准活动

在目标制定会议上，你应当问一下（我希望）是否还有其他人需要参与活动的策划和分析，这样做是为了避免最终活动遭到任何意外的否决。

现在是再次提出这个问题的好时机，因为你将花费大量时间去制作材料，一定不希望最终制作好的材料意外地被某人否决。此时，你的客户可能希望让法律团队参与进来，或者增加另一层级的主题内容专家，你就要将所有可能的人士都纳入进来，获取他们的意见，以免浪费时间开发一堆他们会拒绝的活动。

到目前为止，客户应该已对项目有足够的信心，他们会明确新的复审人员的职责——只是就特定活动的内容和实用性提供反馈意见，而不是就整体方式提出质疑。在与新的复审人员的沟通中，你还想强化这一信息，从较高的层次描述已决定的内容，并明确表示希望他们对内容的准确性和活动如何进行提供反馈意见。

○ 6. 让学员测试模型活动

→ 测试一个还是多个

一旦主题内容专家和客户批准了模型活动，你就可以下定决心制作了。同时，你还要思考这样一个问题：仅让一些学员测试一个活动是否值得，还是应该准备更多的活动让学员测试？

如果活动是一道简短的、单一场景的问题，你就可以考虑多准备一些模型活动。这样，学员就无须对一道用时 30 秒就可以回答的问题给出反馈意见，而是可以体验到系列活动产生的效果。完成这些以后，你需要与主题内容专家合作，获取所需的详细信息，并使用与开发第一个模型活动相同的技术。

→ 需要多少学员进行测试，单独测试还是集体测试

你不需要一大群学员。只要学员具有代表性，那么五名足矣。

当然，学员的多少取决于很多因素，如项目的成本，与以前的项目有多大程度的不同，以及失败可能产生的成本。你需要足够多的人来获得有代表性的反馈意见，但也不能太多，因为如果这样的话，测试就变成了进行整个项目。

我很幸运地以小型焦点小组的形式进行了学员测试，即使最后的活动应该由学员独自完成。小组成员对于活动的争论比个人对活动的反馈更能激发出改进想法。

让学员进行测试时使用的技巧应当与让客户和主题内容专家进行测试时使用的技巧相同，尽管这次测试的目的不是试图让学员相信设计的可行性，只是想从学员层面获得更全面的反馈意见。

→ **邀请学员对活动提出批评**

鼓励参加测试的学员提出改进建议。这对情境练习尤为重要，因为情境练习中的故事如果是没有说服力的或虚假的，就会严重影响学员的兴趣。你应当清楚地表明你想要他们对一切细节提出反馈意见，并且不会把批评当真。

→ **"但我没有任何途径接触到学员。"**

不幸的是，客户通常期望培训设计师独立于学员工作。就算你的客户这样期望，你仍然可以进行远程测试，如在线上虚拟会议室中进行。如果要测试的活动以网络研讨会的形式开展，那么远程测试实际上是一个不错的想法。

如果由于某种原因，你完全无法接触到受众，就需要依赖主题内容专家或客户代替你观察学员测试模型活动的情况。测试可能只需要 10 分钟，因此不需要他们花费太多精力。如果他们真的觉得这很费力，你就可以以此作为向他们要求直接接触学员的筹码。

○ 考虑展示你计划如何制作在线学习活动

如果计划制作在线学习活动，那么你可能计划将预算用于设计富有挑战性的、现实性的活动，而不是把大部分预算花在旁白和各种装饰上。然而，客户和主题内容专家可能会期待花里胡哨的活动装饰。

为了避免令人不悦的惊喜，你可以在建模阶段增加一个步骤。在模型活动得到利益相关者和学员的批准后，你可以使用计划用于所有活动的同一媒体手段制作一个模型活动，或者更多的模型活动，然后让客户和主题内容专家尝试制作好的活动。不要刻意指出活动缺少装饰，应当将尝试活动单纯地定义为"测试在线学习活动"。

在他们尝试这些活动之后，询问他们是否注意到活动缺少装饰。例如，没有旁白或飞来飞去的重点演示标志。通常情况下，他们不会注意到这些，你也借此表明了自己的观点——装饰并不是必需的。如果他们对缺少装饰表示担忧，你可以提出建议：先听听学员的想法，根据他们的想法进行改进，然后让学员测试改进后的活动。

○ 分支情境练习需要特别的关注

如果活动采用的是分支情境练习的形式，我建议你首先向利益相关者展示另一个项目的实用性分支情境练习，这样他们就能对模型活动有一个基本的概念。然后经过四轮建模过程，最终完成模型情境练习。

→ 第一轮：获得人们对两到三个典型决定点的反馈意见

首先，获得人们对典型决定点的反馈意见。一个决定点往往是一道多项选择题。你可以摘取分支情境练习中的一个决定点作为模型活动。

例如，我们之前提到的关于回应拉维对于插件发热现象的担忧的多项选择题，就是一个较长的情境练习中的决定点。一旦学员做出决定，他们就可以进入另一个决定点。该决定点包括以下内容：

- 之前做出的决定产生的后果（拉维的回答，如他提出的让人恼火的问题）；
- 要求做出另一个决定的问题（"你会怎么回答"）；
- 另一个决定的选项。

例如，下面这个决定点：

你要接待一位名叫拉维的新客户。

"我想看看 J-12 插件，"拉维说，"达到 79 兆位时，它依然有足够的动力快速运转。但我听说它会产生很多热量。"

你会怎么回答？

A. "我们的研究表明，发热不会导致 J-12 插件出现问题。你想看看测试结果吗？"

B. "实际上，J-12 插件只能达到 60 兆位。如果你要求快速运转，我建议你购买 K-77 插件。"

C. "你指的是《插件世界》上的测评吗？"

某人选择选项 A 之后，他将看到接下来的决定点。

"你的研究确实显示发热不会产生任何问题，这点我没有疑问，"拉维有点恼怒地说，"但是《插件世界》进行了严格和独立的测试，他们发现，发热会产生问题。你能跟我解释一下这是怎么回事吗？"

你会怎么回答？

A. "J-12 插件的运行温度确实比其他一些插件更高，但是如果我没记错的话，《插件世界》委托的测试人员并没有发现发热会影响性能。你对发热现象还有其他方面的担忧吗？"

B. "J-12 插件的运行温度确实有点高，但如果你要求快速运转，可能应该选择 K-77 插件。它也是业界性能最强的插件之一。你想看一下吗？"

C. "所有插件都会产生热量，这要归因于可诱导性的变形。然而，这种热量并不影响性能，额外的陶瓷减热器只会增加成本。我能问一下你们的预算是多少吗？"

为你的模型活动选择一个典型决定点以及随后的两到三个决定点。通常情况下，你会选择故事中的第一个决定点作为典型决定点，但是如果该决定点包含过多的背景信息或其他设定，它就不能作为一个典型决定点。在这种情况下，你可以选择第二个或第三个决定点。

如有必要，向复审人员描述从故事开始到你选择的决定点之间发生的事情，然后以你认为对学员最有利的形式向他们展示模型活动。例如，如果你计划在现场面对面培训中展示故事，并将学员分成多个小组共同做出决定，那么，请向客户展示你将要投影的内容（以草图形式），描述主持人将如何引导讨论，以及如何给出典型选择产生的后果，从而进入另一个决定点。

在本阶段，你将测试以下内容：

- 我将如何展示每个场景？是以自主在线学习的形式，投影出来让各个小组讨论，还是打印在纸上？
- 我是否会提供可选帮助？怎样提供？
- 人们将如何做出选择？是点击选择，"翻到 X 页"，还是为各个选项投票？我会要求人们讨论每个选择吗？

- 选择产生的后果和下一个决定点何时出现？我是将选择产生的后果设置成自动出现，还是要求人们先为自己的决定辩解？
- 一旦人们看到自己所做的选择产生的后果，我就会让他们有机会返回以改变原来的想法吗？我会一直这样做，还是只针对某些决定这样做？
- 后果是否包括指导型回复？如果包括，它会出现在哪里？它是可选的，还是被每个人平等地"接触"到？（我倾向于在故事结束时给出指导型回复，除非学员犯了严重的错误。）
- 我会记分吗？如果记分的话，我会为每个选择记分，还是仅仅为最终的结局记分？我会惩罚返回重选以改变主意的人吗？

你的模型活动应该显示你对这些问题的答案。它应该像最终提供的情境练习中的一个决定点那样开展。

如果以在线学习的形式进行，那么你可以制作一些可点击的幻灯片。对于以其他形式（如打印在纸上）进行的情境练习，以该形式制作模型活动，并尽可能为客户和主题内容专家还原模型活动将来进行的方式。然后让一些学员测试模型活动的决定点。

→ 第二轮：获得人们对故事情节的反馈意见

通常情况下，多数设计师现在就开始编写故事情节了。不过，你应该先编写高度概括的故事情节，并确保人们会接受它。如果已经花了很多时间编写场景和对话，那么你将很难打破原有思维，重新改变情节。

用注释的方式编写高度概括的故事情节

你可以使用流程图软件或在互动式小说工具（如 Twine）中输入注释，编写关于情境练习的高度概括的故事情节。首先编写最佳故事线，然后编写次佳故事线，同时找到连接它们的方法。请记住，此时你只是在写注释，而不是详细的对话。

编写故事情节时，你需要决定故事的结局，并编写最终达到这个结局的故事线。例如，你编写的故事可能有一个"最好"的结局、几个"差不多"的结局、几个"糟糕"的结局，以及几个导致严重错误而快速失败的结局。你还要编写从一条故事线跨到另一条故事线的途径。这样，如果有人正走在通往"糟糕"结局的故事线上，那么他们可以有机会做出更好的选择，跨到一条通向更好结局的故事线上。

如果你不提前决定结局，让故事自由发展，那么学员很容易迷失在无限的可能中。

获得人们对故事情节的反馈意见

以流程图的形式向客户和主题内容专家展示故事情节，并同他们探讨其中的几条故事线。在你获得他们的反馈意见并整合他们提出的更改意见以后，让学员进行同样的测试。这次测试可以与第一轮测试同时进行。

此时，你需要尝试回答以下问题：

- 故事情节具有现实性吗？
- 它是否解决了学员关心的情况？
- 我是否涵盖了最重要的错误？
- 决定是否太容易？故事情节是否太简单？
- 我是否应当在故事中或反馈中提供任何可选帮助？
- 人们应该返回到上一个决定点重新选择，还是应该在接下来的决定点通过做出更好的选择来弥补之前的错误？

当你和未来或当前学员一起进行这个测试时，考虑将他们分成多个小组，集中展示流程图。根据我的经验，他们会非常投入地批评你的故事，告诉你如何使它更具现实性。当他们出现意见不一致的情况时，你会想出更好的办法解决分歧。你从学员那里得到的反馈意见比从客户和主题内容专家那里得到的更有用，所以不要跳过学员测试环节。

通常情况下，这一阶段的成果是得到一个更加复杂和现实性的情节。

→ 第三轮：获得人们对最终故事的反馈意见

现在，把你改进后的情节充实成真实的故事，添加所有的细节，如对话。但是，不要使用大量的多媒体手段，毕竟，你依然处于建模阶段。

如果制作完成的最终版本的情境练习将在计算机上进行或展示，请考虑在 Twine 中制作模型活动，或者使用类似的互动式虚构工具设计易于编辑的情境练习。

如果计划制作打印版情境练习，那么可以在此阶段测试其互动版本。由于很难更改排版好的用于打印的情境练习，因此在转换为打印版本之前，请确保该情境练习是真正确认好的版本。

你最好让主题内容专家先体验情境练习，因为他们可能会建议更改其中的细节。细节调整完毕后，再让客户体验情境练习。

然后，让学员测试该练习，最好以最终确定的形式。也就是说，如果设计的是以投影的方式展示的情境练习，你就要以这种方式测试它。

你要尝试回答以下问题：

- 对话是否具有现实性？
- 人们关心故事中的人物吗？
- 选择是否具有足够的挑战性？
- 有没有太明显或太夸张的地方？后果令人信服吗？
- 每个选择的后果是否提供了足够的回复内容？
- 可选帮助是必要的吗？

通常情况下，这一阶段的成果是得到更真实的对话和更细致入微的选择。

→ 第四轮：获得人们对最终模型活动的反馈意见

无论制作完成的最终版本的模型情境练习是互动式的还是打印在纸上的，都要使用你计划用于整个故事的相同媒体手段制作前几个决定点，并由客户和主题内容专家测试，以获得他们的反馈意见。

如果负责的是一个高风险项目，那么你还要挑选一部分制作好的活动让一些学员进行测试。这样可以确保你不会用错误的图形风格或笨拙的点击来破坏故事。

现在还不能制作整个情境练习，还需要经过一个批准步骤，这将在下一章阐释。

○ 常见问题

→ 你的复审人员过分关注外观和感觉

- 确保向他们展示黑白草图版本的活动。如果最终制作完成的活动使用了丰富的视觉多媒体手段，那么你需要设计单独的情绪板（如前所述），并将重点放在图形设计讨论上。

- 如果利益相关者期望你提供更多的装饰（超出了你的能力范围），那么现在就控制他们的期望。你应当指出，编写现实性实践活动比展示信息要花更多的时间，相应地，留给装饰的时间和预算就会变少。但是，因为你设计的活动要比单纯的信息展示更有趣，所以你也不需要太多的装饰。通过设计模型活动，你应该能够估算出编写剩余活动需要多长时间，所以现在是一个好时机，向他们明确你可能给出的成果。

→ 利益相关者担心，你会让学员在没有被教授如何做决定的情况下在模型活动中做出决定

- 确保你在自己认为有必要的地方提供了可选帮助，并向利益相关者指明这一点。利益相关者没有看到可选帮助吗？你应该让可选帮助变得更明显些吗？

- 考虑邀请利益相关者观察学员完成模型活动的整个过程。让他们自己看到，没有学员会因沮丧或抱怨而放弃完成活动。

- 你也可以指出，《认知天性》一书总结并引用的研究强调了让人们在被教授如何解决问题之前就着手解决问题的优势。

→ 你的主题内容专家或客户希望你为学员提供很多指导型回复，因为他们不相信学员能自己得出结论

- 承认他们的顾虑，但请他们允许你在添加更多的指导型回复之前，先让学员测试活动。你可以让他们观察学员的测试过程，这样他们自己就可以看到学员是否能自行得出正确的结论，而无须被告知该怎么想。

- 我建议将指导型回复作为可选项。但如果利益相关者担心人们不会自行点击查看，那么，你可以将其设置为自动显示模式——选择的后果显示完毕之后，指导型回复会自动显示。
- 如果活动采用分支情境练习的形式，我强烈建议将指导型回复保留到故事结尾。如果在故事中插入了很多指导型回复，那么你不仅打断了活动流程，还让学员无法察觉他们犯了错误，也就无法调整方法。分支情境练习之所以有价值，部分是因为它们可以帮助人们练习识别错误并弥补错误。因此，失去这种优势将是一种遗憾。

→ 学员说这个活动太容易了

- 这是一个常见的问题，可能由以下原因造成：相比学员的实际工作，你往往更了解内容；主题内容专家低估了人们已经知道的信息量；你在分析阶段没有深入挖掘，无法理解为什么学员难以做出决定。
- 让一些学员描述在工作中遇到同样的问题会发生什么。是否存在模棱两可的情况，需要练习如何做这类决定？如果问题不难解决，为什么人们会犯某种常见的错误？你在分析过程中遗漏了哪些环境问题吗？某种行为真的需要练习吗？
- 请学员提出建议以便活动更具挑战性。

请参见第 10 章 "常见问题" 部分中给出的其他建议。此处，一些最常见的问题是：提出了一个不需要太多判断的问题；编写了一个过于戏剧化的场景；没有足够的细节让错误的选择更具迷惑性。

→ 学员说这个活动太难了

这种情况很少发生。如果你遇到了这种情况，就把它当作一个好兆头，然后试试下面的方法。

- 询问学员什么可以使活动更容易但又不过于容易。
- 当学员需要做出决定时，提供可选帮助。确保可选帮助易于获取、简洁明了且具备相应的背景；只提供过程中的某个时刻所需的帮助，而不是关于整个主题的长篇大论。

- 如果打算链接实际工作中用到的工作辅助，请突出显示学员此时会应用到的部分。

- 确保设计的系列活动是从提供基本知识的较为简单的活动开始的。如果模型活动是较晚出现的活动之一，那么你可能需要使用较早出现的、更简单的活动重新测试学员。

- 检查选项。各个选项区分起来是否困难？你是不是在用复杂的措辞来迷惑学员，而不是编写合理的诱导性选项？

- 活动是否过于冗长？如果是，试着用更简单、更简洁的语言重写它。

→ 学员说这个活动的文本过多

- 询问学员：文本或挑战本身是否真正围绕问题展开？问题太难，还是太无聊？

- 考虑删除形容词、副词和闲聊成分。

- 查看一下你是如何提供背景故事的。你是通过可选链接提供，像诺亚和布莱恩示例中那样？你能再总结一下背景故事使其更简洁吗？

- 你的受众是否对另一种形式有强烈的偏好？你能提供这种形式吗？例如，他们希望将纯文本情境练习替换为连环画场景，让发生的情况以视觉形式呈现，从而减少描述性文本，并且这会促使你编写简洁的对话，因为没有足够的空间编写冗长的对话。即使对那些流行于网络上的卡通人物，你也不得不将其编辑得更简洁，并进行一些视觉上的改变。

→ 学员说这个活动很无聊，或者他们对你的问题反应不够热烈

- 询问学员：如何使问题更具说服力？提醒人们关注活动中需要做出的决定，而不仅是活动的形式。

- 确保活动的重点放在学员关心并需要判断的实际问题上。活动问题实则是一道伪装的测验考题吗？

- 某一行为是否真的需要通过实践活动来练习？询问学员做出现实性的决定

是否存在困难。是什么让这个决定难以做出？如果决定不难做出，为什么这么多人会犯这种常见的错误？你在分析过程中是否遗漏了工具因素或文化因素？

- 你能让问题在情感上更有说服力吗？可以向你的学员征求一些意见。

→ 学员说这个活动似乎不具有现实性

- 询问详情。活动在哪一方面不具有现实性？活动是不是太戏剧化了？其中的对话听起来很假吗？某个问题的提出方式不具有现实性吗？现实世界中会发生的哪些事情在活动中没有发生？

- 如果对话听起来像人为虚构的，请参阅第 10 章末尾"常见问题"部分提出的建议。

第 14 章

概述、制作、开展和评估

你将完成这个流程图

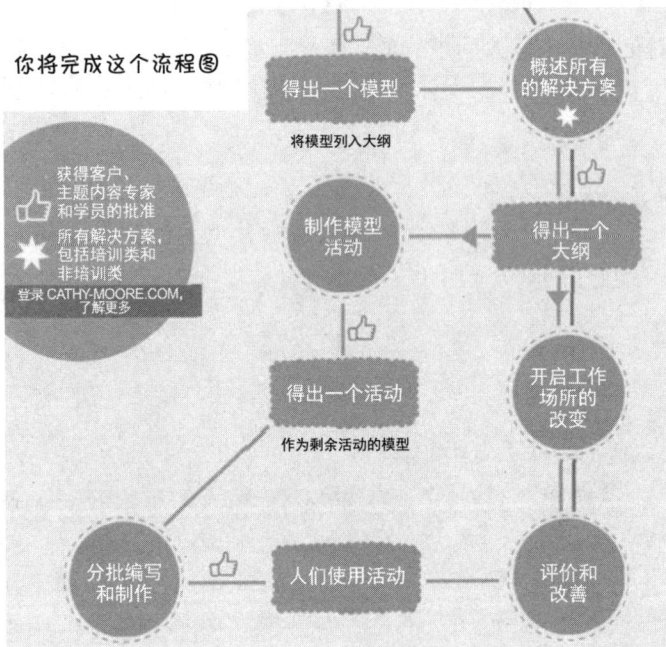

任务内容	任务由谁完成	完成任务需要的时长
为活动编写大纲（而不是详细的脚本）； 获得各方对大纲的批准； 分批编写活动并获得各方批准； 提供材料； 评价活动	你：概述项目，编写活动并监督活动的制作。 客户：批准大纲。 主题内容专家：分批复查并批准活动。 所有人：评价项目（你可能要当发起人）	所需时长取决于项目的规模和性质

成果：

- 你将编写出简明的项目大纲，而不是详细的脚本或冗长的设计文件。大纲将简要描述你确定的所有解决方案（不仅是培训事件），并显示交付各项成果的时间表。在你继续接下来的工作之前，需要客户批准大纲。
- 你将分批编写活动并获得主题内容专家的批准，如有必要，改变活动开展的方式。
- 如果设计的是可以独立开展的活动，那么你可以制作一个活动，开展一个活动。
- 使用相同类型的活动进行评估，而不是使用知识测验进行评估。
- 实施不仅包括发布活动，还包括协调活动以及你确定的非培训解决方案。
- 项目目标即评价指标。你也可以考虑采用更精准的评价指标。
- 根据你正在进行的评价优化项目。

○ 你已经完成的工作

你已经设计并测试了一个模型活动。现在，基于得出的测试结果，你将获得利益相关者对项目大纲的批准，设计剩余活动，开展或提供活动，并评价活动的有效性。所有这些都会在本章中阐释。

艰难的工作已经完成——你已经完成了分析，并获得了人们对活动设计方式的认可，剩下的一切就不那么困难了。

○ 你将要做的工作

你将要：

（1）概述项目；

（2）获得人们对大纲的批准；

（3）短期内设计和制作剩余的材料；

（4）设计评估环节（如有）；

（5）协调活动与解决方案的其他方面；

（6）评价项目的短期成功和长期成功。

◯ 让谁参与

你将和以下人员一起工作：

- 客户；
- 主题内容专家（你会非常需要他们）；
- 负责你所需技术（学习管理系统、内部网、电子邮件列表等）的人员；
- 负责开发最终材料的人员（如果你不是负责这项工作的人）；
- 学员。

◯ 1. 概述项目

我希望你已经向客户描述了这些活动将如何协同工作。既然至少有一个典型活动已经被模型化并得到批准，那么是时候获得人们对项目最终结构的批准了。

为此，你要编写大纲，而不是设计文档。可用"项目章程"来称呼大纲，因为这里所说的大纲是对"将要做什么，谁将做，什么时候做"的高度概括性描述，而不是对内容或故事梗概的详细列表，因为内容将被分批编写，而不是一次性编写完成，内容详细列表并没有实际意义。

我建议使用基本的文字处理软件来完成这项工作。最终的文档中可能包括：

（1）最初确定的项目目标。

（2）项目将要处理的高优先级行动列表，如"此项目将帮助区域 X 客户服务代表完成以下工作"，后面跟着高优先级行动的简短列表。

（3）行动导图，显示行动、活动和其他解决方案如何支持目标实现。

（4）行动导图可能足以说明问题，但是，如果不足以说明，还需要加上对每种行动的概括性描述以及如何支持这些行动。支持方式可以是某一主题的（如"客户对发热现象提出异议"）活动，也可以是非培训解决方案（如工作辅助）。为此，你可以使用下面的表格。

（5）一旦模型活动以及不同活动类型的附加模型活动得到批准，利益相关者就可以很快看到它们是如何进行的。如有必要，向利益相关者明确活动是独立的，并且，活动期间（而不是之前）将提供所需的信息或支持。

（6）关于活动如何排序的一些指示。如果材料中的发展路径是直线的，那么你可以按照活动在材料中出现的顺序排列它们。如果材料中的发展路径出现了分叉，那么你可以使用流程图来说明活动顺序。如果材料中的发展路径具有任意性，可以从任何一个决定点开始，那么要清楚地说明这一点。

（7）如果提出了一种非传统的方式，如不举办培训事件，而是根据需要以在线的形式提供活动，那么你要给出一个例子，模拟以这样的方式提供活动。例如，设计公司内部网页，将活动发布在网页上，并简要描述吸引人们参与活动的营销方案。

（8）一份简明的实施计划，说明何时完成可交付成果，以及如何协调活动与非培训解决方案，同时明确每个要点的责任人。实施计划应当简明易懂，让每个人都可以快速找到适用于自己的部分，以及每个可交付成果的截止日期。

→ 将活动与特定行为相联系

如果行动导图对客户而言不够具体，或者他们更喜欢文本的形式，那么你可以考虑使用下面的表格来展示你的目标行为及其相关的解决方案。

工作中的行动	实践活动	其他改变
快速确定特定等级和数量的 loribdenum 对重量的影响	客户需要知道 150 bartles（数量单位）90-filot（等级）的 loribdenum 会让他们的产品增重多少	更新现有的智能手机软件，使其更容易计算出给定等级和 bartles 的 loribdenum 会让产品增重多少
提出开放式问题，以揭示客户目前和未来对性能方面的要求	客户自己说想要低转速的 K-76 插件。 客户打算在高纬度地区使用 J-12 插件，但是他没有主动透露这条信息	在招聘中，优先选择那些表示希望使用咨询式销售方法的应聘者

续表

工作中的行动	实践活动	其他改变
初次联系后 24 小时内关闭或重新分配客户关系管理中的每张客户票据	没有适用的实践活动	让客户关系管理软件分别在 6 小时、16 小时和 23 小时之后发送提醒，告诉员工哪一张票据处于打开状态

→ 明确每个人负责的工作

除了概括性地描述你计划做什么，大纲还应当包括其他人需要做什么。

例如，如果需要改进现有的工作辅助，并且该辅助属于其他人，请确保你的实施计划中提到了工作辅助的所有者必须在特定日期前执行 X、Y 和 Z 操作。

同时，明确活动将分批交付给主题内容专家。主题内容专家需要在特定的时间范围内做出回应，以便项目按计划进行。

→ 展示你计划如何提供支持信息

确保在大纲或模型活动中显示了支持信息的提供方式——始终提供支持信息，还是有计划地减少支持信息，以便人们最终记住信息？例如，你可以使用下面的图形来显示帮助是如何逐渐减少的。

→ 大纲不是传统的设计文档

大纲并不是长达 28 页的、单倍行距的设计文档，其目的不是描述并证明每个内容要点的合理性（这些与你之前所学的可能大不相同）。大纲就是一个大纲，只需要描述总体的解决方案，不需要描述培训的具体内容。对于简单的项目，它完全可以精简到 4 页纸。

出于以下几个原因，我们需要避免编写长篇大论、周密翔实的设计文档：

- 许多客户似乎更喜欢我所说的大纲，至少以我的经验来看是这样的。
- 模型活动已经明确了我们计划开展什么，因此不需要浪费篇幅来描述。
- 可独立开展的活动将分小批编写和批准，而不是一次性编写完成，目的是让我们在必要时可以很容易地改变原有的方式。
- 文件越长，客户或主题内容专家批准文件需要的时间就越长。一个附带清晰示例的简洁大纲可以很快获得他们的批准。
- 大纲让你的工作更具弹性。如果花费了大量的时间预先描述你的计划，你自然会抵制他人甚至你自己改变计划。因此，你不必在大纲上花太多时间，这样在必须改变方向时就不那么痛苦了。

→ "但是，学习目标在哪里出现呢？"

你在文档开头列出的行动基本上就是项目的绩效目标。如果你的客户是传统型客户，你只需要给这些行动贴上"绩效目标"的标签，通常就足够了。

但是，如果你的客户或老板坚持要看到描述知识的学校式学习目标，那么你可以增加大纲的内容，加上每个行动的使能目标，或者，在行动导图中增加使能知识作为行动的子条目。

例如，你可以在大纲中列出"立即将受污染的针头放入针头回收箱里"这一行为，并在其下方缩进，列出这一行为的使能目标，如"描述暴露受污染的针头会带来的危害"。你的解决方案仍将专注于实现绩效目标，但又可以让客户放心，因为你没有忽视"知识转移"。

→ **避免惊喜**

如果你会提出明显不同的培训方式，我希望你已经在分析和建模阶段表明了这一点。例如，利益相关者不应该从大纲中发现：项目中没有培训事件，你只计划提供按需活动。

如果不确定自己是否清晰地向利益相关者表达了项目会使用新的方式，那么在你花时间让你的计划在大纲中正式化之前，你需要与利益相关者会面，向他们展示你的想法，倾听他们的担忧。

○ 2. 获得人们对大纲的批准

大纲需要获得客户的批准，因为它是项目章程。

大纲是否需要获得主题内容专家和其他相关人员的批准，可能取决于项目本身。一旦大纲获得批准，你就可以开始制作其他活动。

如果你在规划、分析和建模阶段邀请了利益相关者参与其中，那么大纲中的任何内容都不应该令人感到意外，也不应该引起争议。此刻，你面临的主要挑战是，一个利益相关者说，"嗯，我们应该让玛丽看看"，而玛丽是一位可以否决计划主要方面的人士。这就是为什么我之前建议你在启动和建模阶段明确地询问："我们还应该邀请谁参与项目？"

○ 3. 短期内设计和制作剩余的材料

既然有了模型活动作为模板，那么，现在是时候编写和制作剩余的材料了。

→ **分批编写**

你可能习惯于一次性把所有的东西都写出来。但是，我强烈建议你分批编写活动，以三个左右的活动为一批。你将仅就这三个活动采访主题内容专家，编写活动，并将编写好的活动发送给主题内容专家以获得他们的批准（或与主题内容专家会面以获取其反馈意见，具体操作取决于操作的复杂性和主题内容专家的首选方法）。当主题内容专家审阅这一批活动时，你可以编写下一批活动。

我推荐这种方式的原因如下：

- **你可以更快地获取主题内容专家的反馈意见。** 对于忙碌的主题内容专家来说，在空闲时间讨论和审阅三个活动通常比空出一大块时间来讨论和检查所有内容要容易实现得多。

- **你可以在必要时轻松改变方向。** 例如，从一批活动的反馈意见中你可以得到一些如何改进活动的想法，你会决定重写第一批活动，并使用新的方式编写其余所有批次的活动。如果你一次性编写了所有活动之后才得到了反馈意见，你就需要花费大量的时间重写，或者更有可能，你会放弃根据反馈意见改进活动。

- **你会发现有些活动是不必要的。** 在你就一批活动采访主题内容专家的过程中，你可能会发现一些计划将来开展的活动是不必要的。例如，你和主题内容专家可能会发现当前这批活动已经让人们进行了充足的实践，因此不再需要编写一批将来开展的活动。

- **活动经批准后就可制作。** 当编写和开发剩余活动时，你可以先让学员进行第一批活动。这样，你将从活动现场获得有价值的反馈，并为客户提供他们可能正在寻找的快速解决方案。

→ 保持活动初稿的简单性

培训设计师过度编写活动脚本似乎很常见。例如，在线学习的脚本编写人员会费劲地编写各种"栏"，用以显示屏幕上出现的内容、文本所说的内容及出现的时间、每个按钮可以执行的操作等，迫使主题内容专家在复杂且几乎总是多余的文档中筛选信息。

既然主题内容专家已经见过了模型活动，那么他们已经了解了你设计的活动是如何开展的。与其一次又一次痛苦地详细描述活动的各项功能，不如依靠模型活动来说明一切。因此，你只需编写关于活动初稿的简单文本文档，且最好使用Word或类似程序，这样可以追踪主题内容专家的改动。

当我设计定制的在线学习活动时，通常会在简单的文本文档中编写单一场景的迷你情境练习，如下所示（示例当然是虚构的）。模型活动已表明：文本显示在屏幕上；选项是可点击的；如果回复中包含"再试一次"，"再试一次"也是可点击的。复审人员不会在理解这种类型的文档时遇到困难，我们也会将其发送给开发人员。

（今天，阳光明媚。乡村集市上出现了两个类似的食品摊位。一个摊位那里放着一大桶滚烫的热油，和一块写着"等着吃好吃的炸猪皮"的牌子；另一个摊位那里放着一个封闭的冷柜和一块写着"寿司"的牌子。）

你此时正在集市上陪孩子们观看小猪赛跑。赛跑刚开始，而你又热又累又饿。如果集市上只有这两辆餐车，而你又想要健康。你会做什么？

A. 买寿司

B. 买炸猪皮

C. 什么都不买，因为禁食对你有好处

回复：

A. 吃完寿司六小时以后，你开始呕吐。三天后，终于不吐了。医生解释说，寿司的冷藏条件可能很差，且里面含有 zygodread。"你应该买一些在你面前烹饪好的、热的食物。"他一边说，一边递给你一张昂贵的抗生素处方，"集市上有猪皮吗？我总是买那些刚从锅里炸出来的。"

B. 当你正在享用又热又脆的猪皮时，你听到一位年轻的女士对她的朋友说："我可不会再买寿司了！去年，他家冷柜里没有冰，寿司里面全是 zygodread！我这辈子从来没有见过这么恶心的东西！"

C. 一小时后，小猪赛跑终于结束了。你的孩子冲你跑来，尖叫着："太有趣了！小猪真酷！我们得买只猪！给我们买只猪！我们要一只猪！"你饿得虚弱无力，只好不情不愿地买了一只小猪，20 分钟后，你又不得不亏本卖掉，因为它装不进你的车里。再试一次。

把问题表述清楚

清晰地突出显示任何你猜测的内容。我会在 Word 中使用亮黄色突出显示我猜测的内容，并针对内容向复审人员直接提出问题。例如：

B. "既然你想要可以在高纬度运行的插件，你就要选择 P-09。"（这个选项是我猜测的内容，因此我会提问。）

阿诺（复审人员）：这样说是对的吗？

给主题内容专家非常明确的指导同样有助于材料的制作。例如，可以这样跟他们说："请检查这个内容的准确性，如需更改，可直接在文件中输入。还请找出任何看起来不现实的对话或场景，并提出更改建议。"

你是否应该跳过文本阶段，让主题内容专家直接审阅初步制作完成的版本

一些设计师会在他们的制作工具中编写活动初稿。例如，如果他们计划设计幻灯片形式的在线学习活动，他们就会让主题内容专家直接在 PPT 中或在线学习工具中查看幻灯片。

但是，我拒绝这样做，原因如下：

- 如果你费了一些功夫将活动初稿罗列在幻灯片上，你就会拒绝修改这些幻灯片，然而在这个阶段，你应该对修改材料持开放态度。
- 复审人员可能过度关注布局，而不是想法和内容。
- 大多数情况下，使用基于幻灯片的工具很难跟踪复审人员对幻灯片的修改。
- 一直使用幻灯片强化了这样一种想法——培训就要使用幻灯片的形式，而我们正在努力摆脱这一想法的束缚。
- 如果你正在设计复杂的活动，如分支情境练习，那么将活动放在非线性工具中才有意义，因此，请考虑使用 Twine 或 BranchTrack 之类的工具编写情境练习。你可以在主题内容专家参加情境练习时采访他们以获取反馈意见，或者让主题内容专家使用可以直接在文件中输入评论的软件。在 Word 文档中编写和编辑分支情境练习是非常困难的。当然 PPT 也没有好到哪儿去，因为你必须手动修复任何更改过的链接。

→ 待活动批准后，制作活动

如果让主题内容专家分批地批准活动初稿，那么到了一定的时候，你就可以准备制作第一批活动了。在所有其他活动被编写或批准之前，你可以先制作主题内容专家已经批准的活动。这样做有几个好处：

- 你可以尽早发现建模阶段没有人注意到的问题。
- 你会找到完成某些事情的更好方法。例如，你会发现一种比在模型活动中使用的更有效的方法来提供可选帮助。
- 你可以尽早发现制作时间比你预计的要长，这样，你还有机会调整交付日期或制作水准。

→ 不要为了装饰而牺牲好的活动设计

你的预算可能有限，所以你必须做出艰难的抉择，而且有些事情一定要做。通常情况下，你会在分析和设计花费的时间与装饰的成本之间举棋不定。其实，你可以猜到我的选择。

我们的工作是解决绩效问题，而花里胡哨的装饰并不能解决问题。当然，我们需要让材料看起来时髦且吸引人，但"吸引人"并不意味着冗长沉闷的旁白、飞来飞去的项目符号，以及虚假的游戏。

如果采纳本书中的建议，你设计的将更多是活动而不是信息。你的工作不再是让无聊的信息变得有趣，所以你不需要因为装饰的问题有什么压力。况且，你提供的信息可能只是实际工作中会用到的、不需要带装饰的工作辅助。

有些信息最好以图形的形式呈现，所以你肯定会使用图形。有些信息需要以动画的形式呈现，所以你也肯定会使用动画。但是，我的观点是，你不应当过分专注视觉效果，用不相关的视觉因素作为活动的"调味品"。研究表明，虽然学员对这些活动的评价高于基本文本版本的活动，但实际上他们从中学到的知识要少于文本版本的活动。你同样也不需要使用旁白，除非明显地出于活动的需要，如解释复杂的图形。

我本应该写一本关于媒体的书，但幸运的是，已经有人写过了，而且不会像我这样夸夸其谈。关于在线学习活动，一本经典的参考书是由露丝·克拉克和理查德·迈尔撰写的《在线学习和教学科学》（*Elearning and the Science of Instruction*）
（2008 版）。书中总结了一些研究，告诉我们如何利用媒体支持学习而又不干扰学
习。露丝·克拉克最近还出版了一本书——《循证培训法》，其中涵盖了一些相同
的领域，但也包括了针对面对面培训活动的建议。

如果你的预算有限，那么你应该将大部分精力花在分析问题和设计有助于人
们解决问题的情境实践活动上。这正是你向客户展示投资回报的所在。相对而言，
你应该花费少量的时间和预算用于设计浮夸的材料。你的目标是设计出富有挑战
性的活动，而不是肤浅、浮华的点击。

情境练习呢

你的客户可能认为学员会拒绝纯文本的情境练习，但其实并不是这样的。我
曾在现场情境练习设计课程中反复确认过这一点。

有一次，我让所有人在没有任何准备的情况下，直接完成一个没有图片且布
局糟糕的老式分支情境练习，他们立刻被卷入解决问题的漩涡中。当所有人回到
网络聊天室时，我问他们是否注意到情境练习中没有出现故事人物的照片。绝大
多数人都没有注意到，甚至有人评论说，照片会有损故事情节，并且他们更喜欢
自己想象人物的形象。

如果尝试了前面描述的关于 Zeko 语学习的情境练习，你是否注意到练习中甚
至没有出现向导卢多的照片？你会在意吗？

然而，根据一些研究 [1]，图片确实会使情境练习更加引人入胜。如果预算允许，
你可以在练习中包含相关的人物图片，显示他们的真实表情，以帮助故事的展开。
由于图库照片往往与练习不相关且人物的表情过于夸张，因此，你可以拍摄同事
的照片来代替。

但是，不要承诺情境练习中会包含视觉效果因素，并质疑这样的假设——图
片需要包含详细的背景信息，如办公室场景。你的图片越详细，就越有可能遭到
一些人的反对，因为他们认为所用图片不能代表他们的工作场所。

→ 让学员掌握一定程度的控制权

如果你设计的是自主在线活动，我强烈建议你让学员做以下事情。

让他们自己控制节奏。每个人都应该按照自己的节奏浏览材料和消化新的想法。例如：

- 不要强迫他们盯着屏幕看固定的时间。

- 保证他们可以轻易地回看一些内容。

- 让他们可以自主暂停、倒带、快进音频和视频。

- 当不言自明的图形或简明文本更有效时，不要使用音频。

- 如果出于某种合理的原因，你需要采用大量的音频叙述，那么要保证人们可以改变播放速度。例如，如果你想让学员听一段 30 分钟的音频讲座（你的理由最好是讲座很精彩且内容切题），那么保证学员可以选择播放速度，或者提供可以在变速应用程序（如 Podcast）中播放的音频。

让他们选择自己要看的信息。众所周知，人们不善于确定他们需要学习什么，因此，我不是说"让他们跳过那些他们认为已经知道的信息"，我要说的是：

- 通过活动，让他们自己看到他们已经知道的和不知道的信息。如果他们认为已经知道了课程中的内容，但在第一个活动中无法做出正确的决定，他们就会发现自己实际上并不知道这部分内容。

- 当他们证明自己能够做出正确决定时，他们就可以跳过这个部分。如果你让他们参加一些具有挑战性的活动，他们可以在不看可选帮助的情况下做出正确的决定，你就可以让他们跳过关于这个主题的其他活动。

- 让他们在挑战中自主获取所需的信息，而不是强迫每个人都坐着看同样的信息。

让他们自己选择要练习的活动（如果可行的话）。如果你已经仔细地为活动排序，让人们先学习基本技能，然后在以后的活动中加强这些技能，那么除非人们能够证明他们已经掌握了技能的前几步操作，否则你肯定不希望他们随意跳过某一活动。但是，如果材料的某些部分可以按任意顺序学习，那么你可以让人们从对他们来说最重要的部分开始。

→ 像营销人员那样与人沟通，而不是像培训师那样与人沟通

当你与学员沟通时，要时刻把重点放在他们身上，而不是你和内容上。

例如，在在线课程的第一个屏幕上或现场培训描述中，避免列出培训师风格的目标这种常见的做法。相反，使用人称代词"你"指代学员，直接与学员交谈，并非常简短地列出"你"在项目中能够做什么。这个列表可以是非正式版本的行动列表，列出的行动对学员至关重要，且描述这些行动时要强调学员可从中获得的利益。

例如，下面是一个提高呼叫中心员工实践能力的行动。思考一下：它可以带给学员多大的启发？

> 与其立即将难以应对的电话转接给管理层，不如应用"瞬时移情干预模式"来安抚来电者并解决他们的问题。

这个行动不会带给学员任何启发，甚至有点令人反感，因为它似乎更关心管理层而不是学员的利益。这种说法是从培训设计师和利益相关者的角度出发的，应该仅限于我们的圈子。

我们如何重写这个行动使其带给受众启发呢？下面是一种可能性：

> 轻松地安抚心烦意乱的来电者并迅速解决他们的问题。

如果我是呼叫中心的工作人员，这会是值得纪念的一天，我会更有动力学习这项技能。

○ 4. 设计评估环节（如有）

以知识测验作为培训事件（尤其是在线学习类培训事件）的结束部分是很常见的。然而，既然放弃了学校模式的培训，我们又该怎么进行评估呢？

如果你"需要"评估环节，最简单的方法就是制作一些活动作为评估活动。这些活动与实践活动基本相同，但会做以下改动：

- 去除回复和任何"再试一次"选项；
- 去除学员应该记住的任何可选信息。

例如，我们可以通过一些简单的改动，将时常用到的"玛格达活动"变成一个评估活动。决定屏幕维持原样，因为学员做决定时还要查看实际工作中用到的工作辅助或标准操作程序，没有理由测验时不让学员看到。

然而，回复屏幕将不再出现。学员做出自己的选择之后，系统或评分员会悄悄地评判对错。

当然，我不是说你应当重复他们之前看到的活动。我只是建议你设计新的"评估"活动时使用整个项目一直使用的形式，但要去除帮助。

→ 面对面评估活动

如果将评估环节作为一次现场面对面活动的结束部分，那么你可以做一些老派的事情，如分发打印好的测试题，每道测试题都是一个我们一直重点阐释的现实性实践活动，让学员标出他们的选择。

→ 在线评估活动

由于我们所说的实践活动本质上是多项选择题，因此你可以使用任何测试生成器设计在线评估活动。评估活动问题和选项与实践活动的问题和选项相同，因而这类活动并不是知识检查。它们与实践活动的唯一区别是学员不会得到任何回复。

→ 分支情境练习评估活动

与前述较短的活动一样，分支情境练习也可以用作评估活动。

最简单的方法是仔细设计故事情节，然后给每种结局制定相应的分数。例如，达到最佳结局的人得 2 分，差不多结局的得 1 分，糟糕结局的得 0 分。

如果完成情境练习的效率也很重要，如学员做出决定的速度也是评判要素，那么你可以为每个决定和每种结局都制定相应的分数。在这种情况下，最低的分数是最好的分数，因为它表明学员通过最短路径到达了结局，效率更高。最佳结局应该是低分，如 0 分，最差结局应该是高分，如 10 分。

如果学员走上了略微低效的路径（共做了六个决定，每个决定得 1 分），但最终到达了最佳结局，那么他的评估分数可能是 6 分。而一位效率更高的同事最终可能会以 5 分的较好成绩同样达到最佳结局。一位过于自信的同事可能走上了一条更短的路径，但最后对问题判断错误，造成了严重后果，最终得到了 14 分。

→ "但我们需要测试他们的知识。"

如果客户和主题内容专家参与了制定目标、分析问题和找出要改变的行为，他们就不太可能坚持进行知识测验。他们明白项目的目标是改变人们的工作方式，这样组织的绩效才能以可测量的方式得到提高。如果他们忘记了，你就需要提醒他们。

对知识测验的关心可能来自某个与项目无关的人，甚至可能是你大脑里回响的声音。不管来自他人还是你自己，对这种关心的答案都是一样的：项目的目标是让人们在工作中应用他们的知识，改变他们的工作方式。通过编写的各类问题，不仅可以了解到人们是否知道一些知识，而且可以了解到他们是否能用这些知识做出正确的决定。这些问题已经超出了知识检查的范畴，当然，这是一件好事。

○ 5. 协调活动与解决方案的其他方面

解决方案的非培训方面可能在你和主题内容专家讨论活动时就已经确定了。如果各个方面在协调过程中遇到问题，你就要等到问题得以解决后才能发布你负责的那一方面的解决方案。

既然你设计的大多是独立的活动，也就不需要开展培训事件。例如，你设计的是内部网上的活动页面，供人们自主自愿开展练习，那么也就不需要发布在线课程并将其分配给他人这样的培训事件。

无论你是打算举办一次培训事件还是准备一些随时可用的材料，你都要得到学员的管理者和组织中其他人的支持，这一点与传统培训是一样的。但是，与传统培训相比，你的主要优势在于，客户对项目更加投入。他们参与了目标制定和问题分析，自然会对这个项目投入更多，并可能成为项目的优秀推行者。你还设计了一些更吸引人的活动，使培训更容易被"销售"出去。

→ 考虑先在小范围开展活动

你的活动可能与该组织习惯开展的活动非常不同，因此你可能希望先让一些学员代表参加活动。在这些学员代表完成活动之后，可以使用下面描述的评估活动和快速评鉴尺度来评判初步成果。然后，你可以根据需要调整项目，再将其提供给更多的人。

○ 6. 评价项目的短期成功和长期成功

你从一开始就计划通过制定项目目标来对项目进行评价，且最终评价的是目标的衡量指标是否改进了，或者改进了多少。

然而，如果目标过于宏大，实现起来过于缓慢，你就会在某些时候无法确定你的干预是否有帮助。因此，你可以考虑寻找一些更微小、更精准的指标，供短期内使用。

→ **更精准的指标**

这里有一些方法可以帮助你更快地察觉项目是否有效。

- **评估活动。** 我们已经研究了如何使用相同类型的实践活动（而不是知识检查）来设计这些活动。如果采用传统的培训设计方法，那么评估是在培训事件之后进行的。如果没有使用培训事件的方式，那么可以寻找其他方法来找出谁在使用你的活动，并考虑向他们发送一些评估活动，可以将评价活动定位为有趣的挑战，而不是"参加这个测验以找出自己的不足之处"。

  你可能还想质疑这样的想法——培训事件结束后应立即进行评估。由于你的活动大多是独立的，因此，你可以隔几天或隔几周发送给学员。间隔发送的活动可以是有助于强化学习成果的实践活动，也可以是一些评估活动。例如，你会想，"我的学员还记得称呼西班牙裔客户时如何选出正确的姓氏吗？让我给他们发送一个评估活动看看。"最终，学员会将此视为实践活动，而你会将其视为评估活动。

- **学员的反馈。** 对于这个方面，必须小心谨慎。学员很可能随口说他们喜欢这些活动，这些活动让他们对自己的工作更有信心，但不能在工作中应用所学的知识。如果所有人依然希望你设计这类评价问卷，你不妨看看威尔·塔尔海默（Will Thalheimer）所著的《注重绩效的调查问卷》（*Performance-Focused Smile Sheets*）一书，看看如何设计出更有效的调查问卷。

- **管理者的反馈。** 基于你所做的全面的分析，你应该能够向管理者清楚地描述，你设计的培训旨在激发学员的某些行为，并询问他们是否看到学员的这些行为得到了改善。

- **学员的选择。** 如果你的学员正在进行在线活动，一种方法是综合考虑他们的选择。他们的选择是否随着完成活动的增多而有所进步？他们会犯哪些常见的错误？如果你让人们再试一次，探索其他的路径（我认为你应该这样做），你会看到许多故意犯下的"错误"，但你仍然可以发现总体模式，这有助于你确定人们是否学到了一些内容。

- **网站分析（网站流量统计）。** 如果活动是按照需求以在线形式提供的，则每个活动的受欢迎程度或人们花在该活动上的相对时间将使你了解到，学员认为他们需要什么或他们真正的难点是什么。这同样适用于任何提供支持信息的网站，如提供虚拟工作辅助或知识库的网站。网站分析会告诉你人们最常访问哪些信息，你向该网站发布的社交工具（投票、评论、点赞等）也将给你有用的反馈。你可以借助 IT 或市场营销部门的力量帮助你获得这些指标。

- **较低级别的指标**。如果你的最终目标是业务绩效的变化，那么可能还有其他更精准度量绩效问题且更新更频繁的指标。你可以查看这些指标，以获得有关项目效果的更快反馈。

例如，我最喜欢的软件培训指标之一就是关于软件的求助电话的数量。你可以查看服务台电话，以获得有关项目效果的快速反馈。

→ 成功案例法

目标指标和其他绩效指标的变化表明你的项目是否产生了效果，但不会给你详细的反馈，告诉你项目的哪些方面成功了，哪些方面失败了。对此，你可以使用罗伯特·布林克霍夫在其著作《成功案例法》（2003 版）中描述的方法——成功案例法。

简而言之，成功案例法就是做一次快速调查，找出那些似乎从你的项目中学到了很多东西的人，以及那些没有那么学有所成的人。然后，采访每个小组的成员，找出如何改进材料的方法。这种调查比常用的宽泛而浅显的调查提供了更有价值的信息。

你也可以写下采访内容，形成案例研究，与客户和其他利益相关者分享。你的评价不仅包括指标的变化，还包括关于哪些因素促成了这种变化的详细信息。这样，除了统计数据，你还提供了令人难忘的案例研究。这有助于项目的利益相关者了解该项目的执行情况，更重要的是，可以向组织中的其他人展示你是如何工作的。你将不再是"把这变成一门课程"的人了。

调查旨在寻找行为上的变化

成功案例调查不是典型的培训后调查问卷。与这类调查问卷不同的是，即使某人从未参加过培训事件，它依然有价值。它不仅提供了培训后调查问卷可以提供的内容，而且有助于你从具体的成功和非成功案例中学到细节。

培训后调查问卷是活动结束后立即分发的。相反，如果采用成功案例法，你就要等到人们有机会实现项目支持的改变后才发送调查，如几个月之后发送，这取决于项目本身。

成功案例调查询问的是项目打算支持的行为。下面是基于成功案例法的一个典型问题，请注意它是如何围绕一个行为编写的。这个行为在行动导图上可能被记录为"完成一项开发计划"。

以下哪个选项最能代表你使用开发计划过程工具的程度？

A. 我已经完成了一项开发计划，并已付诸实施，取得了良好成果。

B. 我已完成一项计划，但尚未付诸实施。

C. 我已经开始了一项计划，但还没有完成。

D. 我打算制订一项计划，但还没有开始。

E. 我无意制订一项计划。

——摘自罗伯特·布林克霍夫（Robert Brinkerhoff）所著的《成功案例法》（*The Success Case Method*）（2003 版）

布林克霍夫建议将调查发送给足够多的人，得到足够大的样本，以便最终获得 40~50 条回复。

采访一些回复的人

成功案例调查的目的之一是找出你应该采访哪些人，以便了解项目的进展情况。布林克霍夫提出了很多确定采访人士的方法。例如，如果你的主要目标是找出项目的哪些方面成功了，哪些方面失败了，那么你可以找六个得分最高的人和六个得分最低的人，对他们进行采访。

每次采访可能需要 30~45 分钟，外加采访人员写下受访者所说内容所需的时间。采访可以面对面进行，也可以通过电话进行。

对于成功完成项目的人，问题可分为五类：

- 这些人使用了项目的哪些要素？
- 他们得到了什么结果？
- 这些结果产生了什么影响，如有哪些价值？
- 什么是有用的？
- 有什么建议？

当受访者没有成功完成项目时——他们没有改变自己在工作中的表现，那么面试时间会更短，且问题集中在两类：

- 他们面临哪些阻碍？
- 有什么建议？

你的报告要讲述个别案例的故事

当用成功案例法总结发现时，你的报告要超出统计数据的范畴，讲述个别案例的故事。例如，你可以描述某人如何使用这些材料来解决特定的问题，详细说明他们使用了哪些材料以及这些材料的使用情况。

布林克霍夫通常不会讲述失败学员的案例，但是，他也说，有时这些案例是展示组织问题会产生哪些影响的最佳方式。因为有些问题其实并不能通过培训解决，但可以通过失败的案例来说明问题的影响，可能促使人们从中发现非培训解决方案。

你的报告总结了该项目产生的明显影响，还包括你采访到的故事。你可能还想解决一些经常被典型的事后评价遗忘的问题：你可以从项目中得到什么附加价值？项目能被改编并扩大受众群体吗？是否可以改进项目的某些方面，以便让更多的人成功完成项目？

布林克霍夫在《成功案例法》一书中给出了一些调查问题、采访和最终报告的例子。我极力推荐你阅读这本书。

○ 未来

在本书中,我们描述了一种回应式培训设计:客户提出培训需求,我们对该请求做出回应。我之所以关注于此,是因为我们大多数人的工作都是从这里开始的。

然而,当逐渐适应自己作为问题解决者的角色时,你可能会变得更加积极主动。例如,当发现一个绩效问题时,你会主动提出帮助利益相关者解决它,而不是被他们要求这么做。你可能会下决心提高你在组织中的形象,这样你就可以帮助人们解决棘手的问题,迎接更艰难的挑战。

○ 常见问题

→ **当你认为一次性培训事件不是最佳解决方案时,客户仍然想要它**

- 客户到底说的是什么?他们是说:"虽然经过和你一起分析问题,并亲眼看到有很多方法可以解决问题的各个方面,但我还是认为,培训事件是最佳解决方案?"还是说:"我们的某次活动上有一段空档期需要填补?"还是说:"我老板想要一门课程?"

- 如果你一直在应用本书中的建议,你会让客户参与问题的分析,并帮助他们看到替代的解决方案。你还会邀请其他可能否决你的工作的利益相关者。当设计模型活动时,你会解释按需活动将如何把培训纳入工作流程,从而让培训事件快速被利益相关者遗忘。如果你已经完成了上述所有工作,而客户仍然认为培训事件是最佳解决方案,那么你很可能会陷入不得不制作培训事件的困境。在这种情况下,你可以使用成功案例法来评价项目。如果失败案例指出培训事件这种形式造成了失败,你就可以将这些写在报告中,以便客户能够看到他们坚持采用培训事件产生的影响。

- 如果客户纯粹出于组织上的原因想要举办培训事件,你则应当设法帮助他们解决组织问题,同时帮助他们解决绩效问题。例如,如果你被要求在一次公司聚会上为一小时内无法解决的问题举办一次时长一小时的培训,你就可以提议将这一小时用作召开启动会议，当然，会议旨在促成一个更大项目的实现。会议之后，你可以间隔性地提供按需活动、定期午餐会议或其他一些更深入的解决方案。

→ 利益相关者花费了过长时间来回复你的大纲或活动初稿

- 如果你遵循了本书中的建议，你的大纲会清楚地表明，利益相关者需要在特定的时间内做出回应，这样才能按部就班地开展项目。难道他们忘记了自己同意按时做出回应？你能再用一种礼貌的方式指出日期吗？

- 如果主题内容专家有太多工作要做，那么考虑再找一位主题内容专家。把另一位主题内容专家的作用定位为"尽可能多的观点对项目有益""回复大纲或活动初稿对一个人来说工作量太大"。

- 如有必要，以书面形式调整交付日期或周转时间，并获得利益相关者对变更的批准。

→ 复审人员想象不出文本文档中描述的活动

- 确保复审人员拥有模型活动的工作副本可供参考。考虑让他们浏览几个活动初稿，并展示初稿与模型活动的关系。

- 如果复审人员仍担心想象不出文档中描述的活动，考虑在文本文档中插入图片，如屏幕、幻灯片或工作辅助的图片。

- 一些制作幻灯片材料的设计师以幻灯片的形式交付活动初稿。但是，这种形式会让跟踪复审人员对材料的修改变得更加困难，并且会使他们对活动初稿的外观（而不是内容）做出更多的回应。最终很可能得到的是一些华而不实的幻灯片。

→ 复审人员批准了活动初稿，但在活动制作完成后想再做一些更改

- 如果这种情况经常发生，考虑让复审人员正式签署初稿，明确表示"签署"意味着"我已经仔细检查了初稿，已对内容做了所有我认为必要的修改，已回答了所有的问题"，而不是"我浏览了一下，看起来没什么问题"这样

含糊的表述。

- 当你编写初稿时，突出显示你猜测的任何内容。我会在 Word 中使用亮黄色突出显示，并直接向复审人员提出问题。所有亮黄色突出显示的猜测被得到证实之前，初稿不会被正式批准。

→ 利益相关者希望你设计知识测验

- 使用本书中我们关注的相同类型的实践活动设计一些评估问题，这些问题不仅可以测试人们对知识的记忆情况，还可以测试人们对知识的应用情况。通常，利益相关者会自己发现，一个人如果不知道相关事实，就无法正确回答问题。

- 如果利益相关者拒绝此类评估，希望你提出抽象问题，并用孤立的事实来回答，请向他们询问为什么这样做很重要。如果学员真的需要背诵大量的信息，那么通过实践活动来测试所有信息可能会很困难，效率也会很低，因此，你进行事实检验就有了相当的合理性。但是，如果学员不需要背诵大量的知识，那么请向利益相关者询问将所学知识与应用所学知识分离开来很重要的原因。当他们尝试回答你的提问时，他们可以自己发现纯粹的知识测验是不必要的。

→ 你不知道这个项目是否成功

- 你是否按照《成功案例法》中的描述进行了调查并完成了采访？这不是一项艰巨的任务，且调查、采访之后，你基本上可以得到有用的信息。

- 与你的目标指标相关的较小指标是否出现了任何变化？例如，如果你制定了一个比较大的指标，如"员工流动率"，这个指标除了受项目影响，还可能受到许多因素的影响，那么，请按照制定目标一章中的说明确定更精准的指标，并从中找出如何更改。

你可以实现的成果

下面是我希望你学习本书后可以实现的成果。

- 说服客户分析绩效问题，解决他们能解决的方面，且仅在培训有效时才进行培训。
- 如果培训是解决方案的一部分，那么你设计的具有挑战性的活动帮助人们练习做出了他们在工作中需要做出的决定。
- 让学员自主提取他们需要的信息，并根据选择的后果自行得出结论，由此表明你尊重他们是有智慧的成年人。
- 以最有效的形式提供实践活动（无论是以培训事件的形式，还是以灵活的、按需提供的形式），并且提供间隔练习。
- 根据团队或组织绩效的改善来评价项目的成功，而不仅是"我喜欢"这样的反馈。

我希望你已经实现了下面这个圆满的结局：

　　客户尊敬你，将你当作绩效顾问，而不是培训接单员。主题内容专家为他们对项目的贡献感到自豪。学员乐于接受你给的挑战，并自信地运用他们学到的知识来解决他们关心的问题。组织在重要指标方面得到了可衡量的改进。

感谢你尝试行动导图模型。

行动导图派的工作辅助

○ 对整个工作流程的总结

请登录 www.map-it-book.com，查看互动式版本并下载图片和 Word 版本。

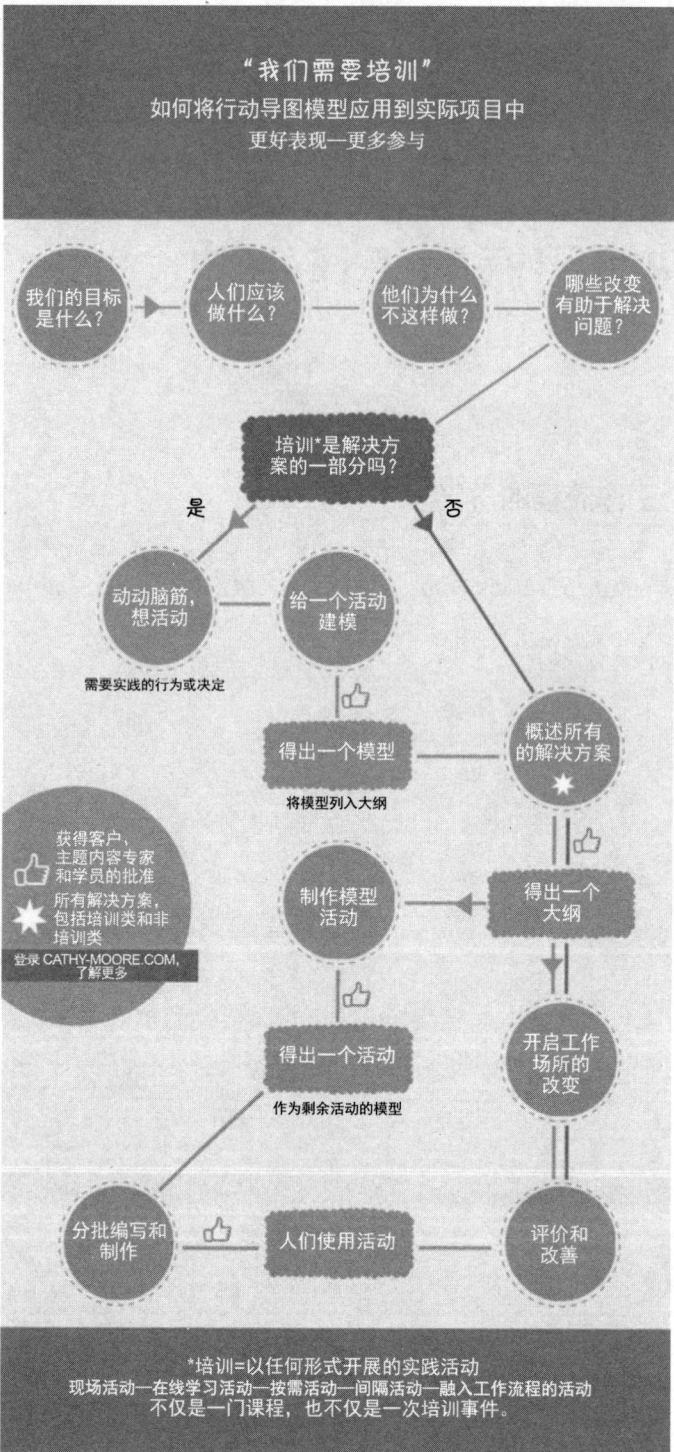

"我们需要培训"

如何将行动导图模型应用到实际项目中

更好表现—更多参与

我们的目标是什么？ → 人们应该做什么？ → 他们为什么不这样做？ → 哪些改变有助于解决问题？

培训*是解决方案的一部分吗？

是　　　　否

动动脑筋，想活动 → 给一个活动建模

需要实践的行为或决定

👍 得出一个模型

将模型列入大纲

概述所有的解决方案 ✦

获得客户、主题内容专家和学员的批准

✦ 所有解决方案，包括培训类和非培训类

登录 CATHY-MOORE.COM，了解更多

制作模型活动 ← 👍 得出一个大纲

👍 得出一个活动

作为剩余活动的模型

开启工作场所的改变

分批编写和制作 👍 人们使用活动　评价和改善

*培训=以任何形式开展的实践活动

现场活动—在线学习活动—按需活动—间隔活动—融入工作流程的活动

不仅是一门课程，也不仅是一次培训事件。

行动导图

1 我们期望看到业务绩效发生怎样的改变？
我们将如何衡量发生的改变？

2 人们需要在工作中做什么才能实现目标？
他们又为什么不去做？培训会改变这种现象吗？

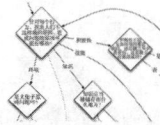

当流程图显示培训是解决方案的
一部分时……

3 我们如何帮助人们练习做他们需要做的事情？

4 人们完成实践活动所需的最少量信息是什么？
提供最少量信息的最佳方式是什么？

最少量信息不包括类似"很高兴知道"这样的信息

5 设计一系列实践活动，让人们根据需要从中
提取信息。

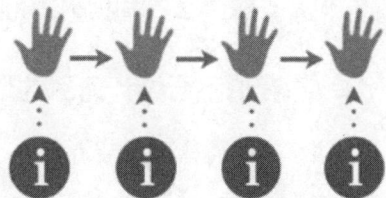

blah　blah　blah　quiz

附录 B

关于行动导图的常见问题

以下是你可能从客户或同事那里听到的关于行动导图的常见问题以及应对方法。

◯ "使用行动导图花费的时间太长。"

你之所以觉得行动导图可能需要花费很长时间，是因为在关于针头安全项目（第 2 章）的故事中，我深挖了很多行动导图版本的细节。而我之所以深挖细节，是因为你可能不熟悉这个模型，并不是因为安娜在她的项目上花费的时间比蒂娜多。

不过，相比蒂娜，安娜确实花了更多时间去分析哈罗德的问题。如果使用行动导图模型，那么我们会召开时长两小时的启动会议来分析问题，而不是仅花五分钟进行内容交接。

但是，在会议结束以后，我们就可以节省大量的时间。

→ 我们不会设计无用的培训

两小时的讨论可以节省数百小时的工作和可观的金钱。人们可能意识到，他们即将为错误的受众设计错误的培训，从而彻头彻尾地改变项目。例如，客户避免了以下情况：

- 花费数百小时设计讲习班流程；
- 花费数千美元支付设计和制作讲习班流以及相关材料的内部和外部劳动力；

- 花费数千美元支付数百名员工参加讲习班的差旅费；
- 数千小时的劳动力成本（员工培训时间及其差旅时间）；
- 由于讲习班并未解决问题，造成业务继续受损。

行动导图使用者则大幅削减了项目成本，因为他们找到了解决部分问题的更好方法。这些解决方案包括：

- 在软件屏幕上添加一点信息；
- 简化登录过程；
- 设计供快速参考的 PDF 版本；
- 向表格中添加字段；
- 精简冗长的政策，使员工真正可以理解政策；
- 让新老员工混合工作半小时，老员工向新员工展示诀窍；
- 设计一个易于阅读的信息总结并通过电子邮件发送给每个人。

行动导图模型指导了你与客户的讨论，帮助他们自己看到一门课程可能不是最佳或唯一的解决方案。

→ 我们减少了制作时间

假使最终需要设计培训，我们通常也会设计出更有效率、更有针对性的材料，而开发这些材料所需的时间会更少。

让我们回顾一下来自医院的哈罗德的项目，并比较蒂娜和安娜是如何花时间设计在线课程的。

蒂娜

蒂娜花费的时间可分为三部分：

- 详细编写 130 张幻灯片和一些问答题的脚本；
- 制作幻灯片；
- 检查所有内容，包括旁白、点击显示、要点标记出现的时间等。

蒂娜的方法也造成了时间上的延迟，因为哈罗德花了不少时间阅读冗长的脚本，还发送了篇幅不短的反馈意见。

安娜

安娜将时间用于更多方面，且每个方面用时更短：

- 帮助客户分析问题；
- 找出工作辅助和其他有助于解决问题的解决方案；
- 为一些活动建模；
- 设计大纲；
- 小批量编写和制作活动；
- 与客户保持联系，改进活动，开展额外活动。

与蒂娜相比，安娜花在倾听客户和编写活动上的时间更多。但她花在制作材料上的时间大大减少了，因为她不需要设计"旁白"或多余的装饰——她设计的活动本身就很有趣，而且信息呈现也少得多。

此外，哈罗德对她的活动反馈得很快，因为他只需要阅读小批量的简短活动。

节省的时间取决于活动的性质

在哈罗德的案例中，决定用时很短，后果也很清楚明白。因此，安娜在哈罗德的帮助下编写活动并不困难。

然而，其他情况则需要你设计更细致入微的问题。例如，在提高领导力等技能的实践活动中，我们需要提供相应的背景故事和微妙的线索。"正确"的答案带来的后果可能会比"错误"的答案带来的后果稍微好一点，因而需要仔细编写。有时，设计现实性挑战的最佳方法是编写分支情境练习，而这可能需要花费较多时间。

因此，如果项目由活动驱动，那么在活动编写阶段，你花费的时间可能会比传统项目更长。与仅仅告诉人们该怎么想相比，想出让人们亲身体验的具有挑战性的活动往往需要更长的时间。

然而，制作这些活动所用的时间通常会缩短。例如，对于面对面培训，你不需要设计很多幻灯片，因为你不会演示太多信息。你通常需要设计一份如何指导活动和分发工作辅助的讲义，而这花不了太多时间。

对于在线学习活动，你不必寻找使信息幻灯片更"吸引人"的方法，因为你使用的幻灯片要少得多。如果发现未来需要设计分支情境练习，你也不用担心。像 Twine 这样的互动式虚构工具可以帮助你制作分支情境练习，所需的时间会比使用幻灯片制作工具所需的时间更短。

最后，由于你分析了绩效问题，因此你很可能减少了预期的培训量，因为你设计的培训不需要让"他们知道一切"，而可能只需要让"他们练习这三项内容"。与其把客户的大部分预算花在展示信息上，不如把它花在设计重点突出的活动上。

→ 我们可以更有效地利用学员的时间

通过设计出更有效的解决方案，我们减少了学员花在培训上的时间。如果你有成千上万的学员，就节省了成千上万倍的时间。

如果分析表明，改进工具或优化程序可以在不使用培训的情况下解决问题，那么人们根本不必成为"学员"，只需继续做自己的工作即可。即使我们设计正式的培训，人们花在培训上的时间也会大大减少。

让我们再次比较一下蒂娜和安娜设计的在线课程，这次从学员的体验角度出发。

蒂娜

当人们学习蒂娜的课程时，他们需要费力地浏览相同的 130 张幻灯片。如果他们是听觉型学员，他们就需要依赖旁白了解内容，旁白多久念完，他们就需要多久的时间来学习幻灯片。如果他们是视觉型学员，他们就会阅读幻灯片上的文字，可能用时会少一些，因为他们的目标是：尽快读完。

无论他们在工作中扮演什么样的角色或已有多少知识，每个人都会以大致相同的速度浏览材料，每个人都要"接触"这 130 张幻灯片。前台接待员和外科医生的学习体验完全相同。

即使最后某人想多学一点，在这门课上也无可学起了，因为他们已经接触了所有必要的信息。

安娜

当人们使用安娜的材料时，他们花费的时间取决于以下几个因素。

第一，处于一些工作岗位的人（如前台接待员）接触针头的机会有限，他们参加活动的次数以及在材料上花费的时间，比处于另一些工作岗位的人（如外科医生）的次数和时间要少。

第二，正在使用正确的针头处理技巧的人能够正确回答更多的问题，比犯错误的、必须再试一次或完成补救活动的人更快地完成所有活动。

第三，对材料更感兴趣的人会尝试不同的选项，看看不同选项产生的后果，或者尝试扮演不同的工作角色。他们选择更深入地探索活动，通过看到不同的后果或迎接不同的挑战而获得回报。

◯ "这不在我的工作职责范围内。"

如果行动导图要求完成的工作似乎不在客户假设的你的工作职责范围内，那么你并不是唯一一个遇到这个问题的人。这其实是一个常见问题。还有其他说法表明你遇到了这个问题，包括：

- "每个人都希望我按照他们的要求提供培训。"
- "我的老板认为我的工作是提供培训，而不是别的。"
- "从字面上讲，我的工作就是课程制作人。"

→ 如果你是组织内部的培训设计师

如果你的工作是为同一组织中的其他人提供培训，那么你可能处于改变以上假设的有利位置。可以考虑下面一些情况。

即刻改变他人的想法

当一位同事递给你一些材料并说"请把这变成一门课程"时，请温和地控制谈话的方向。

正如安娜和哈罗德的故事所显示的那样，礼貌地接受他们刚刚放下的材料，并且在他们离开之前提出一些问题，表明你对导致他们"需要"课程的原因很感兴趣。

如果他们不希望跟你进行深入的谈话，你也可以建议他们参加一次会议。告诉他们，你和他们开会的目的是确保自己理解他们的需要。如果可以的话，让他们承诺给你两小时的时间，通过这两小时获取你需要的信息。

这次会议将完成行动导图的目标制定步骤和分析步骤。你将制定客户关心的目标，就之后的合作达成共识，安娜和哈罗德的谈话就是一个例子。

我在本书中提供的活动有助于人们练习这种对话，并且从关于行动导图每一步的章节中，你会找到一些具体的建议。我的观点是，你只改变与人交谈的方式，而不是让人感觉你完全脱离了工作职责。

向他们展示一些出色的活动示例

如果你发现了一些对你的组织有帮助的出色的活动示例，就与客户和潜在客户分享。当有人说"我想要这样的课程"时，你就可以着手设计了。

既然新的活动与以往有所不同，你需要解释一下设计它们的过程也有所不同。这也是召开上述会议的原因。

但是，这种展示示例的方法存在一个严重缺点，当培训可能不是最佳解决方案时，你反倒诱导他们认定培训就是解决方案，所以该方法要谨慎使用。

教授行动导图模型

有些设计师会为客户或同事开设一次简短的培训课程，向他们展示行动导图模型的工作原理。这样，该模型就有可能成为他们认可的方式。

一种不太正式的方法是写博客描述或与同事分享你如何使用行动导图模型完成一个项目——展示每个步骤要做的事情，描述活动中的挑战，并解释相关的决定。当看到这一过程及其结果时，人们就会扩大自我认知，接受这种新的方式。

帮助制定学习和发展任务声明

如果你的工作职责看起来是"提供客户要求的任何东西"，那么你可以查看自己部门的任务声明。声明上面都说什么？部门有这种声明吗？

一份任务声明不仅应该确定你所在的部门应当做什么以及为谁而做，还应该明确不做什么以及不与谁合作。不幸的是，你所在部门的任务声明可能会让你永远处于被奴役的地位。正如什洛莫·本·胡尔在《企业学习业务》（2013 版）一书中指出的那样，学习和发展部门通常将自己设定成纯粹被动的角色，承诺"响应业务需求"，对客户俯首称臣。

如果不确定"业务需求"的优先级，甚至不定义"业务需求"，我们就必须对组织中任何声称有需求的人提出的任何请求都做出"是"的承诺。这是如此的浪费，以至于它实际上违背了最初支持业务需求的承诺。没有哪个部门会为未经检查的问题提供昂贵的培训。

> 好的学习型领导者知道如何做出选择。为了集中精力做最重要的事情并相应地集中资源，他们必须摆脱那些不那么重要的事情。
> ——摘自奈杰尔·潘恩所著的《学习挑战：应对技术、创新和学习与发展的变革》（2014 版）

你所在部门的声明应该明确，你的任务是通过分析和解决绩效问题来实现组织的目标。如果你的任务声明表达"我们会做你想做的"这个意思（只是换了一种说法，或者不存在任务声明），那么你可以和那些可以改变这一现象的人讨论如何实现改变。

→ 如果你是外部培训机构的设计师

如果你在一家开发在线学习或其他培训的公司工作，你将面临更大的挑战。

如果你的雇主对潜在客户说"我们会为你制作课程"，客户就理所当然地希望你只是制作课程。如果你的雇主没有兴趣支持任何类型的咨询，你的工作很可能就会停滞不前。

但是，这并不意味着你不能应用一些行动导图技巧。例如，你可以进行逆向提问，尝试确定材料要实现的项目目标。你也可以从"他们想要什么样的行为"这一角度来看待这些材料，并在与客户的电话中阐明你对材料的解读。你的解读自然会引出这样一个问题："为什么他们还没有这样做呢？"

虽然你不能说"你希望我们设计的课程纯属浪费金钱"，但你至少可以确定所需的最高优先级行动，并将你的工作作为活动设计而不是信息设计来开展。

在这种情况下，有些人会在应对挑战中（在限制条件下尽可能做好工作）找到满足感，有些人则会一无所获。（如果你是一无所获的人，就要考虑把自己定位为关心结果的设计师，而不是课程制作人，重新开始你的工作。）

如果你的雇主想推销更高水平的服务，如"我们设计的培训确实有效"，你就有更大的回旋余地。你可以向老板展示一些组合起来看起来不错的活动。在此，我给出的建议是：设计这类活动的最佳方法是改变你与客户交谈的方式，并从中吸取有用的信息。

→ 如果你是独立设计师

如果你是一位独立的培训设计师，客户希望你按照他们的需要制作课程，你就需要从一个全新的角度营销自己。

你是把自己定位为提高绩效的人，还是"课程设计师"？你是通过列出在工作中取得更好的绩效这样的商业利益来吸引客户，还是专注于提升培训的参与度？你是否描述了你的设计过程并清楚地包含了分析过程？

你是用你的方式从战略层面解释你设计这些样本活动的缘由，还是仅仅展示样本活动？你是否描述了其中的绩效分析，还是仅仅讨论了使用的工具？

当明确指出自己分析了绩效问题并设计了有针对性的解决方案时，你就会吸引那些想要这种解决方案的客户。当你的客户资料上满是这类客户时，你就可以拒绝那些只想要"一门课程"的客户。

你也可以考虑制定自己的私人任务声明，说明你会做什么、为谁做、不做什么，以及不与谁合作。当每次潜在客户打电话来提出培训需求时，你可以将他们的需求与你为自己设定的界限进行比较，并准备好说"不"（当然，礼貌地说）。用你省下的时间去找更合适的客户。

→ 不管你是何种类型的设计师，我都认为以下是你真正要做的

不管你是何种类型的设计师，只要你设计培训，你真正要做的就应该是超越"培训设计师"这个标签。

想象一下，你去看医生，说："我需要一些抗生素，请开 10 天的处方。"

"好的。"医生一边说，一边在处方本上大笔一挥，递给你。

这是位好医生吗？当然不是。一位好医生会询问你的症状，并对症下药。

这也是培训设计师应该做的。我们不应该仅仅因为有人想要一门课就设计一门课，而应该询问症状并设法解决根本问题。

在我写本书前不久，我参加了帕蒂·尚克（Patti Shank）在伦敦主持的"学习的技术"会议。其间，她问我们是否认为教学设计是一种职业，并在随后播放的幻灯片列出了一种职业应当具备的特点，其中一项是"拥有道德规范"。

我对这一问题的回答是"否"，教学设计不是一种职业，因为我们没有相应的道德规范。按需开设课程和按需开抗生素一样不道德，但这种做法非常普遍，已成为我们这一领域的标准。

尽管与现状抗争很难，但这并不意味着我们必须放弃诚信。

○ "客户或主题内容专家不想参与。"

许多客户和主题内容专家都将培训视为"他们订购+我们制造的产品"。因此，他们只希望花费最少的时间来"检查信息以确保其正确无误"。

我在前面提出的建议可作为解决方案的一部分。例如，如果你教授同事和客户行动导图模型，让模型变成了他们认可的方式，你就改变了组织文化和客户期望。我听说一些培训设计师会向他们的利益相关者展示简短的幻灯片，以描述流程如何开展，并说明每个人都可以通过使用行动导图模型受益。

即使只是改变了内容传递的方式，你也正在调整人们对你所扮演的角色的看法。但你还是要让他们相信新方法值得他们花费时间和精力。

→ 展示行动导图对客户和主题内容专家的益处

最重要的一步是让客户了解使用行动导图对他们有什么好处。这就是为什么行动导图的第一步是确定绩效目标。行动导图把重点放在解决客户和主题内容专家关心的问题上，从而让他们产生一种期待——你能帮助他们实现这一目标。

基于已经制定的目标，客户不再认为这个项目是"设计师在为我开发课程"，而是"我和设计师要一起解决这个问题"。使用行动导图还可以给客户带来很多额外的好处，例如，"人们不再抱怨我。""我终于觉得我的团队进步了。""我们能够专注于自己的使命。""我将向那些反对者证明我们能够做到这一点！"

从我自己的经验和（很多）设计师在我举办的讲习班上的言谈中可知，你的客户可能并没有深入地分析问题。当他们认为培训是解决问题的方法时，他们可能只是在随大流。或者他们可能离问题太近了，当局者迷，因而会像溺水者抓起救生圈一般，抓住培训的念头不放。不管怎样，一旦你向他们阐明行动导图对他们的益处，他们就会很快发现客观看待问题的优势。你会在关于制定目标的章节中看到更具体的建议。

由于获得认同是如此重要，因此我强烈建议你将客户和主题内容专家纳入需求分析过程中，而传统的教学设计师可能会自己进行分析。一旦利益相关者亲眼看到造成问题的许多原因其实很容易解决，他们就会对设计解决方案更加兴奋。

这也有助于向客户和主题内容专家展示你认为有帮助的活动类型。注意：要等到你确定培训是解决方案的一部分时再展示活动类型；一旦确定培训是解决方案的一部分，就要尽快展示，以便保持他们的热情。由于主题内容专家将投入大量时间帮助你开展活动，因此你应当给予肯定，他们对自己的参与感到鼓舞和自豪。

→ 如果是新客户，请从一开始就正确对待他们

如果你服务的是一位新的内部或外部客户，那么参与这个项目的其他人可能会迫使你交付客户想要的任何材料，不管客户是否真正需要。

"我们需要与他们建立良好的关系，"其他人可能会这样说，"就这一次，给他们想要的，不要问问题。然后，把要做的做好。"你觉得这样做的可行性有多大？

"对不起，如果是这种情况，新客户永远也成不了回头客，"埃德蒙·曼宁在艾伦互动博客中写道，[1] "挑战现状……才是你证明自己价值的方式。"

是的，很难有人站起来说："我们可以在三周内开设这门课程，但没有人会感到学有所获，你也不会看到任何行为的改变。"这是一种挑衅的姿态，我对此表示理解。但是，保持沉默会对你的职业信誉造成糟糕的后果吗？当然，

你的沉默会使公司失去一个有效提高绩效的好机会。

——摘自埃德蒙·曼宁（Edmond Manning）在艾伦互动博客上发表的内容

→ **"但是，没有人在乎我们对业务产生的影响。"**

这种常见的说法似乎更像一种不正常的信念，而不是事实。不幸的是，你可能会从同事，甚至客户或老板那里听到。以下是一些挑战这种信念的方法。

如果"没人在乎"我们是否会对业务产生影响，那么为什么这么多调查显示企业领导层认为我们不值得留下呢？例如，2012 年，一项调查发现，"超过一半的部门经理认为，即便取消公司的学习部门，员工的绩效也不会发生改变。"什洛莫·本·胡尔写道。

如果我们可以将此视为"仅是一项调查"而不予考虑，就太好了。但事实是，过去十年的研究一再表明，对学习部门的表现感到满意的企业领导的比例一直稳定地保持在 20%左右。

——摘自什洛莫·本·胡尔所著的《企业学习业务：实践中的洞察力》（*The Business of Corporate Learning*）（2013 版）

如果企业领导层不在乎我们的工作所产生的影响，他们就不会提出对我们的工作不满意，而是真的不在乎，不发表任何意见。他们只会当我们是组织的"宠物"，留下我们权当充面子或者出于习惯，从来没有想过要为我们的生存和发展提供任何支持。

英国特许人事与发展协会在 2014 年的一项全球调查中发现，[2]具备业务影响力有助于我们取得个人的成功，"业务影响力和商业意识被认为是学习和发展专业人士成功的首要因素"。

因此，根据调查和我自己与客户交往的经验，有相当多的人确实关心我们的业务影响。那么，为什么我们总是听到"没人在乎"这样的言论呢？

当注意到人们执着于自我限制的信念时，你不妨问一问："他们如何从相信这个信念中获益？"通常，我会这样问学习和发展专业人士："相信客户不在乎我们的工作会对业务产生影响，对我们自己有什么好处？"

你怎么认为？这种相信的好处是什么？下面是一些我能想到的。

- 我们可以专注于设计"有趣"的培训和获得令人愉悦的调查问卷。我们可以充满创造力并拥有一定的自由度！

- 如果累了或者没主意了，我们可以开启自动驾驶模式，只做客户让我们做的事情，因为他们只想这么做。

- 根据所给内容进行设计，我们可以实现单独工作。这样的话，我们就不必和其他人谈论过多，因为他们可能很难相处，谈论的效率也可能很低。

- 当我们交付客户要求的材料时，我们的责任就结束了。我们不会因为培训不起作用而被追究责任，因为我们从来没有承诺过培训会起作用。

- 我们不必学习教学设计课上没有教过的内容，如"什么是'关键绩效指标'""我们如何衡量变更管理"。

- 当感到不受赏识时，我们可以说，这是因为我们的领域被精打细算的人不公平地边缘化了。我们希望让人们体验终身学习的乐趣，但精打细算的人不在乎。

基于相信没有人关心我们的业务影响力，我们得到了一份看似轻松的工作，带着夹杂殉难感的满足感——我们在做一份高尚但不受赏识的工作。

尽管这听起来不错，但我认为，工作结束后，一份"轻松"的工作很快就会变得令人沮丧，至少对我和我所知的许多设计师来说是这样。我也怀疑，基于客户仓促的决定而进行的培训是否真的会高尚地改善任何人的生活。

我们可以说这是领导层的错误——没有有效的沟通策略，或者把学习部门当作制作课程的工厂，也许这是真的。但是，我们也可以不去浪费时间追究责任，而是通过正确的学习策略自己改变现状，温和地将对课程的请求转变为对提高绩效的请求，衡量我们的工作会对组织产生的影响，并将上述内容告知所有人。

总之，引用流行心理学的一句话："你教人们如何对待你。"

然后，我们可以把之前的问题反过来问："如果我们相信客户在乎或可以被说服在乎我们的业务影响，我们可以从中获得哪些益处？"你怎么认为？这种相信的益处是什么？

以下是我的一些想法：

- 我们自然会以新的方式回应培训需求，鼓励人们尊重我们的工作，把我们看作问题解决者，而不是订单接收员。
- 我们会发现使组织正常或不正常运转的因素，这有助于我们将组织营造成一个更好的工作场所。
- 我们可以享受设计现实性实践活动的乐趣，而不仅是提供信息。
- 我们会注意到绩效问题，并在问题交给我们之前，主动提出解决这些问题，提升我们的形象，为组织提供有意义的项目，改变现状。
- 我们可以表现出我们的责任心和积极性，这会使我们成为晋升的上佳人选；如果我们决定离开，也会对其他雇主更有吸引力。
- 我们会发现更多的工作意义，因为我们的工作会改善同事的工作。

那些采用行动导图模型的设计师告诉我，由于该模型关注绩效的改变，他们的工作会更令人满意。一位行动导图使用者最近写道，这个过程"帮助我再次在工作中找到自我价值"。另一位设计师告诉我，行动导图"改变了我的工作世界。以前，我讨厌我的工作，现在，我喜欢我的工作"。

○ "我不是这样被教授的。"

如果你有教学设计专业的学位或证书，那么你学习的理论和技巧可能有一个共同的目标：将信息输入人们的大脑。据我所知，许多教学设计课程仍然在教授学校模式，并没有为商业界培养设计师。

"教学设计就是教学设计。人们认为从幼儿园到 12 年级的儿童教育一定有很大不同，但其实教一个 6 岁的孩子和教一个成人并没有太大不同。"[3] 这段话摘自一位学位项目负责人在《学习解决方案杂志》（*Learning Solutions Magazine*）（2015年 4 月刊）上发表的一篇文章。

到目前为止，我应该表述很清楚了，我对此完全不同意。

儿童教育的目标是把信息输入儿童的大脑。唯一的绩效问题是"他们不知道某些知识"，而这是一个如此简单的问题，不需要人们去分析它。唯一的解决办法是知识转移，唯一的衡量方法是测验。

相比之下，企业的目标是改变人们的行为，提高业务绩效，而不是在测验中取得高分。实现这个目标相对复杂，不能通过简单地解决"不知道"这一问题，需要仔细分析。设计师的工作是改变行为，而不仅是传递知识。

在职学习设计的学位课程应该教授如何分析复杂的绩效问题，确定培训和非培训解决方案，并创造可持续的行为改变。

如果你认为学位或证书能促进你的职业发展，而且你想从事绩效提升而不是单纯的教育工作，我建议你找一个能让你在现实商业世界中与客户一起实践的项目，首选应当是为职场专业人士提供一个单独的培训项目。你可以从 LinkedIn 中的讨论和其他教学设计师论坛上找到有关的建议。

○ 总结

当使用行动导图模型时，你用于分析问题和编写活动的时间可能比使用传统方法的时间多。

不过，你更可能节省时间和金钱。当培训不是合适的解决方案时，你将避免设计培训。你还将花更少的时间设计信息演示文稿。人们将更有效地学习，学习效果也会更加显著。

你需要帮助客户和主题内容专家适应这种新的方法，让他们了解项目目标（这正是他们所关心的），了解实现目标对他们的益处，并赢得他们的合作。你也会发现自己更喜欢你的工作。

我认为完全按照客户的需求设计培训是不道德的，而是应该解决诱发培训需求的问题，这样才能提高组织的绩效，并最终证明我们所获薪资的合理性。

→ 如果你只做一件事……

当你改变工作方式时，找出你将面临的最大挑战。你又将如何应对这一挑战？

○ 注释

1. Manning, Edmond. "Five Tips to Battle E-Learning Project Constraints." Sept. 15, 2015. info.alleninteractions.com/five-tips-to-battle-project-constraints.

2. CIPD and Towards Maturity. "L&D: Evolving Roles, Enhancing Skills." Research report. April 2015.

3. Collier, Lorna. "Online Degrees and Certificates for Instructional Designers: What You Need to Know." Learning Solutions Magazine. April 13, 2015. Accessed April 22, 2015.

附录 C

强效学习设计检查表

版本 2

登录 blog.cathy-moore.com/2011/07/checklist-for-strong-elearning/，下载 PDF 版检查表。

该检查表将帮助你评价培训项目并找出使其更强效的方法。

该检查表旨在评价针对在职成年人编写的材料，如面对面培训中使用的自主学习短期课程或自主活动。因此，该检查表并非为学术界人士或少年儿童教育工作者准备。

如果使用行动导图作为设计方法，你可以对照此检查表检查各个步骤，确保项目始终按计划进行。

如何使用检查表：

（1）判断材料各项内容的当前状态，并在光谱上做相应的标记。

（2）对各项内容标记完毕后，从上到下查看光谱栏，找出想要向左移动的标记，也就是让项目内容朝着更加注重行动的方向发展。

（3）重做材料并重新评价。

以行动为导向的材料	光　谱	信息转储
项目目标是以一种可见的、可衡量的方式改变绩效	|-----|	项目目标是将信息转储进人们的大脑
指导材料设计的学习目的描述了实现项目目标所必需的、可见的在职行为（使用"销售""领导""加密""计划""设计"这类词语）	|-----|	学习目的旨在描述知识（使用"理解"这类词语），即便会描述行为，也是描述测验中出现的行为（使用"识别""解释""定义"这类词语）
材料的形式（网络研讨会、PDF 等）由活动类型和学员的需要决定	|-----|	材料的形式由传统、学习管理系统或对客户是否方便决定
材料是沉浸式的、具有挑战性的活动，或者是几乎不会被打断的系列活动	|-----|	材料是信息演示文稿，会被偶尔出现的小测试打断
材料的作者表现出对学员智力和以往经验的尊重	|-----|	材料的作者似乎怀疑学员自己得出结论的能力，并假设他们没有任何相关经验
活动让人们练习做出实际工作中需要做出的决定	|-----|	活动包括小测验、问答游戏或其他工作中不会发生的知识检查
活动的回复向人们展示所做决定会引发的后果，他们从后果中自行得出结论	|-----|	活动的回复会直白地告诉人们"正确"和"错误"，他们不被允许自行得出结论
人们有机会证明自己已经知道了某一部分材料，并跳过这部分材料	|-----|	所有人都被要求毫无遗漏地观看信息，不考虑他们的已有知识或活动表现
参考信息出现在工作辅助中，而工作辅助独立于活动之外，人们在活动中练习使用工作辅助	|-----|	参考信息在课程或培训中提供，人们需要记住信息或回看课程内容以便复习
活动中的人物设定令人信服；他们面临着复杂的现实性挑战，这些挑战会带来情感上难以抗拒的后果	|-----|	活动中的人物看起来是虚假的（如说教型或无知型人物），他们面临的挑战简单又缺少现实性，更像智力练习
视觉因素被用来传达意义	|-----|	视觉因素被用来增强材料的趣味性
人物的照片展示了人类真实的表情，插图是为成年人设计的	|-----|	人物的照片是表情夸张的图库照片，插图是孩子气的卡通画
在线学习活动中，音频旁白只用于： • 实现戏剧现实主义（如展示情境练习中人物的声音）； • 解释复杂或快速变化的图形； • 真正存在的人物讲述的激励性信息和解释（如 CEO、主题内容专家）	|-----|	音频旁白被用于： • 显示简单、静态屏幕的同时传递信息； • 屏幕上多余的阅读文字； • 告诉人们该做什么和不该做什么
文字简洁，使用缩写，像读一本杂志（易读性指数高于 50）	|-----|	文字冗长而生硬，像读一本教科书或一份保险单（易读性指数低于 49）

附录 D

情境练习设计过程总结

○ 首先，请阅读本书！

本书从头到尾都是关于情境练习设计的。如果你想设计情境练习，请详细阅读本书。本附录只是对一些技巧的总结。

○ 过程

下面是对本书描述的情境练习设计过程的总结。

- **编写项目目标**。确定如何衡量整个项目的成功。
- **列出人们需要做什么**。列出人们为了达到目标需要在工作中采取的具体、可观察的行动。确定各个行动的优先级。
- **提问："他们为什么现在不这样做？"** 对于高优先级行动，提问："他们为什么现在不这样做？""什么原因让这做起来困难重重？"先考虑环境因素（如工具、系统和文化），如此可免于客户产生这样的假设：问题完全来自知识或技能的缺乏。
- **简单记录解决方案**。简单记录你可能从上述讨论中发现的非培训解决方案，并确定可能从实践活动中受益的行为。
- **为每个提议的活动选择一种实现形式**。确定每个活动想法的最佳实现形式（如实时活动、在线学习活动等）以及人们使用该活动的最佳时间（如执行任务之前、一段时间内间隔使用等）。如果情境练习中提到的技能很复杂或有争议，那么你还要开展事后检视或采用其他方式让人们讨论复杂之处或争议之处，并看到项目的全局。

- **选出一个活动用来建模**。选出一个将通过情境练习活动改变的典型行为，将其开发成一个模型活动。用来建模的活动可以是独立的迷你情境练习，也可以是分支情境练习中的一个决定点。

- **就模型活动采访主题内容专家**。通过采访，得到有用的信息，用以设计令人信服的问题、令人迷惑的选项，以及选项产生的现实性后果；找出人们常选的错误选项，分析他们为什么会选择错误选项，以及出于什么原因他们不选择最佳选项。考虑向主题内容专家询问在特定时间做出此决定的背景故事。

- **编写题干**。题干是对决定点的设定和提问。利用你从主题内容专家那里获得的见解来编写那些诱使人们做出错误选择的现实性问题。

- **编写选项**。包括主题内容专家发现的常见错误，并将其编写成看似正确的选择。

- **为每个选项编写独特的回复**。回复展示选项的后果，而后果则是故事接下来发生的情节；还可以提供指导型回复（如"你应该做 X"）作为可选的解释性内容，但要放在显示后果之后。

- **确定最低限度的支持信息**。确定学员需要的最少信息量以便在模型活动中做出决定。

- **确定提供信息的形式**。确定何时以何种形式提供最低限度的支持信息。通常，我的建议是：如果合适的话，把信息放在工作辅助中，让人们思考问题时参考工作辅助。不要在活动前展示信息，而要让他们在活动中根据自己的需要提取相应的信息。同时，在回复中提供信息片段，以强调选择的正确性或纠正选择所犯的错误。

- **建模并测试**。设计决定点的模型活动，并让主题内容专家、客户和成组的学员进行测试。如果模型活动是较长情境练习中的一个决定点，请描述问题的背景故事，但不要把背景故事写在题干中。

- **编写项目章程**。编写一份大纲，描述解决问题的所有方案，包括非培训解决方案，并概括性地列出活动想法。大纲中还包括模型决定点，以及（如果合适的话）展示材料如何制作的情绪板。请先获得利益相关者对上述内容的批准，然后再继续下面的工作。

→ **分支情境练习的附加步骤**

如果模型决定点是分支情境练习的一部分，你还需要完成一些额外的步骤。一旦模型活动和项目章程获得批准，你将：

- **确定故事的结局**。你可能会确定一个"最好"的结局、几个"差不多"的结局，以及几个"糟糕"的结局。也就是说，确定一个人通过做出哪些决定会实现哪一种结局。

- **以流程图的形式编写高度概括的故事情节**。只需概括故事情节，不要编写详细的剧本。使用 Twine 这类的软件、写字板或流程图工具来展示故事情节的结构（我使用 Twine 是因为它灵活又免费，我可以用它完成剩余的所有步骤）。请考虑先写最好结局的发展路径，然后再增加差不多结局和糟糕结局的发展路径。还请考虑建立各个路径之间的联系，这样，当学员意识到他们正走向一个糟糕结局时，他们有机会做出更好的选择，最终走上一条通往更好结局的路径。这有助于他们练习识别错误的选项并弥补错误。

- **获得利益相关者对情节的反馈意见**。考虑让未来学员加入复审环节。既然只记录了要点，你就需要向他们描述具体的故事情节。确保情节的真实性、复杂性、挑战性和有用性。然而，大多数初稿都相对简单，需要填充细节。

- **往情节中填充细节**。只要情节足够复杂并得到认可，你就可以充实之前记录的要点，将其变成完整的故事。

- **充实情节的同时编写检视问题**。正是因为需要练习的技能非常复杂，且充满了模棱两可之处，你才会选择分支情境练习的形式。练习结束后，你还要开展一次事后检视，提出发人深省的问题，帮助人们看到全局和整个练习过程。

- **获得利益相关者对整个故事的反馈意见。**同样，考虑让学员加入复审环节。
- 请参阅第 13 章，了解每次复审时要考虑的详细问题。

→ 分批编写和制作所有类型的活动

此时，你已经得到了人们对模型活动、所有活动想法以及活动成品呈现的外观和感觉（可选方面）的批准。现在，你将分批编写活动，将它们发送给主题内容专家以获得反馈，并在获得批准后制作。

◯ 你要避免的错误

下面是我发现的情境练习设计师最常犯的错误。既然你已经读过本书，我想你肯定不会犯。但我还是将它们列出来，作为警示，以防万一。

- **跳过分析环节。**假设问题是缺乏知识，而培训就是答案，因而没有提问第 4 章、第 5 章或第 6 章中的问题，只编写普适的、不相互关联的情境练习。
- **宽泛地回答"他们需要做什么"。**仅仅列出诸如"遵循道德准则""有效沟通"这样宽泛的行为，而不是将其分解为具体的、可观察的行为，致使无法有效地理解人们为什么不做需要做的事情，也难以写出现实性的情境练习。
- **未发现常见错误。**只询问了主题内容专家员工应做之事，忽略了员工不应做之事以及他们为什么要做这些事，致使编写的问题过于简单。
- **一直不停地"指导"。**也就是说，你"让"别人做情境练习之前，先给他们展示大量信息，让他们练习短期记忆能力。在他们做出选择后，你立即告诉他们对错并提供指导型回复，而不是让他们像成年人一样自己得出结论。（你不会这样做，因为你已经读过第 11 章和第 12 章了。）
- **还未概述故事情节就开始编写分支情境练习。**如果任由故事自由发展，复审人员就无法弄清楚故事究竟讲了什么。因此，你需要先概述故事情节，以确保学员能够练习他们需要练习的行为，同时，确保复审人员能够"看懂"故事情节，以便为你提供有用的反馈意见。

- 在没有讨论或检视的情况下，让人们针对难以判断的模棱两可之处开展活动。仅仅往学习管理系统上传一些情境练习，就期望人们在没有任何讨论或检视的情况下改变自己的行为。你应当做的是，帮助人们了解全局，讨论模棱两可之处，分享各自的经验。

○ 需要提出的问题

你曾经接受的训练可能要求你永远不要质疑客户的选择。然而，既然你已经阅读本书，你就知道找出有效的解决方案需要提出各种各样的问题。下面我对各个问题进行了总结。

→ 写下第一个字之前需要提出的问题

- 项目的目标是什么？你希望我们的工作可以让当前衡量的哪些指标有所改善？（第 4 章）
- 人们需要做什么（而不是知道什么）来实现这个目标？写下具体的、可观察的行动。（第 5 章）
- 他们为什么不做这件事？是什么让这项任务难以完成？实践活动真的有帮助吗？我们能用别的方法解决这个问题吗？针对每个高优先级行动，分别进行上述分析，而不是一次性分析整个项目。（第 6 章）
- 情境练习针对的是哪些行动？每个情境练习中的核心挑战是什么？（第 7 章）
- 我们应该以何种形式（在线学习活动、现场活动等）开展情境练习？暂时忽略客户认为他们想要的形式，而是在考虑工作和受众特点的前提下，确定最有效的开展形式。（第 8 章）
- 人们将在模型情境练习中练习哪些行动？是什么让这些行动在实际工作中难以执行？人们常犯的错误是什么？为什么会犯这些错误？每个错误造成的后果是什么？（第 9 章）
- 我们需要分支情境练习还是迷你情境练习？还是二者的组合？如果我们使

用分支情境练习，最好结局是什么？差不多结局是什么？应当首先确定结局，不要把整个故事的细节都写下来。（第9章）

→ 编写模型决定点时需要提出的问题

- 题干中将包括哪些细节？我们如何才能重现实际工作中的问题，将常犯的错误伪装成一个不错的选择？我们需要提供背景故事吗？如果需要，我们又将如何提供？（第10章）

- 我们应该如何编写选项？我们把所有常犯的错误都表述清楚了吗？我们应该要求人们为他们的选择辩护吗？（第10章）

- 我们应该如何提供回复？回复中只显示选择产生的后果，还是附加一些指导型内容？回复应该在选择之后立即显示，还是稍后显示？（第11章）

- 人们需要知道哪些信息才能做出决定？我们将如何提供这些信息？真的有必要强迫每个人先坐着观看信息展示吗？我们如何在活动中选择性地提供信息？我们应该在回复中显示信息吗？（第12章）

→ 建模阶段需要提出的问题

- 如果要设计一个分支情境练习，你需要写出高度概括的故事情节。（只是简要叙述，不是详细的剧本。）让相关人员对其进行测试，并对他们提出这些问题：情节真实吗？足够复杂吗？你想为情境练习记分吗？怎么记分？

- 对于任一模型决定点，提出以下问题：题干是否包含了足够多的细节，使问题具有现实性和挑战性？选项之间的差别是细微的，还是人们很容易看出最佳答案？

- 人们在做出决定之前是否看过你提供的信息？相比提供的信息量，他们需要更多的信息，还是更少的信息？

- 人们从他们的选择中吸取教训了吗？他们对这些教训表现出惊讶了吗？他们不同意选项产生的后果或选项本身吗？如果是这样，这种分歧的发生是否会产生一定的作用，例如，学员在事后检视中讨论情境练习本身并进行更深入的思考？